왕 같은 제사장

이 저서는 아세아연합신학대학교 학술연구저서 지원비에 의해 작성된 저서입니다.

GENESIS
ROYAL
PRIESTHOOD

—

권오윤 지음

왕 같은 제사장

베드로전서 2:9의 관점에서 본
창세기

Genesis
from the perspective of 1 Peter 2:9

barah<u>Bom</u>

하나님께서는 우리를 택하시고 부르셔서
그 부르심에 합당한 믿음을 주시고
또한 그 부르심에 합당하게 살 수 있도록 우리를 지키시고 인도하신다.
그래서 우리가 "왕 같은 제사장"으로서
하나님의 영광을 드러내며 예수 그리스도, 십자가와 도를 전하는
복음 전파의 삶을 살게 하신다.

금번에 권오윤 박사께서 "왕 같은 제사장"이라는 제목으로 창세기의 내용을 풀어 설명한 귀한 책을 출판한 것에 대해 우선 치하의 말씀을 드리고 싶다.

우선 권오윤 박사께서 신약 베드로전서 2:9에서 사용된 "왕 같은 제사장"이라는 표현을 책의 이름으로 정한 것은 그의 신학적 사상의 체계를 엿보게 한다. 권오윤 박사는 구약의 창세기를 구속역사적인 전망으로 접근하고 있는데 이는 성경을 보는 그의 안목이 바른 궤도에 있음을 증거하는 것이다.

창세기는 전반부에서 4개의 위대한 사건인 세상의 창조, 인간의 타락과 메시아의 약속, 노아의 홍수, 바벨탑 사건을 다루고(창 1장-11장), 후반부에서는 4명의 위대한 족장들인 아브라함(Abraham), 이삭(Isaac), 야곱(Jacob), 그리고 요셉(Joseph)의 생애와 행적(창 12장-50장)을 기술하고 있다. 그런데 권오윤 박사는 창세기 전반에 걸친 내용을 예수 그리스도 중심적으로 접근하면서 독자들이 창세기를 쉽고 바르게 이해할 수 있도록 풀어내고 있다. 창세기 후반부에서는 하나님께서 주권적으로 사람들을 택하시고 부르셔서 왕 같은 제사장으로 세워 가시는 과정을 잘 설명하고 있다. 독자들은 본서를 통해 하나님께서 범죄한 인간을 어떻게 회복시키시는지 알 수 있다. 또한 예수 믿는 성도의 정체성이 무엇인지 깨닫게 된다. 그뿐만 아니라 하나님께서 구원받은 성도들이 어떻게 이 세상에서 "왕 같은 제사장"으로 살게 하시는지도 분명하게 알 수 있다.

권오윤 박사의 "왕 같은 제사장"은 바른 신학적 입장에서 창세기를 읽기 쉽게 기술하여 평신도들이나 신학에 입문하는 신학생들은 물론 교회에서 성경을 가르치고 설교하는 목회자들에게도 신·구약성경의 맥락에서 창세기를 바라보게 하는 탁월한 안내서가 될 것이다. 이에 본 추천자는 권오윤 박사의 "왕 같은 제사장"의 일독을 적극적으로 추천한다.

2021년 7월 16일

박 형 용 박사
(전 합동신학대학원대학교 총장, 현 명예교수)

: 서 문 :

　이 책은 창세기에 관한 책입니다. 창세기는 성경에서 가장 많이 읽혀지고, 또 누구나 다 아는 내용인데 무슨 설명이 더 필요할까 생각할 수도 있습니다. 그러나 성경의 소재를 아는 것과 성경의 주제와 그 의미를 아는 것은 전혀 다른 차원의 문제입니다. 창세기에 나오는 이야기를 아는 것도 중요하지만 하나님께서 창세기에 기록된 사건이나 인물들을 통해 우리에게 무엇을 말씀하시는가에 귀를 기울여야 합니다.

　이 책은 "성경은 성경으로 해석한다."라는 성경해석의 기본 원리에 따라 성경적 문맥에서 창세기의 역사적, 신학적 의미를 살펴보았습니다. 특별히 베드로전서 2:9의 관점에서 창세기를 풀어 설명하였습니다.

　창세기는 이 세상의 기원이나 이스라엘의 기원에 대한 단순한 이야기가 아닙니다. 창세기는 출애굽 한 이스라엘 백성들에게 어떻게 하면 "왕 같은 제사장"으로 살 수 있는가를 설명해 주신 하나님의 말씀입니다. 우리는 창세기를 통해 우리를 택하시고 부르셔서 아브라함과 같이 그 부르심에 합당한 믿음을 주시고, 이삭과 같이 순종하는 자에게 복을 주시며, 또한 야곱과 같이 방황할지라도 그와 함께하셔서 결국은 하나님의 뜻을 이루어 가시는 분이 하나님이심을 알 수 있습니다. 그리고 요셉과 같이 죄악으로 가득 찬 이 세상에서 "왕 같은 제사장"으로 살아가게 하시는 분이 바로 하나님이심을 알 수 있습니다.

　이 책은 제가 개척하고 담임목사로 섬겼던 노원성도교회에서 가르치고 설교한 내용과 아세아연합신학대학교에서 학생들에게 강의한 내용을 토대로 집필하였습니다. 이 책은 일차적으로 신학에 입문하는 신학생들과 하나님의 말씀을 사모하는 평신도들을 위해 쓰여졌습니다. 또한 성경을 가르치고 설교하는 사역자들에게도 이 책은 창세기의 흐름을 이해하는데 도움을 줄 것입니다.

이 책은 독자들이 하나님의 말씀을 직접 대면할 수 있도록 가급적 성경 본문을 그대로 인용하여 설명하였습니다. 그리고 성경 본문에 대한 이해를 돕기 위해 필요한 경우 각주에 학자들의 견해를 그대로 실었습니다. 아무쪼록 이 책이 창세기를 통해 우리에게 말씀하시는 주님의 음성을 듣는 일에 도움이 되기를 소망합니다.

이 책을 집필하는 동안 한결같은 마음으로 응원하고 기도해 주신 노원성도교회 조성웅 목사님과 성도들에게 감사의 말을 전합니다.

이 책이 만들어지는 과정에서 원고 정리, 교정까지 수고를 마다하지 않으신 바라봄 출판사의 어윤선 편집장과 신학 서적의 출판을 통해 한국 교회 성도들의 신앙에 도움을 주겠다는 투철한 사명감으로 이 책을 아름답게 출판해 주신 김은주 대표께 깊은 감사를 드립니다.

이 책을 집필하는 동안 많은 시간을 함께 하지 못한 사랑하는 가족에게 이 책을 바칩니다.

Soli Deo Gloria!
2021년 여름
남한강이 내려다 보이는 ACTS 양평 캠퍼스에서
권 오 윤

차 례

제1부

기독교인의 정체성과 사명

제2부

창조와 구속

제3부

왕 같은 제사장

제4부

결 론

제1부

기독교인의
정체성과 사명

기독교인들은
하나님의 택하신 족속이요
왕 같은 제사장이요
거룩한 나라요
그에 속한 백성으로서
하나님의 말씀을 잘 듣고 행함으로
우리를 구원하신 하나님과
예수 그리스도, "십자가의 도"를 전하는
"복음 전파의 삶"을 살아야 한다.

기독교인의 정체성과
삶의 목적

⋮

> 그러나 너희는 택하신 족속이요 왕 같은 제사장들이요
> 거룩한 나라요 그의 소유가 된 백성이니
> 이는 너희를 어두운 데서 불러 내어
> 그의 기이한 빛에 들어가게 하신 이의
> 아름다운 덕을 선포하게 하려 하심이라
>
> (벧전 2:9)

⋮ 기독교인의 정체성과 사명

❘ 베드로전서 2:9

베드로전서 2:9은 기독교인의 정체성과 삶의 목적에 대한 하나님의 선언이다. 하나님께서는 본문의 상반절에서 베드로 사도를 통해 예수 믿고 구원받은 성도들이 이 세상에서 어떤 존재인가를 밝혀주셨다. 하나님께서는 예수 믿는 자들은 하나님의 "택하신 족속"이요, "왕 같은 제사장"들이요, "거룩한 나라"요, "그의 소유된 백성"이라고 말씀하신다.

기독교인들은 하나님 아버지의 미리 아심을 따라 성령이 거룩하게 하심으로 순종함과 예수 그리스도의 피 뿌림을 얻기 위하여 "택하심을 받은 자들"(벧전 1:2)이며, "그리스도로 말미암아 하나님을 섬기면서 또 그리스도와 연합하여 그리스도의 왕적 영광에 입참"(왕 노릇 함)[1]하는 "왕 같은 제사장"들이다. 또한 이 세상과 구별되이 거룩하신 하나님을 왕으로 섬기는 "거룩한 나라"요, 독생자 예수 그리스도의 십자가 보혈로 구원하신 하나님의 "보배로운 백성"들이다.

하나님께서는 베드로전서 2:9 하반절에서 예수 믿고 구원받은 성도들이 이 세상에서 감당해야 할 삶의 목적을 말씀해 주셨다: "이는 너희를 어두운 데서 불러 내어 그의 기이한 빛에 들어가게 하신 이의 아름다운 덕을 선포하게 하려 하심이라." 하나님께서 우리를 구원하신 목적은 하나님을 영화롭게 하려는 데 있다. 이것은 하나님께서 하신 일을 선포하는 것으로써 가능하다.[2]

기독교인들은 "죄의 어두움과 그들을 둘러싸고 있는 어둠의 악한 세력들에서 영생의 광명으로 불러내신 그분을 영화롭게 하며 그분을 찬양하기 위해 구원받은 자들이다."[3] 즉, 기독교인들은 택하신 족속이요, 왕 같은 제사장들이요, 거룩한 나라요, 그의 소유된 백성으로서 죄악 된 이 세상에서 하나님의 영광을 드러내고 예수 그리스도의 십자가와 복음을 전하는 삶을 살아야 한다(사 43:21 참조).

---

1) 박윤선, 『성경주석-히브리서, 공동서신』(서울: 영음사, 1976), 261.
2) 오광만, 『베드로전서의 메시지』(서울: 도서출판 그리심, 2001), 114.
3) 그랜트 오스본 편, 『적용을 도와주는 베드로전/후서, 유다서』, 류호영 역 (서울: 한국성서유니온선교회, 2008), 95-96.

출애굽기 19:4-6

우리가 기독교인으로서 이 사명을 감당하려면 어떻게 해야 하는가? 우선 하나님께서 우리에게 원하시는 것이 무엇인가를 알기 위해 베드로전서 2:9과 유사한 출애굽기 19:4-6을 주목할 필요가 있다.[4]

> **출 19:4-6** [4]내가 애굽 사람에게 어떻게 행하였음과 내가 어떻게 독수리 날개로 너희를 업어 내게로 인도하였음을 너희가 보았느니라 [5]세계가 다 내게 속하였나니 너희가 내 말을 잘 듣고 내 언약을 지키면 너희는 모든 민족 중에서 내 소유가 되겠고 [6]너희가 내게 대하여 제사장 나라가 되며 거룩한 백성이 되리라

하나님께서는 시내 산에서 모세를 통해 출애굽 한 이스라엘 백성들에게 그들을 택하시고 구원하신 목적을 말씀해 주셨다. 세계가 다 하나님께 속하였지만, 하나님께서는 그 가운데서 특별히 하나님의 소유(보배)가 되며 제사장 나라, 거룩한 백성이 되게 하려고 이스라엘 백성들을 택하시고 구원하셨다고 말씀하신다. 이 말씀은 출애굽 한 이스라엘이 하나님 앞에서 감당해야 할 고유한 역할과 정체성에 대한 하나님의 선언이다. 그런데 그 내용이 베드로전서 2:9과 동일하다. 즉, 구약시대에 하나님께서 택하시고 구원하신 이스라엘 백성들과 신약시대에 예수 그리스도의 보혈로 구원하신 성도들에게 주어진 정체성과 사명, 그리고 역할에 대한 하나님의 선언이 동일하다. 이런 관점에서 볼 때 성경은 구약 이스라엘과 신약 교회를 본질적으로 동일한 실체로 간주하고 있음을 알 수 있다.[5]

---

4) 레이몬드는 베드로가 "출애굽기 19:5-6에 있는 이스라엘에 대한 하나님의 선언을 베드로전서 2:9에서 예수 그리스도의 교회에 적용했으며 또한 호세아 1:6, 9-10에 있는 이스라엘에 대한 호세아의 묘사를 베드로전서 2:10에서 예수 그리스도의 교회에 적용했다."라고 말한다. 로버트 L. 레이몬드, "전통적 언약신학 견해", 『이스라엘과 교회에 대한 관점, 네 가지 견해』, 채드 O. 브랜드 편, 정규영 역 (이천: 성서침례대학원대학교 출판부, 2016), 87.

5) 데렐 보크, 미치 그레이저 편, 『첫째는 유대인에게』, 김진섭 역 (서울: 이스트윈드, 2011),

구약 이스라엘과 신약 교회

구약 이스라엘은 유대인들로 구성된 민족 국가가 아니다. 구약 이스라엘은 하나님께서 택하시고 구원하신 하나님 나라, 거룩한 백성들이다. 실제로 구약에서 아브라함으로부터 시작되는 이스라엘은 단순히 아브라함의 혈통적 후손들만으로 구성된 것이 아니라 이방인일지라도 하나님을 믿고 고백하는 자는 하나님께서 정하신 절차에 따라 하나님의 언약 백성인 이스라엘의 회중에 들어올 수 있었다. 이러한 사실은 출애굽 과정에서 하나님께서 제정하신 유월절 규례에 잘 나타나 있다.

> **출 12:43-51** [43]여호와께서 모세와 아론에게 이르시되 유월절 규례는 이러하니라 이방 사람은 먹지 못할 것이나 [44]각 사람이 돈으로 산 종은 할례를 받은 후에 먹을 것이며 [45]거류인과 타국 품꾼은 먹지 못하리라 [46]한 집에서 먹되 그 고기를 조금도 집 밖으로 내지 말고 뼈도 꺾지 말지며 [47]이스라엘 회중이 다 이것을 지킬지니라 [48]너희와 함께 거류하는 타국인이 여호와의 유월절을 지키고자 하거든 그 모든 남자는 할례를 받은 후에야 가까이 하여 지킬지니 곧 그는 본토인과 같이 될 것이나 할례 받지 못한 자는 먹지 못할 것이니라 [49]본토인에게나 너희 중에 거류하는 이방인에게 이 법이 동일하니라 하셨으므로 [50]온 이스라엘 자손이 이와 같이 행하되 여호와께서 모세와 아론에게 명령하신 대로 행하였으며 [51]바로 그 날에 여호와께서 이스라엘 자손을 그 무리대로 애굽 땅에서 인도하여 내셨더라

하나님께서는 이방 사람(בֶּן־נֵכָר, 벤 네카르)[6]이나 거류인(תּוֹשָׁב, 토샤브)[7], 타

---

291. 보크는 "이스라엘에 대한 하나님의 약속들은 … 신약 공동체 안의 유대인들과 이방인들에 대한 구원을 통해 확장되고 성취되었다."라고 주장한다.

6) בֶּן־נֵכָר(벤 네카르)는 이방인(foreigner)을 의미한다. Francis Brown, S. Driver and C. A. Briggs, *The Brown-Driver-Briggs Hebrew and English Lexicon With an Appendix Containing the Biblical Aramaic* (Peabody: Hendrickson Publishers, 1999), 648.

7) תּוֹשָׁב(토샤브)는 גֵּר(게르)와는 달리 임시적으로 체류하는 외국인을 가리킨다(레 22:10;

국 품군(שָׂכִיר, 사키르)[8]이 유월절 잔치에 참여하는 것을 철저하게 금하셨다. 그러나 이스라엘 중에 함께 거하는 타국인(גֵּר, 게르)[9]은 할례를 받은 후 "본 토인과 같이 되어"(וְהָיָה כְּאֶזְרַח הָאָרֶץ, 베하야 케에제라 하아레츠)[10] 유월절을 지킬 수 있다고 말씀하셨다.[11] 할례는 하나님께서 아브라함에게 친히 명하신 것으로 하나님과 "아브라함과 그의 후손들" 사이에 대대로 지켜야 하는 "영원한 언약"(창 17:7, 13, 19)의 표징이다(창 17:10-11). 그런데 창세기 17:12-14을 보면 하나님께서는 아브라함의 자손들뿐만 아니라 집에서 난 자나 또는 이방 사람에게서 돈으로 산 자를 막론하고 난 지 팔 일 만에 할례를 받아야 하고, 할례를 받지 아니한 자는 백성 중에서 끊어질 것이라고 말씀하셨다. 즉, 모든 남자는 아브라함의 자손이 아니어도 할례를 받을 수 있으며 이 할례를 통해 하나님의 언약 백성이 될 수 있다.

25:6). BDB, 444.

8) שָׂכִיר(사키르)는 삯을 받고 일하는 노동자 곧 고용된 품꾼을 의미한다. BDB, 969.

9) גֵּר(게르)는 일시적으로 머무는 외국인과는 달리 다른 백성들 가운데 영구적으로 거주하는 외국인이다(레 19:33-34를 보라). 칼빈은 "타국인(גֵּר, 게르)이라는 말을 우리는 사업상 가나안 땅으로 들어와 곧 귀국할 사람들로 해석해서는 안 되며 거기에 거주하기로 택하고 오래 체류함으로 말미암아 이스라엘 사람들과 한 몸으로 연합된 자들로 해석해야 한다."라고 주장한다. 존 칼빈, 『칼빈성경주석 2』, 존 칼빈 성경주석출판위원회 편역 (서울: 성서원, 2001), 361; 이한영, 『구약 텍스트에서 윤리까지』(양평: 아세아연합신학대학교 출판부, 2017), 254 참조.

10) אֶזְרָח(에즈라흐)는 "원주민, 자기 자신의 땅에서 태어난 자"를 의미한다. 모세오경에서 이 용어는 약속의 땅에 속하는 족장들의 자손에서 난 자를 지칭한다(민 15:29; 시 37:35; 출 12:19). A. H. Konkel, "אֶזְרָח", Willem A. Vangemeren, *New International Dictionary of Old Testament Theology and Exegesis*, Vol. 1 (Michigan: Zondervan Publishing House, 1997), 344-45.

11) "수많은 잡족(עֵרֶב רַב, 에레브 라브)과 양과 소와 심히 많은 가축이 그들과 함께 하였으며" (출 12:38)에서 볼 수 있는 바와 같이 실제로 처음부터 수많은 잡족들이 이스라엘 백성들과 함께 출애굽하였다. עֵרֶב רַב는 "많은 혼합된 무리", 즉 "많은 혼혈인들"을 의미한다. NIV는 "Many other people"(많은 다른 민족들)로 번역하였다.

할례는 여호와 하나님을 믿고 하나님의 말씀대로 순종하는 하나님 나라 거룩한 백성이 되었다는 언약의 표징이다. 이방인이라 할지라도 할례를 받으면 하나님의 성소에 들어가서 하나님을 만나고 하나님께 예배드릴 수 있는 하나님의 언약 백성, 즉 이스라엘 회중에 들어올 수 있었다(겔 44:9).[12] 아브라함의 부르심으로부터 시작되는 이스라엘은 아브라함의 혈통적 자손, 즉 유대 민족만을 지칭하는 것이 아니라 하나님에 대한 신앙을 고백하고 할례받은 모든 사람을 포함하는 하나님의 언약 백성에 대한 총칭이다. 이런 점에서 구약의 할례는 신약의 세례와 같다.[13] 유대인이든 이방인이든 할례를 받음으로 하나님의 언약 백성이 되는 것과 마찬가지로 누구든지 예수 그리스도를 믿고 세례를 받으면 구원받은 하나님 나라 거룩한 백성이 된다.[14] 따라서 구약의 이스라엘을 신약적으로 표현하면 바로 교회인 것이다.

> 예수 그리스도의 교회는 아브라함으로 그 기원을 거슬러 올라갈 수 있는 하나님의 단일한 백성에 대한 현재적 표현이다.[15]

---

12) "주 여호와께서 이같이 말씀하셨느니라 이스라엘 족속 중에 있는 이방인 중에 마음과 몸에 할례를 받지 아니한 이방인은 내 성소에 들어오지 못하리라"(겔 44:9).

13) 월키는 "언약 공동체로의 입문을 나타내는 옛 징표인 할례는 새 언약의 새로운 징표인 세례로 대체된다.", "세례는 그리스도의 교회로 입문하는 것에 대한 상징이요 하나님의 언약 백성을 나타내는 새로운 표현이며 죄 씻음의 상징(롬 6:1-14; 11:16; 고전 7:14; 골 2:11-12; 벧전 3:20)"이라고 말한다. 브루스 K. 월키, 캐시 J. 프레드릭스, 『창세기 주석』, 김경열 역 (서울: 새물결플러스, 2018), 467; 할례와 세례의 관계에 대한 자세한 논의는 메리데스 클라인, 『하나님 나라의 서막』, 김구원 역 (서울: 개혁주의신학사, 2007), 387-93 을 참고하라.

14) 클라우니는 "세례를 받음으로 그리스도께 연합한 자는 그 안에서 하나님의 모든 약속의 후사가 된다. 그리스도는 이스라엘에 대한 부르심을 성취하신다. 그에게 연합한 자들은 바로 이 사실에 의하여 하나님의 새로운 이스라엘이 된다."라고 말한다. 에드먼드 클라우니, 『교회』, 황영철 역 (서울: IVP, 1998), 48-49.

15) 레이몬드는 구약 이스라엘과 신약 교회와의 관계에 대하여 다음과 같이 말한다: "창세기 3:15에서 처음으로 드러났으며, 아브라함 언약에서 분명하게 표현된 하나님의 구속적

구약성경은 하나님께서 택하시고 구원하신 이스라엘 백성들에게 주신 하나님의 말씀이다. 이스라엘을 향하신 하나님의 뜻은 곧 교회를 향하신 하나님의 뜻이다. 따라서 신·구약 성경은 모두 그리스도의 몸 된 교회와 그 지체인 성도들에게 하나님의 뜻이 무엇인가를 알려주시는 하나님의 말씀이다. 오늘 우리가 성경을 읽고 묵상하는 이유가 바로 여기에 있다. 우리는 성경을 통해 교회를 향하신, 우리를 향하신 하나님의 뜻이 무엇인가를 알 수 있다.

목적은 그 이후로 시내 산에서, 그리고 모압 평지에서 이스라엘과 맺으신 일련의 언약에 의하여, 그리고 다윗 언약, 그리고 마침내 새 언약에 의하여 계속적으로 발전되어 왔다. 따라서 갈라디아에 있는 이방인 교회에 쓴 편지에서, 바울은 유대적 율법주의를 거부하고, 우리 주 예수 그리스도의 십자가 외에는 결코 자랑하지 않는 사람들을 "하나님의 이스라엘" 이라고 묘사했다(갈 6:12-16). 에베소서에서, 바울은 이방인 성도들에게 그리스도 안에서 하나님께서 그들을 이스라엘의 시민들로, 약속의 언약들의 수령자들로 만드셨음을 선언 했다(엡 2:11-13). 빌립보서에서, 바울은 "하나님의 성령으로 봉사하며 그리스도 예수로 자랑하고 육체를 신뢰하지 아니하는" 그들이 곧 "(진정한) 할례파"라고 선언했다(빌 3:3). 그러므로 예수 그리스도의 교회는 오늘날 하나님의 참된 이스라엘임은 분명한 사실이다." 레이몬드, "전통적 언약신학 견해", 68-69.

⦂ 어떻게 하나님의 뜻을 감당할 수 있는가?

앞서 언급한 대로 하나님께서는 하나님의 소유(보배)가 되며 제사장 나라, 거룩한 백성이 되게 하시려고 이스라엘 백성들을 택하시고 구원하셨다. 그렇다면 어떻게 하면 이스라엘 백성들이 하나님의 보배, 제사장 나라, 거룩한 백성이 될 수 있는가? 하나님께서는 시내 산에서 출애굽 한 이스라엘 백성들에게 친히 그 방법을 알려주셨다.

출애굽기 19:4-6	내가 애굽 사람에게 어떻게 행하였음과 내가 어떻게 독수리 날개로 너희를 업어 내게로 인도하였음을 너희가 보았느니라	
	내 말을 잘 듣고	내 언약을 지키면
	내 소유가 되겠고, 제사장 나라가 되며 거룩한 백성이 되리라	
신명기 4:12-14	여호와께서 너희에게 말씀하시되	여호와께서 그 언약을 너희에게 반포하시고
	지키라 명령하셨으니 곧 십계명이며	
	여호와께서 내게 명령하사 너희에게 규례와 법도(חֻקִּים וּמִשְׁפָּטִים)를 교훈하게 하셨으니	
시편 105:43-45	그의 백성이 즐겁게 나오게 하시며 그의 택한 자는 노래하며 나오게 하시고	
	그의 율례(חֻקָּיו)를 지키고	그의 율법(תּוֹרֹתָיו)을 따르게 하려 하심이로다

출애굽기 19:5-6에서 하나님께서는 "너희가 내 말을 잘 듣고 내 언약을 지키면 너희는 모든 민족 중에서 내 소유가 되겠고 너희가 내게 대하여 제사장 나라가 되며 거룩한 백성이 되리라"라고 말씀하셨다. 시편 105:43-45에서도 이스라엘 백성들을 출애굽 시키시고 가나안 땅으로 인도하신 것은 "그들이 그의 율례를 지키고 그의 율법을 따르게 하려 하심"이라고 한다.

하나님께서는 "내 말과 내 언약", 또는 "그 율례와 그 율법"를 잘 듣고 지킴으로 이스라엘 백성들이 하나님의 소유(보배)가 되고 제사장 나라, 거룩한 백성이 되기를 원하신다.

  그렇다면 구원받은 이스라엘 백성들이 듣고 지켜야 할 "하나님의 말씀", "하나님의 언약", "그의 율례와 그의 율법"은 무엇인가? 이는 시내 산에서 하나님과 이스라엘 백성들 사이에 맺어진 언약을 통해 이스라엘 백성들에게 주어졌다(신 4:11-14). 그것이 바로 "십계명과 율례들"(출 20-23장)이다.[16] 하나님께서는 이스라엘 백성들이 "십계명과 율례들"을 지켜 행함으로 하나님의 보배가 되고 제사장 나라, 거룩한 백성이 되기 원하셨다. 따라서 우리는 구원받은 하나님 나라, 거룩한 백성으로서 구원의 목적, 사명을 감당하기 위해 하나님의 말씀, 하나님의 언약의 핵심인 십계명과 율례들을 알아야 하고 또 지켜 행해야 한다. 하나님의 말씀을 잘 듣고 행함으로 우리를 죄악 가운데서 구원하신 하나님의 사랑과 은혜를 찬미하고 하나님의 영광을 드러내며 살 수 있는 것이다.

---

16) 이에 대해서는 권오윤, "출애굽기 20장-23장: 하나님의 계시로서의 언약서" (신학석사논문, 아세아연합신학대학교, 1998)를 참고하라.

앞에서 살펴본 내용을 정리하면 다음과 같다.

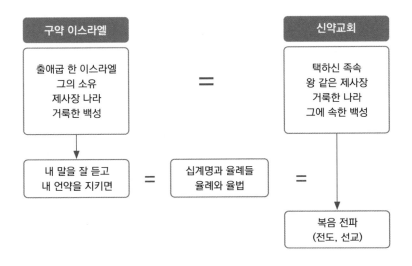

기독교인들은 하나님의 택하신 족속이요, 왕 같은 제사장이요, 거룩한 나라요,
그에 속한 백성으로서 하나님의 말씀을 잘 듣고 행함으로 우리를 구원하신 하나님과
예수 그리스도, 십자가의 도를 전하는 "복음 전파의 삶"을 살아야 한다.

그런데 "택하신 족속"에서 선택의 주체는 하나님이시다. 우리가 하나님
께 선택받기 위해 할 수 있는 일은 없다. "그에 속한(보배로운) 백성" 역시
하나님께서 "창세 전에 그리스도 안에서 우리를 택하사 그 기쁘신 뜻대로
예수 그리스도로 말미암아 자기의 아들들이 되게 하셨으니"(엡 1:4-5) 내가
하나님의 소유(보배)가 되기 위해 해야 할 일은 없는 것이다. 따라서 위의
내용을 축약하면 다음과 같다.

기독교인들은 하나님의 말씀을 듣고 행함으로 이 세상과 구별되는 거룩한 삶을 통해
"왕 같은 제사장"으로서 복음 전파의 사명을 감당해야 한다.

"왕 같은 제사장"이 되게 하시려고 하나님께서 우리에게 주신 것이 바로 십계명과 율례들이다. 하나님께서는 구원받은 이스라엘 백성들이 십계명과 율례들을 지켜 행함으로 왕 같은 제사장으로서의 사명을 감당하게 하셨다. 그런데 우리가 십계명과 율례들을 살펴보기 전에 먼저 몇 가지 사항들을 생각해 볼 필요가 있다.

첫째, 이스라엘을 택하시고 구원하신 하나님은 어떤 분이신가?
둘째, 왜 중재적 역할을 감당하는 제사장 나라가 필요한가?
셋째, 열방 중에서 이스라엘을 택하시고 구원하신 이유는 무엇인가?
넷째, 이스라엘을 택하시고 구원하신 목적은 무엇인가?
다섯째, 이스라엘을 향하신 하나님의 뜻이 어떻게 이루어질 수 있는가?

하나님께서는 시내 산에서 이스라엘 백성들에게 그들을 택하시고 구원하신 목적을 계시하시고 위와 같이 제기될 수 있는 질문들에 대한 답을 모세를 통하여 창세기에 기록하게 하셨다.[17] 따라서 우리가 왕 같은 제사장으로서 하나님의 뜻을 잘 감당하기 위해 창세기를 중심으로 위에서 제기한 사항들을 살펴보고 본서에 이어 『왕 같은 제사장의 삶: 십계명 해석의 원리와 실제』[18]에서는 십계명과 율례들을 통해서 주신 하나님의 말씀들을 다루고자 한다.

---

17) 말텐스는 "창세기는 구약성경에서 일어나고 있는 대역사의 축소판"이라고 말한다. 엘머 에이 말텐스, 『하나님의 계획: 새로운 구약신학』, 김의원 역 (서울: 아가페출판사, 1989), 49.
18) 권오윤, 『왕 같은 제사장의 삶: 십계명 해석의 원리와 실제』 (파주: 바라봄, 2021).

: 창세기를 어떻게 읽을 것인가?

우리는 창세기를 읽을 때 다음 사항들을 생각하며 살펴보아야 한다.

첫째, 이스라엘을 택하시고 구원하신 하나님은 어떤 분이신가?

이것은 우리가 믿고 의지해야 할 신앙의 대상에 대한 질문이다. 무엇보다도 성경은 처음부터 하나님께서는 이 세상을 창조하신 전능하신 하나님이라고 선포한다. 우리는 창세기를 통해 하나님께서는 사람들이 만들어 섬기는 우상과는 비교조차 할 수 없는 창조주 하나님이심을 확실하게 알 수 있다.

둘째, 하나님께서 왜 아브라함을 택하시고, 이스라엘 백성들을 종 되었던 애굽 땅에서 인도해 내셨는가?

이것은 곧 우리에게 왜 하나님의 구원이 필요한가에 대한 답변이기도 하다. 우리는 창세기를 통해 모든 인간이 죄로 말미암아 죽을 수밖에 없는 존재들이며 따라서 하나님의 구속의 은총이 절대적으로 필요하다는 것을 알 수 있다.

셋째, 하나님께서 이스라엘을 택하시고 구원하신 이유가 무엇인가?

하나님께서 이스라엘을 택하시고 구원하신 것은 그들이 지혜롭거나 강력한 민족이기 때문이 아니다. 하나님께서 이스라엘을 택하신 것은 이스라엘이 다른 민족보다 수효가 적기 때문이요, 여호와께서 그들을 사랑하시기 때문이며, 이스라엘의 조상들에게 하신 맹세를 지키시기 위함이라고 말씀하신다(신 7:6-11). 하나님께서는 우상숭배가 만연한 갈대아 우르에서 한 사람, 한 가정을 택하시고 부르셔서 그와 그의 자손들을 통해 이 땅 위에 하나님의 뜻을 이루어 가신다.

넷째, 하나님께서 이스라엘을 택하시고 구원하신 목적은 무엇인가?

이것은 우리의 소명과 관련된 문제이다. 세계가 다 하나님께 속한 것이지만 하나님께서는 이스라엘을 택하시고 구원하셔서 하나님의 보배, 제사장 나라, 거룩한 백성이 되게 하셨다(출 19:4-6). 신약 기독교인들도 마찬가지이다. 우리는 하나님 앞에서 왕 같은 제사장으로서 우리를 구원하신 하나님, 예수 그리스도의 십자가와 복음을 전하고 증거하는 일에 힘써야 한다.

다섯째, 열방 중에서 이스라엘을 택하시고 구원하셔서 하나님의 제사장 나라, 거룩한 백성이 되게 하시려는 하나님의 뜻이 어떻게 역사를 통해서 전개되는가?

이것은 하나님의 주권과 섭리에 대한 질문이다. 궁극적으로 이 세상의 모든 역사는 하나님의 계획과 섭리 안에서 전개된다. 하나님께서는 이스라엘 백성들에게 십계명과 율례들을 주시면서 먼저 창세기를 통해 우리를 향하신 하나님의 뜻을 어떻게 이루어 가시는가를 알려 주셨다. 우리는 창세기에서 우리를 택하시고 부르셔서, 믿음을 주시고 순종하게도 하시며, 왕 같은 제사장으로서의 사명도 감당하게 하시는 분이 바로 여호와 하나님이심을 알 수 있다.

2장

이스라엘을 택하시고 구원하신 이유

•

⁸너희는 그 은혜에 의하여 믿음으로 말미암아 구원을 받았으니
이것은 너희에게서 난 것이 아니요 하나님의 선물이라
⁹행위에서 난 것이 아니니 이는 누구든지 자랑하지 못하게 함이라

(엡 2:8-9)

출애굽 한 이스라엘 백성들이 애굽 땅을 떠난 지 삼 개월이 되던 날 시내 광야에 당도하였다. 그들이 시내 산 앞에 장막을 치고 머무를 때, 하나님께서는 모세를 산 위로 부르셔서 다음과 같이 말씀하셨다.

출 19:3-6 ³모세가 하나님 앞에 올라가니 여호와께서 산에서 그를 불러 말씀하시되 너는 이같이 야곱의 집에 말하고 이스라엘 자손들에게 말하라 ⁴내가 애굽 사람에게 어떻게 행하였음과 내가 어떻게 독수리 날개로 너희를 업어 내게로 인도하였음을 너희가 보았느니라 ⁵세계가 다 내게 속하였나니 너희가 내 말을 잘 듣고 내 언약을 지키면 너희는 모든 민족 중에서 내 소유가 되겠고 ⁶너희가 내게 대하여 제사장 나라가 되며 거룩한 백성이 되리라 너는 이 말을 이스라엘 자손에게 전할지니라

세계가 다 하나님께 속하였으나 하나님께서는 "지상 만민 중에서"(신 7:6)

오직 이스라엘 백성들을 택하시고 그들을 애굽 땅 종 되었던 집에서 인도하여 내셨다(신 4:20). 하나님께서 특별히 이스라엘 백성들을 택하시고 구원하신 이유는 무엇인가? 출애굽기 19:3-6은 하나님께서 어떻게 이스라엘 백성들을 출애굽 시키시고 시내 산까지 인도하셨는가를 상기시키실 뿐 그들을 택하시고 구원하신 이유에 대해서는 별다른 언급이 없다. 그러나 창세기는 물론 출애굽 이후 시내 산까지의 여정에서 하나님께서는 모세와 이스라엘 백성들에게 여러 차례 그 이유를 말씀하셨다. 모세는 이러한 내용들을 종합하여 신명기 7:6-11에서 하나님께서 이스라엘 백성들을 택하시고 구원하신 이유를 세 가지로 제시하였다.

> **신 7:6-11** [6]너는 여호와 네 하나님의 성민이라 네 하나님 여호와께서 지상 만민 중에서 너를 자기 기업의 백성으로 택하셨나니 [7]여호와께서 너희를 기뻐하시고 너희를 택하심은 너희가 다른 민족보다 수효가 많기 때문이 아니니라 너희는 오히려 모든 민족 중에 가장 적으니라 [8]여호와께서 다만 너희를 사랑하심으로 말미암아, 또는 너희의 조상들에게 하신 맹세를 지키려 하심으로 말미암아 자기의 권능의 손으로 너희를 인도하여 내시되 너희를 그 종 되었던 집에서 애굽 왕 바로의 손에서 속량하셨나니 [9]그런즉 너는 알라 오직 네 하나님 여호와는 하나님이시요 신실하신 하나님이시라 그를 사랑하고 그의 계명을 지키는 자에게는 천 대까지 그의 언약을 이행하시며 인애를 베푸시되 [10]그를 미워하는 자에게는 당장에 보응하여 멸하시나니 여호와는 자기를 미워하는 자에게 지체하지 아니하시고 당장에 그에게 보응하시느니라 [11]그런즉 너는 오늘 내가 네게 명하는 명령과 규례와 법도를 지켜 행할지니라

여호와께서는 첫째, 이스라엘이 다른 민족보다 수효가 적음을 인하여 둘째, 여호와께서 다만 이스라엘을 사랑하심을 인하여 셋째, 이스라엘의 열조에게 하신 맹세를 지키려 하심을 인하여 이스라엘 백성들을 택하시고 그들을 애굽 왕 바로의 손에서 속량하셨다.

⋮ 하나님의 주권적 선택

　여호와께서 이스라엘을 기뻐하시고 그들을 택하신 첫 번째 이유는 그들이 모든 민족 중에 가장 적기 때문이다(신 7:7). "적다"라는 말은 본문이 말한 바와 같이 "수효가 적다"라는 의미이다. 하나님께서 수효가 적기 때문에 택하신다는 것은 하나님의 뜻을 이루어 가시는 주요한 방법 중 하나이다. 이에 대한 좋은 예를 사사 시대에서 찾아볼 수 있다. 기드온이 단 삼백 명의 군사로 미디안 대군을 물리치고 대승을 거둔 사건이다(삿 7-8장).

　이스라엘 군사가 처음부터 삼백 명은 아니었다. 미디안의 침략에 맞서 소집된 이스라엘 군사의 수는 삼만 이천 명이었다(삿 7:3). 병력의 수가 중요한 당시 전쟁에서 삼만 이천 명의 군사로 십삼만 오천 명이나 되는 미디안의 대군(삿 8:10)과 맞서 싸우기에는 중과부적이 아닐 수 없다. 그런데 여호와께서는 기드온에게 "너를 따르는 백성이 너무 많다."(삿 7:2)라고 하시면서 "누구든지 두려워 떠는 자는 돌아가라."(삿 7:3)라고 말씀하셨다. 이에 이만 이천 명이 돌아가고 일만 명의 군사가 남았다. 미디안의 대군에 비교하면 턱없이 부족한 숫자가 아닐 수 없다. 그런데 여호와께서는 또다시 기드온에게 "백성이 아직도 많다."(삿 7:4)라고 하시면서 친히 전쟁에 나갈 군사를 선발하는 시험을 진행하셨다. 하나님께서는 시냇가에서 물을 마시는 모습에 따라 그들을 두 부류로 나누셨다. 무릎을 꿇고 물을 마신 자가 구천 칠백 명이었고 손으로 움켜 입에 대고 핥는 자가 삼백 명이었다. 하나님께서는 구천 칠백 명을 자기 처소로 돌려보내시고 기드온에게 남은 삼백 명으로 미디안을 무찌르고 이스라엘을 구원하시겠다고 말씀하셨다.

　하나님께서는 왜 삼백 명을 선택하셨을까? 하나님의 의도는 전쟁에 능한 사람들을 선발해서 막강한 정예부대를 편성하려는 것이 아니다. 하나님께서 친히 주관하신 시험의 목적은 병력의 수를 줄이는 것이다. 하나님께서는 이스라엘이 자긍하지 않게 하시려고 단 삼백 명의 군사로 미디안 대군과의 전쟁에서 승리하게 하셨다(삿 7:2). 기드온이 미디안 대군과 싸워 이긴 것은 그들의 군사력이 막강했기 때문도 아니고, 무기가 월등해서도 아니며, 야간 기습작전이 탁월해서도 아니었다. 기드온이 이 전쟁에서 승리한 것은 전적으로 여호와 하나님께서 함께 하셨기 때문이다(삼상 17:47 참조).

성경에서 "수가 적다"라는 것은 하나님께서 주권적으로 역사하심을 반증한다.

> **사 51:2** 너희의 조상 아브라함과 너희를 낳은 사라를 생각하여 보라 아브라함 이 혼자 있을 때에 내가 그를 부르고 그에게 복을 주어 창성하게 하였느니라

하나님께서는 "지상 만민 중에서" "가장 적은" 한 민족, 사실은 단 한 사람 아브라함을 택하시고 부르셔서 그로 큰 민족이 되게 하시고, 하나님 나라, 거룩한 백성이 되게 하셨다(겔 33:24 참조). 아브라함으로부터 시작하여 이스라엘이 생육하고 번성하여 땅에 충만하게 되는 것은 전적으로 하나님께서 택하시고, 하나님께서 이들과 함께하시며, 하나님께서 주권적으로 역사하셨기 때문이다.

: 하나님의 무조건적인 사랑

여호와께서 이스라엘을 택하시고 구원하신 두 번째 이유는 여호와께서 그들을 사랑하셨기 때문이다(신 7:8). 신명기 4:37-38에서 모세는 여호와께서 이스라엘을 사랑하사 그들을 택하시고 큰 권능으로 친히 인도하여 애굽에서 나오게 하셨다고 말한다.

> **신 4:37-38** [37]여호와께서 네 조상들을 사랑하신 고로 그 후손인 너를 택하시고 큰 권능으로 친히 인도하여 애굽에서 나오게 하시며 [38]너보다 강대한 여러 민족을 네 앞에서 쫓아내고 너를 그들의 땅으로 인도하여 들여서 그것을 네게 기업으로 주려 하심이 오늘과 같으니라

또한 신명기 10:14-15에서도 모세는 이스라엘 백성들에게 이 세상 천지만물이 "본래 하나님 여호와께 속한 것이로되 여호와께서 오직(רק, 라크)[19] 네 조상들을", 즉 아브라함, 이삭, 야곱을 "기뻐하시고 그들을 사랑하사 그들의 후손인 너희를 만민 중에서 택하셨다."라고 말한다. 이러한 사실에 대하여 칼빈은 "전적인 관대함에서 솟아 나오는 은총이 사랑이라는 단어로 표현되어 사랑받는 그 사람에게 있는 모든 가치를 배제하고 있다."[20]라고 강조한다. 하나님께서 이스라엘 백성들을 애굽 땅에서 구원하신 것은 전적으로 하나님의 긍휼하심 때문이다. 하나님께서는 크고 강한 민족이

---

19) 칼빈은 "רק(라크)라는 단어가 여기에 독점적으로(exclusively) 사용되어 있기 때문에 나는 그것을 '그러나' 또는 '하지만'으로 해석하는 것이 더 낫다고 생각되지 않는 한 '오직'(tantummodo)으로 번역해 왔다. 그러나 그 의미는 분명한 것으로써 하나님께서 세상 모든 나라를 무시하고 아브라함과 그의 민족을 값없이 택하셨음을 나타내고 있다. 왜냐하면 그는 그들의 열조뿐만 아니라 그들의 후손들 모두가 사랑을 받았음을 말하고 있기 때문이다. 그렇지 않았다면 그 뒤에 따르는 훈계가 합당치 않았을 것이다."라고 말한다. 칼빈, 『칼빈성경주석 2』, 346.

20) 칼빈, 『칼빈성경주석 2』, 341.

아닌, 하나님의 은총을 받을 만한 가치가 없는 비천한 백성을 택하시고 구원하셨다. 신명기 7:6-7에서 "지상 모든 민족"들과 "가장 적은 민족"을 대비시키는 것은 이러한 하나님의 은혜가 얼마나 큰 것인가를 잘 드러내 준다. 이스라엘의 구원은 값없이 거저 주시는 하나님의 은혜의 선물이다.

이 원리는 신약성경에서도 그대로 나타난다. 하나님이 세상을 이처럼 사랑하사 독생자 예수 그리스도를 우리에게 보내 주셨다(요 3:16-17). 우리가 아직 죄인 되었을 때에 그리스도께서 우리를 위하여 죽으심으로 하나님께서 우리에 대한 자기의 사랑을 확증하셨다(롬 5:8). 사도 바울은 우리가 하나님의 사랑하심을 입고 성도로 부르심을 받았다고 한다(롬 1:7). 또한 우리가 "본질상 진노의 자녀이었더니 긍휼이 풍성하신 하나님이 우리를 사랑하신 그 큰 사랑을 인하여 은혜로 구원을 받은 것"(엡 2:3-5) 이라고 한다. 구원은 값없이 거저 주시는 하나님의 은혜의 선물인 것이다.

> **엡 2:8-9** [8] 너희는 그 은혜에 의하여 믿음으로 말미암아 구원을 받았으니 이것은 너희에게서 난 것이 아니요 하나님의 선물이라 [9] 행위에서 난 것이 아니니 이는 누구든지 자랑하지 못하게 함이라

⦂ 하나님의 언약

여호와께서 이스라엘을 택하시고 구원하신 세 번째 이유는 하나님께서 이스라엘의 조상들에게 하신 맹세를 지키시기 위해서이다. 이스라엘의 출애굽은 전적으로 하나님의 언약, 즉 하나님께서 아브라함과 이삭과 야곱과 맺으신 언약에 기초한다.

> **출 2:23-25** [23]여러 해 후에 애굽 왕은 죽었고 이스라엘 자손은 고된 노동으로 말미암아 탄식하며 부르짖으니 그 고된 노동으로 말미암아 부르짖는 소리가 하나님께 상달된지라 [24]하나님이 그들의 고통 소리를 들으시고 하나님이 아브라함과 이삭과 야곱에게 세운 그의 언약을 기억하사 [25]하나님이 이스라엘 자손을 돌보셨고 하나님이 그들을 기억하셨더라

하나님께서는 애굽 땅에서 고된 노동으로 말미암아 부르짖는 이스라엘 자손들의 탄식 소리를 들으시고, 아브라함과 이삭과 야곱에게 세운 "그의 언약"을 기억하사(ויזכר, 바이제코르),[21] 이스라엘 자손을 살펴 보시고(וירא, 바야레) 그들의 처지를 돌아보셨다(וידע, 바예다).[22] 하나님께서 이스라엘의 열조들에게 세우신 "그의 언약"은 무엇인가? 하나님께서는 모세를 부르실 때 아브라함, 이삭, 야곱과 맺으신 "하나님의 언약"을 설명해 주셨다.

---

21) 차일즈는 "하나님의 기억하심은 언제나 그의 기억의 대상을 향하신 그의 행동하심을 함축한다."라고 말한다. B. S. Childs, *Memory and Tradition in Isrsel* (S.C.M. Studies in Biblical Theology, No. 37, 1962), 34; 데릭 키드너, 『창세기』, 한정건 역 (서울: 기독교문서선교회, 1994), 125에서 재인용; 할랜드는 "히브리어에서 기억은 단순히 기억하는 것이 아니라 행동의 효과를 내는 것이다. 하나님은 기억하실 때 개입한다."라고 말한다. P. Harland, *The Value of Human Life: A Study of the Story of the Flood (Genesis 6-9)* (SVT 64; Leiden: Brill, 1996), 128.

22) 개역개정은 ידע(야다, "알다, 이해하다")를 "기억하다"로 번역하였다.

출 6:2-8 ²하나님이 모세에게 말씀하여 이르시되 나는 여호와이니라 ³내가 아브라함과 이삭과 야곱에게 전능의 하나님으로 나타났으나 나의 이름을 여호와로는 그들에게 알리지 아니하였고 ⁴가나안 땅 곧 그들이 거류하는 땅을 그들에게 주기로 그들과 언약하였더니 ⁵이제 애굽 사람이 종으로 삼은 이스라엘 자손의 신음 소리를 내가 듣고 나의 언약을 기억하노라 ⁶그러므로 이스라엘 자손에게 말하기를 나는 여호와라 내가 애굽 사람의 무거운 짐 밑에서 너희를 빼내며 그들의 노역에서 너희를 건지며 편 팔과 여러 큰 심판들로써 너희를 속량하여 ⁷너희를 내 백성으로 삼고 나는 너희의 하나님이 되리니 나는 애굽 사람의 무거운 짐 밑에서 너희를 빼낸 너희의 하나님 여호와인 줄 너희가 알지라 ⁸내가 아브라함과 이삭과 야곱에게 주기로 맹세한 땅으로 너희를 인도하고 그 땅을 너희에게 주어 기업을 삼게 하리라 나는 여호와 하셨다 하라

하나님께서 아브라함, 이삭, 야곱과 맺으신 언약은 한마디로 가나안 땅과 자손에 대한 약속이다(출 6:4, 6). 하나님께서는 아브라함에게 땅의 티끌과 같이(창 13:16), 하늘의 별과 같이(창 15:5) 많은 자손을 약속하셨고, 가나안 땅이 그의 소유가 될 것이라고 약속하셨다(창 13:14-17; 15:7). 그리고 아브라함에게 주신 이 약속이 반드시 이루어질 것에 대한 보증으로 출애굽 사건을 예고하셨다. 하나님께서는 아브라함에게 네 자손이 사백 년 동안 이방에서 객이 되어 그들을 섬기게 될 것이나 내가 그 섬기는 나라를 징벌하고 네 자손들을 이끌어 낼 것이라고 말씀하셨다(창 15:13-14). 이스라엘 백성들에게 출애굽 사건은 단순히 애굽으로부터의 해방만이 아니라 땅과 자손에 대한 언약의 성취를 보증하는 "선취적 사건"이다.[23]

---

23) 이에 대해서는 권오윤, "구약신학에 있어서 창조의 진정한 회복: 폰 라드의 역사적 신앙고백에 대한 비판적 검토를 중심으로", 「ACTS 신학저널」 제36집 (2018): 28-29를 참고하라.

창 17:7-8 ⁷내가 내 언약을 나와 너 및 네 대대 후손 사이에 세워서 영원한 언약을 삼고 너와 네 후손의 하나님이 되리라 ⁸내가 너와 네 후손에게 네가 거류하는 이 땅 곧 가나안 온 땅을 주어 영원한 기업이 되게 하고 나는 그들의 하나님이 되리라

또 하나님께서는 아브라함에게 "내가 내 언약을 나와 너와 네 대대 후손의 사이에 세워서 영원한 언약을 삼겠다."(창 17:7)라고 말씀하셨다. 이 언약은 아브라함과 그의 후손에게 "가나안 온 땅을 주어 영원한 기업이 되게 하고 나는 그들의 하나님이 되리라"(창 17:8)라는 약속이다.

이와 동일한 약속이 이삭에게도 주어졌다.

창 26:2-4 ²여호와께서 이삭에게 나타나 이르시되 애굽으로 내려가지 말고 내가 네게 지시하는 땅에 거주하라 ³이 땅에 거류하면 내가 너와 함께 있어 네게 복을 주고 내가 이 모든 땅을 너와 네 자손에게 주리라 내가 네 아버지 아브라함에게 맹세한 것을 이루어 ⁴네 자손을 하늘의 별과 같이 번성하게 하며 이 모든 땅을 네 자손에게 주리니 네 자손으로 말미암아 천하 만민이 복을 받으리라

하나님께서는 이삭에게 아브라함에게 맹세한 것을 이루어 "네 자손을 하늘의 별과 같이 번성케 하며 이 모든 땅(가나안)을 네 자손에게 주시겠다."라고 약속하셨다.

이 약속은 야곱에게도 그대로 주어졌다.

창 28:13-14 ¹³또 본즉 여호와께서 그 위에 서서 이르시되 나는 여호와니 너
의 조부 아브라함의 하나님이요 이삭의 하나님이라 네가 누워 있는 땅을 내가
너와 네 자손에게 주리니 ¹⁴네 자손이 땅의 티끌 같이 되어 네가 서쪽과 동쪽
과 북쪽과 남쪽으로 퍼져나갈지며 땅의 모든 족속이 너와 네 자손으로 말미암
아 복을 받으리라

하나님께서는 에서를 피해 하란으로 가던 야곱에게 벧엘에서 꿈을 통
해 "나는 여호와니 너의 조부 아브라함의 하나님이요 이삭의 하나님"이라
고 하시면서 "네가 누워 있는 가나안 땅을 내가 너와 네 자손에게 주리니
네 자손이 땅의 티끌같이 될 것"이라고 약속하셨다(창 28:10-15). 또 야곱이
밧단아람에서 돌아와 다시 벧엘에서 하나님께 제단을 쌓고 예배하였을 때
다시 한번 땅과 자손에 대한 약속의 말씀을 주셨다.

창 35:11-12 ¹¹하나님이 그에게 이르시되 나는 전능한 하나님이라 생육하며
번성하라 한 백성과 백성들의 총회가 네게서 나오고 왕들이 네 허리에서 나오
리라 ¹²내가 아브라함과 이삭에게 준 땅을 네게 주고 내가 네 후손에게도 그
땅을 주리라 하시고

이같이 하나님께서는 아브라함, 이삭, 야곱에게 "너와 네 자손에게 가나
안 땅을 영원한 기업으로 주고 나는 그들의 하나님이 되리라"라고 약속하
셨다. 하나님께서는 이스라엘의 열조들에게 하신 약속, 맹세를 지키기 위
해 이스라엘을 택하시고 그들을 애굽 땅 종 되었던 집에서 구원하셨다.

: 그런즉 너는 지켜 행하라

이상에서 우리는 하나님께서 이스라엘 백성들을 택하시고 구원하신 이유를 살펴보았다. 하나님께서는 이스라엘이 다른 민족보다 수효가 적기 때문에, 오직 이스라엘을 사랑하심을 인하여, 이스라엘의 열조에게 하신 맹세를 지키려 하심을 인하여 이스라엘 백성들을 택하시고 애굽 땅 종 되었던 집에서 구원하셨다. 이는 이스라엘에게 하나님께서 택하시고 구원하실만한 이유나 조건이 전혀 없다는 것을 의미한다. 이스라엘 백성들을 택하시고 구원하신 것은 전적으로 하나님의 사랑이고 은혜이다. 따라서 모세는 신명기 7:6-11의 말미에서 이스라엘 백성들에게 "그런즉 너는 오늘날 내가 네게 명하는 명령과 규례와 법도를 지켜 행할지니라"라고 강하게 권면한다.

이스라엘을 택하시고
구원하신 목적

:

> ⁵세계가 다 내게 속하였나니 너희가 내 말을 잘 듣고 내 언약을 지키면
> 너희는 모든 민족 중에서 내 소유가 되겠고
> ⁶너희가 내게 대하여 제사장 나라가 되며 거룩한 백성이 되리라
> 너는 이 말을 이스라엘 자손에게 전할지니라
>
> (출 19:5-6)

우리는 앞에서 하나님께서 이스라엘 백성들을 택하시고 구원하신 이유를 살펴보았다. 하나님께서는 이스라엘 백성이 구원받을 만한 조건이나 이유가 없음에도 그들을 사랑하심으로 택하시고 구원하셨다. 특별히 하나님께서는 이스라엘의 조상들에게 세우신 그의 언약, 즉 아브라함, 이삭, 야곱에게 주신 언약을 기억하시고 이스라엘 백성들을 애굽 땅에서 종 되었던 집에서 구원하셨다.

하나님께서는 시내 산에서 모세를 통해 이스라엘 백성들에게 그들을 택하시고 구원하신 목적을 알려 주셨다. 하나님께서는 먼저 이스라엘 백성들에게 애굽에서 시내 산까지의 여정에서 그들을 위해 행하신 일들을 상기시키셨다(출 19:4). 하나님께서는 출애굽 과정에서 열 가지 기사와 이적을

애굽 사람들 앞에서 행하셨다. 홍해 바다에서는 추격해 오는 바로의 군대를 물리쳐 주셨다. 하나님께서는 낮에는 구름 기둥으로, 밤에는 불 기둥으로 이스라엘을 지키시고 인도해 주셨다. 광야 한가운데서 목이 마를 때는 반석에서 물을 내셨으며 먹을 양식이 떨어지자 하늘에서 만나를 내려 주셨다. 하나님께서는 이스라엘 백성들에게 "내가 독수리 날개로 너희를 업어 내게로 인도하였다."(출 19:4)라고 말씀하셨다. 안상혁은 이러한 표현은 하나님께서 자신을 매력적인 존재로 계시하기 원하시는 의도를 드러내는 것이라고 한다.[24] 그러나 모세는 다음과 같이 말하였다.

> **신 32:10-12** [10]여호와께서 그를 황무지에서, 짐승이 부르짖는 광야에서 만나시고 호위하시며 보호하시며 자기의 눈동자 같이 지키셨도다 [11]마치 독수리가 자기의 보금자리를 어지럽게 하며 자기의 새끼 위에 너풀거리며 그의 날개를 펴서 새끼를 받으며 그의 날개 위에 그것을 업는 것 같이 [12]여호와께서 홀로 그를 인도하셨고 그와 함께 한 다른 신이 없었도다

하나님께서는 마치 둥지에서 떨어지는 새끼를 날개로 받아 그 위에 업은 독수리와 같이 홀로 이스라엘 백성들을 안전하게 지키시고 인도하셨다(신 32:10-12). 하나님께서는 출애굽 과정에서, 시내 산까지 이르는 광야 길에서 이스라엘 백성들을 위하여 행하신 일들을 상기시키신 후, 그들을 택하시고 구원하신 목적에 대해 다음과 같이 말씀하셨다.

> **출 19:5-6** [5]세계가 다 내게 속하였나니 너희가 내 말을 잘 듣고 내 언약을 지키면 너희는 모든 민족 중에서 내 소유가 되겠고 [6]너희가 내게 대하여 제사장 나라가 되며 거룩한 백성이 되리라 너는 이 말을 이스라엘 자손에게 전할지니라

---

24) 안상혁, 『세 가지 관점으로 보는 시내산 언약』(수원: 합신대학원출판부, 2018), 16.

모든 민족이 다 여호와 하나님께 속한 것이지만(신 10:14 참조) 하나님께서는 그중에서 특별히 이스라엘 백성들을 택하시고 그들을 종 되었던 애굽 땅에서 구원하셨다. 구원은 값없이 주시는 하나님의 은혜의 선물이다. 그런데 구원이 전부가 아니고 구원이 끝이 아니다. 하나님께서는 출애굽 한 이스라엘 백성들에게 "너희는 모든 민족 중에서 내 소유(보배)가 되겠고 너희가 내게 대하여 제사장 나라가 되며 거룩한 백성이 되리라"라고 말씀하신다. 이것이 바로 하나님께서 이스라엘을 택하시고 구원하신 목적이며 이스라엘이 하나님 앞에서 감당해야 할 사명이다.[25]

: 구원의 목적

▎하나님의 보배

하나님께서는 이스라엘 백성들이 모든 민족 중에서 하나님의 סְגֻלָּה(세굴라)가 되게 하시려고 그들을 택하시고 구원하셨다. 개역개정이 "소유"라고 번역한 סְגֻלָּה를 RSV는 "소유"로, NIV는 "보배로운 소유"로, KJV은 "특별한 보배"로 번역하였다. 70인역에서는 "백성"을 추가하여 "특별한 백성"(λαὸς περιούσιος, 라오스 페리우시오스)으로 번역하였다.

성경에서 סְגֻלָּה라는 말은 모두 여섯 번 등장한다(신 7:6; 14:2; 26:18; 시 135:4; 말 3:17; 출 19:5). סְגֻלָּה의 사전적 의미는 "소유"(possession), 또는 "보배"(treasure)이다.[26] 여러 번역 성경들은 두 가지 의미 중 하나를 선택하여

---

25) 윌리엄 J. 덤브렐, 『새 언약과 새 창조』, 장세훈 역 (서울: 기독교문서선교회, 2003), 154-55.
26) BDB, 688.

번역하고 있다.[27] 그러나 출애굽기 19:5의 סְגֻלָּה는 "소유"보다는 "보배"로 번역하는 것이 본문의 문맥에 더 적합하다.[28] 왜냐하면 이미 출애굽기 19:5 상반절에서 "세계가 다 내게 속하였나니"라고 말씀하기 때문이다. 하나님께서는 이 세상 모든 민족이 다 하나님께 속하였지만, 그들 가운데 이스라엘 백성들을 택하시고 구원하셔서 "내 보배"가 되게 하겠다고 말씀하신다. 이스라엘을 "나의 보배로 삼겠다."라는 하나님의 말씀은 "사람이 자기를 섬기는 아들을 아낌같이 내가 그들을 아끼겠다."(말 3:17)라는 의미이다. 하나님께서는 이스라엘 백성들을 "하나님의 보배로운 백성이 되게 하시고, 그 지으신 모든 민족 위에 뛰어나게 하사 찬송과 명예와 영광을 삼으시기" 원하신다(신 26:18-19).

> 이스라엘이 여호와의 보배로운 백성으로 선택되었다는 사실은 자만의 근거가 아니다. 특권은 무거운 책임을 동반한다. 만일 그들이 하나님의 법에 대한 순종이 마음으로부터 나온다면, 하나님께서는 열국 가운데서 칭찬과 영예가 되도록 하는 방식으로 그들을 높이실 것이다.[29]

27) סְגֻלָּה에 대한 번역 비교.

		개역개정	ASV	RSV	NIV	NRSV	NKJV	NASB
신 7:6, 14:2	עַם סְגֻלָּה	기업의 백성	소유의 백성	소유의 백성	보배로운 소유	보배로운 소유	특별한 보배	소유의 백성
시 135:4	לִסְגֻלָּתוֹ	자기의 특별한 소유	자기 자신의 소유	자기 자신의 소유	자기의 보배로운 소유	자기 자신의 소유	자기의 특별한 보배	자기 자신의 소유
신 26:18	עַם סְגֻלָּה	보배로운 백성	소유의 백성	소유된 백성	백성, 보배로운 소유	보배로운 백성	특별한 백성	백성, 보배로운 소유
말 3:17	סְגֻלָּה	특별한 소유	소유	특별한 소유	보배로운 소유	특별한 소유	나의 소중한 자들	소유

※ 개역개정은 신명기 7:6, 14:2에 있는 עַם סְגֻלָּה(암 세굴라)를 "기업의 백성"으로 번역하였다. 그러나 히브리어로 "기업의 백성"은 עַם נַחֲלָה(암 나할라)이다(신 4:20).

28) 칼빈도 출애굽기 19:5의 סְגֻלָּה는 "보화"(treasure) 또는 "귀하고 탐스러운 것"(a precious and desirable thing)을 의미한다고 보았다. 칼빈은 하나님께서는 비천하고 보잘 것 없는 피조물들을 매우 귀하게 여기시는 이 일에서 하나님의 비교할 수 없는 선하심이 빛나고 있다고 그 의미를 설명한다. 칼빈, 『칼빈성경주석 2』, 344.

29) 두에인 L. 크리스텐센, 『신명기 21:10-34:12』, 정일오 역 (서울: 솔로몬, 2007), 339-40.

▌제사장 나라

하나님께서는 "제사장 나라"(מַמְלֶכֶת כֹּהֲנִים, 맘레케트 코하님)가 되게 하시려고 이스라엘 백성들을 택하시고 구원하셨다. מַמְלֶכֶת כֹּהֲנִים이라는 말은 유대교와 기독교 전통에서 다양하게 번역되거나 의역되었다. 김규섭은 출애굽기 19:6의 מַמְלֶכֶת כֹּהֲנִים에 대한 견해를 (1) 제사장들이 통치하는 이스라엘(Israel ruled by priests), (2) 제사장과 같이 이 세상과 구별되는 나라(a kingdom set apart like priesthood), (3) 왕 같은 제사장(a royal priesthood) 등 세 가지로 분류하고 검토한 후 מַמְלֶכֶת(맘레케트)는 "왕국"(나라)으로, כֹּהֲנִים(코하님)은 이스라엘 전체에 대한 은유적 표현으로 보아야 한다고 주장한다. 따라서 그는 מַמְלֶכֶת כֹּהֲנִים은 "제사장적인 나라"(priestly kingdom)로 번역하는 것이 적절하다고 제안한다.[30]

70인역에서는 מַמְלֶכֶת כֹּהֲנִים을 βασίλειον ἱεράτευμα(바실레이온 히에라튜마)[31], 즉 "왕적인 제사장직"(a royal priesthood), "왕의 능력과 영광을 가진 제사장적인 나라"(a priestly nation of royal power and glory)라는 의미로 번역하였다.[32] 탈굼 옹켈로스는 מַמְלֶכֶת가 왕권이라는 독립된 의미를 가진 것으로 간주하고 מַלְכִין כָּהֲנִין(말킨 코하닌, "왕들-제사장들")으로 번역하였다.[33]

---

30) 김규섭, "The Meaning of 'mamleket kohanim' in Exodus 19:6 Revisited,"「성경원문연구」 35 (2014): 263.

31) ὑμεῖς δὲ ἔσεσθέ μοι βασίλειον ἱεράτευμα καὶ ἔθνος ἅγιον ταῦτα τὰ ῥήματα ἐρεῖς τοῖς υἱοῖς Ισραηλ (Exo 19:6) Septuaginta, ed. A. Rahlfs (Stuttgart: Württembergische Bibelanstalt, 1935; repr. in 9th ed., 1971).

32) C. F. 카일, F. 델리취,『카일·델리취 구약주석 2: 출애굽기』, 김득중 역 (서울: 기독교문화사, 1987), 218-19; 채영삼은 βασίλειον ἱεράτευμα에서 βασίλειον(바실레이온)은 왕국, 왕의 거처를 의미하는 중성 명사형으로 볼 경우 "왕 되신 하나님께서 거하시는 나라", 곧 "제사장 공동체"로 볼 수 있다고 한다. 채영삼,『십자가와 선한 양심』(서울: 이레서원, 2014), 145.

33) Israel Drazin, Stanley M. Wagner, *Onkelos On The Torah; Understanding the Bible Text*

מַמְלָכָה(맘라카)는 "왕의 주권, 위엄의 총체로서의 왕권"을 의미하거나 또는 "나라, 왕과 백성들의 연합, 즉 왕이 다스리는 영토와 백성"을 의미한다.[34] כֹּהֲנִים(코하님)은 "제사장"이다. מַמְלֶכֶת כֹּהֲנִים은 מַמְלָכָה의 문자적 의미와 연계형에 대한 이해로 그 의미를 파악할 수 있다. 그러나 무엇보다 이 표현이 함축하는 의미를 파악할 수 있는 가장 좋은 방법은 성경의 문맥을 살펴보는 것이다.

신약성경에서 특히 요한계시록에는 이와 같거나 유사한 표현들이 다수 발견된다. 요한계시록 1:5-6은 죽은 자 가운데서 부활하신 예수 그리스도께서 그의 피로 우리를 구원하시고 하나님을 위하여 우리를 "나라와 제사장"(βασιλείαν, ἱερεῖς, 바실레이온, 히에레이스)으로 삼으셨다고 말씀한다. 요한계시록 5:9-10에서는 일찍이 죽임을 당한 어린 양이 "각 족속과 방언과 백성과 나라 가운데서 사람들을 피로 사서 하나님께 드리고 그들로 우리 하나님 앞에서 나라와 제사장(βασιλείαν καὶ ἱερεῖς, 바실레이안 카이 헤에레이스)들을 삼으셨으니 그들이 땅에서 왕 노릇 하리로다"라고 말씀한다. 요한계시록 20:6에서도 "첫째 부활에 참여하는 자들은 … 하나님과 그리스도의 제사장이 되어 천 년 동안 그리스도와 더불어 왕 노릇(βασιλεύσουσιν, 바실류수신)[35] 하리라"라고 말씀한다. 사도 바울도 예수를 믿음으로 "은혜와 의의 선물을 넘치게 받는 자(성도)들은 한 분 예수 그리스도를 통하여 생명 안에서 왕 노릇 하리로다"(롬 5:17)라고 말씀한다.

Exodus (Jerusalrem: Gefen Publishing House, 2006), 116.

34) 카일, 델리취, 『카일·델리취 구약주석 2: 출애굽기』, 218.

35) 동사 βασιλεύω(바실류오, "통치하다, 다스리다")는 명사 바실류스(βασιλεύς, "왕")에서 유래했으며 "왕이 되다, 왕의 권력을 행사하다, 통치하다"를 의미한다.

신약성경은 예수 그리스도께서 그 피로 구원하신 성도들을 하나님을 위하여(계 1:6), 하나님 앞에서(계 5:10) "나라와 제사장"으로 삼으시고 그들이 그 땅에서 "왕 노릇 하리라"(계 20:6; 롬 5:17)라고 말씀한다. 베드로전서 2:9은 מַמְלֶכֶת כֹּהֲנִים(맘레케트 코하님)을 βασίλειον ἱεράτευμα(바실레이온 히에라튜마)로 번역한 70인역을 그대로 받았다. 개역개정은 βασίλειον ἱεράτευμα를 "왕 같은 제사장"으로 번역하여 그 의미를 분명하게 드러내고 있다.

"왕 같은" 제사장

"왕 같은 제사장"이란 "왕적인 권세를 지닌 제사장"을 의미한다. 그런데 이스라엘은 철저하게 정교분리의 원칙을 준수했다. 왕은 제사장을 겸할 수 없다. 왕은 유다 지파에서, 제사장은 레위 지파에서 세워진다. 레위 지파 중에서도 오직 아론과 그 자손들에게만 제사장 직분이 주어진다. 이러한 원칙을 무시하고 사울 왕이 제사장 직분을 함부로 범하여 하나님으로부터 버림받았다(삼상 13:8-14). 따라서 성경적 문맥에서 보면 "왕 같은 제사장"이라는 말은 지상 정부의 왕인 동시에 제사장을 겸하는 말로 이해할 수 없다. 그런데 성경에서 "왕 같은"이라는 말이 무슨 의미인가를 알게 해 주는 사건들이 있다.

첫 번째는 기드온 사건이다. 기드온이 삼백 명의 군사로 미디안의 대군을 무찔렀을 때 이스라엘 백성들은 기드온과 그의 자손들을 이스라엘의 왕으로 추대하려고 하였다. 이때 기드온은 이스라엘 백성들에게 "내가 너희를 다스리지 아니하겠고 나의 아들도 너희를 다스리지 아니할 것이요 여호와께서 너희를 다스리시리라"라고 말하였다(삿 8:23). 기드온은 이스라엘을 다스리시는 왕은 오직 여호와 하나님 한 분뿐임을 이스라엘 백성들에게 분명하게 천명하였다.

두 번째는 사무엘 선지자 때 이스라엘 백성들이 왕을 세우는 사건이다.
엘리 제사장의 두 아들 홉니와 비느하스가 블레셋과의 싸움에서 전사하고
(삼상 4:11) 그 소식을 전해 들은 엘리 제사장마저 자기 의자에서 뒤로 넘어
져 목이 부러져 죽었다(삼상 4:18). 그 후 사무엘 선지자가 이스라엘을 다스
렸다(삼상 7:6). 여호와의 손이 사무엘이 사는 날 동안에 블레셋 사람을 막
아 주시고(삼상 7:13) 이스라엘은 빼앗겼던 성읍들을 블레셋 사람들의 손에
서 되찾았고 평화를 누렸다(삼상 7:14). 사무엘이 늙으매 그의 아들들이 사
사가 되어 이스라엘을 다스렸는데(삼상 8:1) 그들은 사무엘과 달리 뇌물을
취하고 판결을 굽게 하였다. 이에 이스라엘 백성들은 사무엘에게 모든 나
라와 같이 우리에게 왕을 세워 우리를 다스리게 해 달라고 요청하였다(삼
상 8:3-5). 이때 하나님께서는 사무엘에게 "내가 그들을 애굽에서 인도하여
낸 날부터 오늘까지 이스라엘을 다스려 왔지만 그들이 나를 버려 자기들
의 왕이 되지 못하게 함이라"라고 말씀하셨다(삼상 8:7-8).

이스라엘 백성들을 다스리는 왕은 바로 여호와 하나님이시다. 하나님께
서는 하나님의 보배가 되며 제사장 나라, 거룩한 백성이 되게 하시려고 이
스라엘 백성들을 애굽 땅 종 되었던 집에서 구원하셨다. 나라가 있고 백성
이 있다. 이 나라의 왕은 바로 하나님이시다. 왕이신 하나님께서 이스라
엘 백성들에게 너희는 왕 같은 제사장이 되라고 말씀하신다. 출애굽 한 이
스라엘 백성들에게 "왕 같은"이라고 할 때 이는 "하나님과 같은"이라는 뜻
이다. 마찬가지로 하나님께서 예수 그리스도의 피로 구원하신 성도들에게
"왕 같은"이라고 할 때 이는 "하나님과 같은"이라는 뜻이다.

성경에서 "왕 같은"이라는 말은 창조 신앙을 반영하는 아주 중요한 말이
다. 하나님께서는 하나님의 모양과 하나님의 형상을 따라 사람을 창조하

셨다(창 1:26-27). 인간은 하나님을 닮은 존재로서 하나님의 왕권을 위임받아서 하나님께서 창조하신 천지 만물을 정복하고 다스리는 대리적 통치자로 지음 받았다. "인간은 땅에서 하나님의 왕권을 대변한다."[36]

하나님께서 출애굽 한 이스라엘 백성들, 하나님께서 예수의 피로 구원하신 성도들을 "왕 같은 제사장"으로 삼으신 것은 우리가 이 세상 사람들과 다르다는 것을 확인시켜 주는 의미가 있다. 이 세상 사람들은 세상의 지배를 받으며 살아간다. 그러나 하나님께서 택하시고 구원하신 성도들은 이 세상에 속해 있지만, 이 세상의 지배를 받는 것이 아니라 오히려 세상을 정복하고 다스리는 왕과 같은 존재이다. 우리는 하나님 앞에서(계 1:6), 하나님을 위하여(계 5:10), 왕 같은 제사장으로서 하나님의 뜻이 하늘에서 이루어진 것처럼 땅에서도 이루어지도록 힘써야 한다.

왕 같은 "제사장"

하나님께서 이스라엘 백성들이 하나님과 이 세상 사이에서 제사장으로서의 역할을 감당하게 하시려고 그들을 택하시고 구원하셨다. 이스라엘이 감당해야 할 제사장의 역할은 무엇인가? 하나님께서는 모세를 통해 제사장의 직무를 말씀해 주셨다.

> **신 21:5** 레위 자손 제사장들도 그리로 갈지니 그들은 네 하나님 여호와께서 택하사 자기를 섬기게 하시며 또 여호와의 이름으로 축복하게 하신 자라 모든 소송과 모든 투쟁이 그들의 말대로 판결될 것이니라

레위 자손인 제사장들은 하나님 여호와께 택하심을 받아 하나님을 섬기고, 여호와의 이름으로 축복하며, 모든 소송과 투쟁에 대해 판결하는 직분이다.

---

36) 스티븐 뎀프스터, 『하나님 나라 관점에서 읽는 구약신학』, 박성창 역 (서울: 부흥과개혁사, 2012), 77; 말텐스, 『하나님의 계획: 새로운 구약신학』, 120.

하나님을 섬기는 일

> **민 16:8-9** [8]모세가 또 고라에게 이르되 너희 레위 자손들아 들으라 [9]이스라
> 엘의 하나님이 이스라엘 회중에서 너희를 구별하여 자기에게 가까이 하게 하
> 사 여호와의 성막에서 봉사하게 하시며 회중 앞에 서서 그들을 대신하여 섬기
> 게 하심이 너희에게 작은 일이겠느냐

하나님께서는 이스라엘 회중에서 레위 지파를 구별하여 자기에게 가까
이하게 하사 여호와의 성막에서 봉사하게 하시고 이스라엘 회중 앞에 서
서 그들을 대신하여 하나님을 섬기게 하셨다. 하나님께서는 레위 지파 중
에서도 아론과 그의 자손들을 택하여 제사장으로 세우셨다.

> **민 15:25** 제사장이 이스라엘 자손의 온 회중을 위하여 속죄하면 그들이 사함
> 을 받으리니 이는 그가 부지중에 범죄함이며 또 부지중에 범죄함으로 말미암
> 아 헌물 곧 화제와 속죄제를 여호와께 드렸음이라

제사장은 죄인 된 인간들이 거룩하신 하나님 앞에 나아갈 수 있도록 제
사를 통해 중재 역할을 감당하는 직분이다. 제사장이 하나님께서 정하신
절차에 따라 이스라엘 자손의 온 회중을 위하여 속죄하면 하나님께서는
그들의 죄를 사해 주신다.

하나님께서는 이스라엘 백성들이 하나님과 세상 사이에서 이러한 중재
역할을 감당하는 제사장 나라가 되게 하리라고 말씀하신다. 하나님께서는
죄악 가운데 있는 열방의 구원을 위한 중재자로서 이스라엘을 택하시고
구원하셨다.

이스라엘을 축복하는 일

하나님께서는 제사장으로 세우신 아론과 그 아들들에게 이스라엘 자손을 위하여 다음과 같이 축복하며 기도하라고 명하셨다.

여호와는 네게 복을 주시고 너를 지키시기를 원하며
여호와는 그의 얼굴을 네게 비추사 은혜 베푸시기를 원하며
여호와는 그 얼굴을 네게로 향하여 드사 평강 주시기를 원하노라
민수기 6:24-26

제사장이 이같이 하나님의 이름으로 축복하면 하나님께서는 그 기도대로 "내가 이스라엘 백성들에게 복을 주리라"(민 6:27)라고 말씀하셨다. 하나님께서는 이스라엘 백성들이 제사장 나라로서, 하나님과 세상 사이에서 축복의 통로로서의 역할을 감당하기 원하신다. 이것은 본질적으로 하나님께서 아브라함에게 주신 사명과 같다.

> **창 12:1-3** ¹여호와께서 아브람에게 이르시되 너는 너의 고향과 친척과 아버지의 집을 떠나 내가 네게 보여 줄 땅으로 가라 ²내가 너로 큰 민족을 이루고 네게 복을 주어 네 이름을 창대하게 하리니 너는 복이 될지라 ³너를 축복하는 자에게는 내가 복을 내리고 너를 저주하는 자에게는 내가 저주하리니 땅의 모든 족속이 너로 말미암아 복을 얻을 것이라 하신지라

하나님께서는 아브라함을 택하시고 부르셔서 그에게 복을 주실 뿐만 아니라 "너는 복이 되라"라고 명하셨다. 아브라함의 부르심은 아브라함 개인이나 그의 가정만을 위한 것이 아니다. 하나님께서는 땅의 모든 족속이 복을 얻게 하시려고 아브라함을 부르셨다. 마찬가지로 이스라엘을 택하시고 구원하신 것은 이스라엘만을 위한 것이 아니다. 하나님께서는 이스라엘이 하나님과 세상 사이에서 축복의 통로가 되게 하시려고 그들을 구원하셨다.

아브라함의 부르심과 이스라엘의 출애굽은 땅의 모든 족속에게 복을 주시기 위한 하나님의 뜻이 담겨 있다.

재판하는 일

> **신 1:16-18** [16]내가 그 때에 너희의 재판장들에게 명하여 이르기를 너희가 너희의 형제 중에서 송사를 들을 때에 쌍방간에 공정히 판결할 것이며 그들 중에 있는 타국인에게도 그리 할 것이라 [17]재판은 하나님께 속한 것인즉 너희는 재판할 때에 외모를 보지 말고 귀천을 차별 없이 듣고 사람의 낯을 두려워하지 말 것이며 스스로 결단하기 어려운 일이 있거든 내게로 돌리라 내가 들으리라 하였고 [18]내가 너희의 행할 모든 일을 그 때에 너희에게 다 명령하였느니라

재판은 하나님께 속한 것이다(신 1:17). 하나님께서는 "하나님의 지혜를 따라 하나님의 율법을 아는"(스 7:25) 제사장을 재판관으로 세우시고, "우리의 재판장이신 여호와 앞에 서서"(사 33:22; 신 17:9; 계 5:10) "하나님께서 주시는 지혜와 지식으로"(대하 1:10-11) "공정한 재판을 통하여"(레 19:15; 신 1:16) 하나님의 공의를 드러내게 하셨다. 하나님께서는 이스라엘 백성들이 제사장 나라가 되어 하나님 앞에서, 하나님께서 주시는 지혜와 지식으로, 하나님의 공의가 이 땅 위에 이루어지도록 힘쓰기를 원하신다.

이상에서 살펴본 바와 같이 제사장은 하나님께 택함을 받아 하나님을 섬기고, 하나님과 백성들 사이에서 중재의 역할을 하고, 이스라엘 자손들을 위하여 하나님의 이름으로 축복하며 기도하는 중요한 직분이다. 그뿐만 아니라 하나님께서 주시는 지혜를 따라 이 땅 위에 하나님의 공의를 드러내며 죄인 된 이 세상 사람들을 하나님 앞으로 인도하는 사명을 감당하는 직분이다. 하나님께서는 이러한 제사장의 직분을 감당하게 하시려고

이스라엘 백성들을 택하시고 구원하셨다.

▌거룩한 백성

> **레 19:1-2** ¹여호와께서 모세에게 말씀하여 이르시되 ²너는 이스라엘 자손의
> 온 회중에게 말하여 이르라 너희는 거룩하라 이는 나 여호와 너희 하나님이
> 거룩함이니라

하나님께서는 거룩한 백성이 되게 하시려고 이스라엘을 택하시고 구원하셨다.[37] "거룩한 백성"이란 말은 하나님의 제사장 나라가 되기 위하여 반드시 필요한 영적 속성을 잘 드러낸다. 하나님께서는 거룩한 분이시다. 이스라엘이 하나님의 보배가 되고, 열방의 구원을 위한 중재자로서, 하나님의 공의를 드러내는 하나님의 제사장 나라가 되기 위해서는 무엇보다도 하나님 앞에서 거룩한 백성이 되어야 한다. 거룩한 백성은 "일차적으로 다른 나라로부터 구별되어 하나님께 속한 나라를 의미한다."[38] 출애굽 한 이스라엘은 이 세상과 구별되는 거룩한 삶으로 하나님의 영광을 드러내며 열방을 하나님께로 인도하는 구원 사역을 잘 감당해야 한다.

---

37) 칼빈은 "만일 선택의 목표가 거룩한 생활에 있다면, 선택은 아무 선행도 하지 않는 구실을 우리에게 준다기보다 도리어 우리의 마음을 거룩한 생활에 집중하겠다는 열의를 일으키며 자극할 것"이라고 한다. 칼빈, 『기독교 강요』 III, 23, 12.

38) 아란 콜, 『출애굽기: 틴델 구약주석』, 장도선 역 (서울: 기독교문서선교회, 1990), 211.

∴ 구원의 목적을 이루는 방법

하나님께서는 하나님의 보배, 제사장 나라, 거룩한 백성이 되게 하시려고 이스라엘 백성들을 택하시고 구원하셨다. 그렇다면 이스라엘이 이 구원의 목적을 이루려면 어떻게 해야 하는가? 하나님께서는 시내 산에서 이스라엘 백성들에게 구원의 목적뿐만 아니라 그것을 이루는 방법까지 알려주셨다.

> **출 19:5-6** [5]세계가 다 내게 속하였나니 너희가 내 말을 잘 듣고 내 언약을 지키면 너희는 모든 민족 중에서 내 소유가 되겠고 [6]너희가 내게 대하여 제사장 나라가 되며 거룩한 백성이 되리라 너는 이 말을 이스라엘 자손에게 전할지니라

이스라엘 백성들이 하나님의 보배가 되고 제사장 나라, 거룩한 백성이 되는 방법은 "하나님의 말씀을 잘 듣고 하나님의 언약을 지키는 것"이다. 신명기 26:16-19에서도 하나님 여호와의 성민, 즉 하나님의 거룩한 백성이 되기 위해 필요한 것을 두 가지로 제시한다.

> **신 26:16-19** [16]오늘 네 하나님 여호와께서 이 규례와 법도를 행하라고 네게 명령하시나니 그런즉 너는 마음을 다하고 뜻을 다하여 지켜 행하라 [17]네가 오늘 여호와를 네 하나님으로 인정하고 또 그 도를 행하고 그의 규례와 명령과 법도를 지키며 그의 소리를 들으라 [18]여호와께서도 네게 말씀하신 대로 오늘 너를 그의 보배로운 백성이 되게 하시고 그의 모든 명령을 지키라 확언하셨느니라 [19]그런즉 여호와께서 너를 그 지으신 모든 민족 위에 뛰어나게 하사 찬송과 명예와 영광을 삼으시고 그가 말씀하신 대로 너를 네 하나님 여호와의 성민이 되게 하시리라

하나님 여호와의 성민이 되기 위해서는 첫째로 여호와를 내 하나님으로 인정해야 한다. 둘째로 여호와께서 명하신 규례와 명령과 법도를 지켜 행

해야 한다. 여호와를 나의 하나님으로 인정한다는 것은 여호와께서 나의 왕이시고 내 생명의 주인이심을 받아들이는 것이다. 그런데 여호와를 나의 하나님으로 인정하는 증표는 바로 여호와께서 명하신 규례와 법도대로 지켜 행하는 것이다. 따라서 이 두 가지는 서로 불가분의 관계이다. 하나님께서는 거룩한 백성이 되게 하시려고 이스라엘을 택하시고 구원하셨다. 따라서 이스라엘은 여호와를 나의 하나님으로 인정하고 여호와께서 명하신 규례와 법도를 지켜 행하여야 한다.

시편 105:43-45에서도 하나님께서 이스라엘을 출애굽 시키신 것은 "그들이 그의 율례를 지키고 그의 율법을 따르게 하려 하심이로다"라고 말씀한다. 즉, 하나님께서 이스라엘 백성들을 출애굽 시키시고 가나안 땅으로 인도하신 것은 이스라엘 백성들이 하나님의 율례와 율법을 지키게 하기 위한 것이다. 이 율례와 율법을 지켜 행함으로 하나님께서는 이스라엘 백성들이 하나님의 보배가 되고 제사장 나라, 거룩한 백성이 되기를 원하신다.

그렇다면 이스라엘 백성들이 듣고 지켜야 할 "하나님의 말씀과 언약"(출 19:5), "하나님의 율례와 율법"(시 105:45)은 무엇인가? 이는 시내 산에서 하나님과 이스라엘 백성들 사이에 맺어진 언약을 통해 이스라엘 백성들에게 주어졌다. 그것이 바로 십계명(출 20장)과 율례들이다(출 21-23장). 이 십계명과 율례들을 지켜 행함으로 이스라엘 백성들은 하나님의 보배가 되고 제사장 나라, 거룩한 백성이 되어 그들을 택하시고 구원하신 하나님의 뜻을 이루어 갈 수 있는 것이다.

이 계명들은 이 계명들에 순종하여 구원을 얻도록 하려고 주신 것이 아니라 이미 주께서 우리를 구원하신 것에 근거해서 이미 구원함을 받은 백성들의 삶의 규범으로 주신 것이다. 즉, 이는 언약 백성들에게 요구되는 삶의 방식을 제시하신 것이다.[39]

십계명과 율례들은 구원받기 위한 조건이 아니라 이미 구원받은 이스라엘 백성들이 하나님 앞에서 어떻게 살아야 하는지를 가르쳐 주신 하나님의 말씀이다. 그래서 우리는 왕 같은 제사장으로서의 사명을 잘 감당하기 위해 십계명과 율례들을 알아야 하고 또 지켜 행하기를 힘써야 한다. 이를 통해 "우리를 기이한 빛에 들어가게 하신 이의 아름다운 덕을 선전"하는 복음 전파의 삶을 살아야 한다.

---

39) 이승구, 『하이델베르크 요리문답 강해시리즈 3: 위로 받은 성도의 삶』 (서울: 나눔과 섬김, 2015), 62.

제2부

창조와 구속

여호와는 크신 하나님이시오
모든 신들보다 크신 왕이시기 때문이로다
땅의 깊은 곳이 그의 손 안에 있으며
산들의 높은 곳도 그의 것이로다
바다도 그의 것이라 그가 만드셨고
육지도 그의 손이 지으셨도다
오라 우리가 굽혀 경배하며
우리를 지으신 여호와 앞에 무릎을 꿇자

(시 95:3-6)

창조주 하나님

•
•

창세기 1장은
우주가 어떻게 시작되었는가에 대한
태고의 기록이 아니라
누가 모든 것을 존재하게 했는지에 관한 것이다.[40]

    창세기는 무엇보다도 이스라엘을 택하시고 구원하신 분이 바로 천지를 창조하신 하나님(אֱלֹהִים, 엘로힘)[41]이심을 알려준다.[42] 특별히 창세기 1:1은 애굽 땅에서 오랫동안 종살이하던 이스라엘 백성들에게 획기적인 선언이

---

40) James M. Houston, *I Believe in the Creator* (London: Hodder and Stoughton, 1979), 46.

41) 이한영, 『역사와 서술에서의 오경 메시지』(서울: 크리스챤출판사, 2008), 74-75. "창조 행위 속에서 창조주 하나님을 가리키는 히브리어 단어 엘로힘(אֱלֹהִים)은 엘(אֵל)의 남성 복수형이지만 3인칭 남성 단수 완료동사인 '창조했다'(בָּרָא, 바라)를 취함으로 단수 주어로 표현된다. 물론 엘로힘이 복수 동사를 취할 때도 있으며(삼하 7:23) 또 하나님을 나타내는 이 명사가 단수인 엘(אֵל)로만 표명될 때도 있다(אֲנִי־אֵל שַׁדַּי, 아니-엘 샤다이, "나는 전능한 엘이다"). 그러나 엘로힘의 이러한 복수형은 문맥상 우주 만물을 창조하시는 야웨의 신격 위엄성과 위대함을 나타내기 위한 복수사법으로 설명될 수 있다."

42) 클라인은 창세기 서언(창 1:1-2:3)에서 이스라엘의 구속자-하나님을 창조자 엘로힘으로 소개함으로써 "여호와는 누구인가"라는 질문에 답하고 있다고 말한다. 메리데스 클라인, 『하나님 나라의 서막』, 70. "언제 창조되었느냐?", "어떻게 창조되었느냐?"라는 것도 중요 하지만 창세기 1장에서 주목해야 할 것은 "이스라엘을 택하시고 구원하신 하나님이 어떤 분이신가?"라는 것이다. 이스라엘을 출애굽 시키신 하나님은 창조주 하나님이시다. 성경은 처음부터 이 사실을 강조한다.

아닐 수 없다. 애굽에서는 해와 달도 신이고 하늘도 신이고 땅도, 물도 다 신이다. 이들은 서로 사랑하기도 하고 질투하기도 하며, 권력을 탐하여 서로 싸우고 죽이기도 한다. 또한 애굽 사람들은 바로를 태양신의 아들로 추앙하며 온갖 동물과 곤충들도 신성시한다. 그런데 성경은 "태초에 하나님이 천지를 창조하셨다."라고 선언한다. 애굽 사람들이 신으로 간주하는 것들은 물론 이 세상에 존재하는 모든 것들이 다 하나님께서 창조하신 피조물이라는 것이다.

창세기 1:1은 이스라엘 백성들에게 제일 먼저 이스라엘을 애굽 땅 종 되었던 집에서 인도하신 분이 어떤 분이신가를 선포한다. 이스라엘을 택하시고 구원하신 분은 창조주 하나님이시다. 하틀리는 바로 이러한 관점에서 창세기 1장의 기록 목적을 잘 설명하고 있다.

> 창조 이야기의 목적은 삼중적이다. 첫째, 하나님이 땅을 정돈하신 방식에 관한 핵심적인 사실들을 가르침으로 인간이 피조 세계에서 스스로의 위치와 역할을 이해하도록 한다. 둘째, 전능하시고 지혜로우신 창조주로 하나님을 찬양하도록 인도한다. 셋째, 아무리 아름답고 영롱하게 빛난다고 해도 피조물인 이상 절대 신격화하지 못하도록 차단한다.[43]

---

43) 존 E. 하틀리, 『창세기』, 김진선 역 (서울: 성서유니온, 2019), 73.

: 창조주 하나님

창세기는 "태초에 하나님이 천지를 창조하시니라"(창 1:1)라는 선언으로 시작한다.[44] 성경은 하나님의 존재를 가정하거나 증명하려고 하지 않는다. 성경은 당연히 하나님께서 이 세상 모든 존재와 지식과 윤리의 토대가 되신다는 진리로부터 시작한다.[45] 하나님께서는 이 세상 천지 만물을 창조하신 창조주 하나님이시다.

창세기의 첫 번째 단락(창 1:1-2:3)은 태초에 하나님께서 행하신 일들과 하나님의 여러 가지 속성들을 우리에게 계시하고 있다. 창세기 1:1-2은 무엇보다도 "하나님께서 영원 전부터 스스로 계신 분임을 분명히 증언한다. 왜냐하면 하나님께서는 처음부터 존재하신 분이며 누구의 도움도 없이 천지를 창조하신 분이기 때문이다."[46]

태초에 하나님께서 "천지"[47]를 창조하셨다. 하나님께서는 첫째 날에 빛과 어두움을 창조하셨다. 둘째 날에는 물과 물 사이에 궁창을 만드셨다. 셋째 날에는 하늘이라 칭하신 궁창 아래 물을 한 곳에 모으셔서 바다를 만드시고 땅이 드러나게 하셨으며 땅에서 자라나는 각종 식물을 창조하셨다. 넷째 날에는 빛과 어두움, 징조와 사시와 일자와 연한을 주관하는 해

---

44) 빅터 해밀턴, 『NICOT 창세기 I - Genesis 1~17』, 임요한 역 (서울: 부흥과개혁사, 2016), 123. 해밀턴은 창세기 1:1은 표제와 요약의 기능을 모두 가진 시작하는 진술이라고 본다.
45) Robert Gonzales, Jr., "The Covenantal Context Of The Fall: Did God Make a Primeval Covenant with Adam?" *Reformed Baptist Theological Review* IV:2 (Jul. 2007), 12, fn. 50.
46) 폴 R. 하우스, 『구약신학』, 장세훈 역 (서울: 기독교문서선교회, 2001), 105.
47) 히브리어에서 "천지"(אֵת הַשָּׁמַיִם וְאֵת הָאָרֶץ, 에트 하샤마임 베에트 하아레쯔)는 단순히 "하늘과 땅" 만을 말하는 것이 아니고 "이 세상 전체"를 의미한다.

와 달과 별을 창조하셨다. 다섯째 날에는 큰 바다 짐승들과 물에서 번성하여 움직이는 모든 생물과 날개 있는 모든 새를 창조하셨다. 그리고 여섯째 날에는 땅 위에 사는 각종 짐승을 창조하셨다. 특별히 창조의 절정인 "그 여섯째 날"(הַשִּׁשִּׁי, 하쉿쉬)[48]에 하나님께서는 하나님의 모양과 형상대로 사람을 창조하시고 그들로 바다의 물고기와 하늘의 새와 가축과 온 땅과 땅에 기는 모든 것을 다스리게 하셨다. 그리고 마지막 일곱째 날, 하나님께서는 창조 사역을 마치시고 안식하셨다.[49]

---

48) 해밀턴은 "이전 다섯 날들은 모두 관사 없이 언급되었으나 여섯째 날에는 독특하게 관사가 붙어 있는 것은 여섯째 날을 지금까지 하나님이 창조하신 것의 절정으로 드러나게 해 주는 것"이라고 주장한다. 빅터 해밀턴, 『NICOT 창세기 I - Genesis 1~17』, 149; 드루치는 "정관사를 사용한 것은 독자들이 창조 주간의 여섯째 날에 주목하도록 창세기 1장 저자가 사용한 수많은 특징 중 하나이며, 이는 여섯째 날을 인류를 하나님의 창조 사역의 절정으로 묘사하는 의미가 있다."라고 말한다. 제이슨 S. 드루치, 『구약, 어떻게 해석할 것인가』, 정옥배 역 (서울: 조이북스, 2019), 249-50; 카일도 "마지막 여섯째 날은 관사에 의해 나머지 모든 날과 구별되고 있으며, 여섯째 날과 마지막 날에 관사가 사용된 것은 그날에 창조 사역이 종결되었음을 나타내기 위한 것"이라고 말한다. C. F. 카일, F. 델리취, 『카일·델리취 구약주석 1: 창세기』, 고영민 역 (서울: 기독교문화사, 1987), 53, 70.

49) 학자들마다 차이가 있지만 하나님의 창조에 대하여 다음과 같이 설명하곤 한다.

첫째 날 : 빛(낮과 밤)	⇒	넷째 날 : 광명체(해, 달, 별)
둘째 날 : 궁창	⇒	다섯째 날 : 하늘에 사는 동물(조류), 바다에 사는 생물(어류)
셋째 날 : 육지, 육지의 식물, 바다	⇒	여섯째 날 : 육지에 사는 동물, 사람
일곱째 날 : 하나님의 안식		

클라인은 처음 3일 동안 하나님의 주권이 행사될 세 개의 거대한 공간이 창조되고 제4일-제6일까지는 각 영역을 다스릴 것들이 차례로 창조되었다고 한다. 메리데스 클라인, 『하나님 나라의 서막』, 67-68; 제임스 추크우마 오코에, 『이스라엘과 열방』, 김영일 역 (서울: 한들출판사, 2011), 66-67 참조; 웬함 역시 "후반부의 하나님의 창조 활동은 전반부의 활동을 반영한다. 첫 3일 동안의 창조는 나중 2일 동안의 창조와 서로 상응한다."라고 말한다. 고든 웬함, 『모세오경』, 박대영 역 (서울: 성서유니온, 2020), 47-48; 그러나 이들과는 달리 카일은 창조 사역 전체의 배열에 있어서 "잘 배열되고 항구적인 진행"(well-arranged and constant progress), 또는 "발생적인 진전"(a genetic advance)을 발견할 수 없다고 한다. 그는 비록 첫째 날 빛의 창조가 넷째 날 빛을 주관하는 발광체들의 창조와 조화를 이루는 것으로 보일지라도 둘째, 셋째 날은 다섯째, 여섯째 날과 상응하지 않는다고 말한다. 카일은 "만일 조류의 창조가 궁창에 상응하는 것이라면 물속에 사는

하나님께서는 출애굽 한 이스라엘 백성들에게 창조의 원리를 따라 엿새 동안은 힘써 네 모든 일을 행할 것이나 제칠 일은 너의 하나님 여호와의 안식일인즉 아무 일도 하지 말라고 말씀하셨다(출 20:9-10). 이 말씀은 단순하게 하나님께서 엿새 동안 창조하시고 일곱째 날에는 쉬셨으므로 우리도 일주일에 하루는 쉬어야 한다는 식으로 이해하면 안 된다. 하나님께서 엿새 동안 창조하신 후 제칠 일에 쉬셨다는 것은 창조의 완성을 의미한다. "하나님께서는 일곱째 날을 온 우주와 그 안에 있는 만물의 완성에 대한 영원한 기념일로 거룩하게 하셨다."[50]

안식일에 아무것도 하지 말라고 하신 것은 하나님의 창조가 완벽했으므로[51] 이제 더는 할 일이 없다는 것을 메시지화하려는 의도가 있다. 하나님께서 그러셨던 것처럼 하나님의 백성들도 엿새 동안 열심히 일하고 제칠 일에는 아무 일도 하지 말고 창조주 하나님을 기억하며 쉬어야 한다. 하나님께서 일하신 후 쉬셨던 것처럼 안식일에 쉬는 것은 하나님의 본을 따르는 것이다.[52] "창세기는 인간이 신의 노예가 아니라 신적 안식에 참여하는 하나님의 동역자임을 강조한다."[53]

어류의 창조는 바다의 형성과 상응하여 다섯째 날이 아니라 여섯째 날이어야 한다."라고 하면서 "물고기와 날짐승이 같은 날에 창조된 것은 첫 3일의 창조와 후 3일 사이에는 병행이 의도되지도 않았고 존재하지도 않았다는 분명한 증거"라고 주장한다. 카일, 델리취, 『카일·델리취 구약주석 1: 창세기』, 40-41.

50) 월터 카이저, 『구약성경신학』, 최종진 역 (서울: 생명의말씀사, 2001), 106.

51) 클라인, 『하나님 나라의 서막』, 61; 말텐스, 『하나님의 계획: 새로운 구약신학』, 120; 뎀프스터, 『하나님 나라 관점에서 읽는 구약신학』, 71.

52) 브라운, 『신명기 강해』, 123.

53) 김회권, 『하나님 나라 신학으로 읽는 모세오경』 (서울: 복있는사람, 2017), 52.

안식일은 창조주를 위해 거룩한 것으로 구별된다는 안식일 명령(창 2:3)에 최초 안식의 의미(창 2:2)가 반영되어 있다. 즉, 안식일은 언약의 주인이신 하나님에게 속한 것이다. 그리고 그것은 땅에 대한 하나님의 궁극적 소유권과 인간의 모든 삶에 대한 하나님의 주권을 증거하는 것이다. 따라서 인간이 안식일을 지키는 것은 여호와가 그의 주인이시고 모든 주인들의 주인이시라는 것을 고백하는 것이다. 안식일 성수는 그의 주인이신 하나님을 섬기겠다는 약속을 표현한다.[54]

창조의 제칠 일 안식과 연결되는 안식일 성수는 창조주의 왕 되심을 찬양하는 것이다.[55]

일곱째 날의 안식은 하나님의 창조 목표를 알리는 중요한 방법 중 하나이다. … 이것은 창조에서 시작된 중요한 모형이자 패턴으로 약속의 땅 및 안식일 계명과 관련된 모세 율법으로 이어진다(수 21:43-45; 출 20:8-11; 시 95:11). 더 중요한 것은 창조 때에 하나님이 가지신 안식이 궁극적으로 예수님을 가리키고 있다는 것이다. 예수님의 사역은 우리에게 구원의 안식을 가져다 주며 언약의 하나님과 우리의 관계를 온전히 회복시키신다(마 11:28-30; 히 3:7-4:11).[56]

하나님께서 이 세상의 창조주라는 것은 하나님께서 이 세상의 주인[57]이시며(시 24:1-2; 행 4:24) "하나님이 이 세상을 다스리시는 주님(행 17:24-25)"[58]이라는 선언이다(시 89:11 참조).[59] 이 세상은 통제할 수 없는 우주적인 힘이

---

54) 클라인, 『하나님 나라의 서막』, 69.

55) 클라인, 『하나님 나라의 서막』, 121.

56) 트렌트 헌터, 스티븐 웰럼, 『그리스도 중심적 성경 이야기』, 전광규 역 (서울: 부흥과개혁사, 2015), 94; 클라인, 『하나님 나라의 서막』, 61-70 참조.

57) "땅과 거기에 충만한 것과 세계와 그 가운데에 사는 자들은 다 여호와의 것이로다 여호와께서 그 터를 바다 위에 세우심이여 강들 위에 건설하셨도다"(시 24:1-2), "그들이 듣고 한마음으로 하나님께 소리를 높여 이르되 대주재여 천지와 바다와 그 가운데 만물을 지은 이시요"(행 4:24)

58) "우주와 그 가운데 있는 만물을 지으신 하나님께서는 천지의 주재시니 손으로 지은 전에 계시지 아니하시고 또 무엇이 부족한 것처럼 사람의 손으로 섬김을 받으시는 것이 아니니 이는 만민에게 생명과 호흡과 만물을 친히 주시는 이심이라"(행 17:24-25)

59) 하우스는 창세기 첫 번째 단락은 "피조물을 다스리시는 하나님의 통치권을 강조한다."라고

나 운명에 지배되는 것이 아니다.[60] 우리는 창세기 첫 번째 단락을 통해 이 세상을 창조하시고 섭리하시는 분, 나의 삶을 주관하시고 인도하시는 분이 바로 하나님이심을 알 수 있다.

> **시 100:3** 여호와가 우리 하나님이신 줄 너희는 알지어다 그는 우리를 지으신 이요 우리는 그의 것이니 그의 백성이요 그의 기르시는 양이로다

⦂ 말씀하신 대로 이루시는 전능하신 하나님

창세기의 첫 번째 단락(창 1:1-2:3)이 우리에게 말하고자 하는 두 번째 사실은 하나님께서는 말씀하신 대로 이루시는 전능하신 하나님이시라는 것이다. 하나님께서는 "원하시는 모든 것을"(시 115:3) 말씀으로 창조하셨다. 창세기 1장은 하나님께서 말씀으로 천지를 창조하셨음을 여러 번 반복하여 강조한다("하나님이 이르시대", 창 1:3, 6, 9, 11, 14, 20, 24, 26). 또한 하나님께서 말씀하신 대로 이루어졌음을 여러 번 반복하여 강조한다("그대로 되니라", 창 1:7, 9, 11, 15, 24, 30). 하나님께서는 사람들이 만든 우상들과는 달리 말씀하시는 하나님이시다. 그뿐만 아니라 하나님께서는 말씀으로 그 기쁘신 뜻을 이루시는 전능하신 하나님이시다(사 55:11; 시 33:9).

> **시 33:6** 여호와의 말씀으로 하늘이 지음이 되었으며 그 만상을 그의 입 기운으로 이루었도다

하면서 또한 이 구절들은 "하나님의 능력과 주재권뿐 아니라 이 땅에 일어나는 일들을 아시는 그의 전지하심도 시사해 준다."라고 말한다. 하우스, 『구약신학』, 107.

60) 김회권, 『하나님 나라 신학으로 읽는 모세오경』, 70.

⁚ 선하게 창조하신 하나님

창세기의 첫 번째 단락이 우리에게 말하고자 하는 세 번째 사실은 하나님께서 이 세상을 아름답고 선하게 창조하셨다는 것이다. 성경은 엿새 동안의 천지창조에 대해 한결같이 "하나님 보시기에 좋았더라"(창 1:4, 10, 12, 18, 21, 25, 31)라고 말씀한다. "좋았더라"라는 말은 히브리어로 טוֹב(토브)인데 이는 "좋은, 선한, 훌륭한"이라는 뜻이다.[61] 창세기는 하나님께서 창조하신 이 세상이 하나님 보시기에 선하고, 아름다웠다고 여러 번 반복한다. 특히 엿새 동안의 창조를 마치시고 "하나님이 지으신 그 모든 것을 보시니 보시기에 심히 좋았더라"(창 1:31)라는 말씀으로 이 진리를 강조한다. 이는 하나님께서 창조하신 이 세상이 하나님 보시기에 부족함 없이 완벽할 뿐 아니라 천하 만물이 서로 온전한 조화와 균형을 이루고 있음을 뜻한다.[62] 이것은 창조 세계에 대한 사람들의 책임을 이해하는데 매우 중요하다. 사람들은 하나님께서 선하게 창조하신 이 세상을 계속해서 선하게 유지해야 할 책임이 있다.

> **시 104:24** 여호와여 주께서 하신 일이 어찌 그리 많은지요 주께서 지혜로 그들을 다 지으셨으니 주께서 지으신 것들이 땅에 가득하니이다

---

61) BDB, 373-74.
62) 손석태, 『창세기 강의』 (서울: ESP, 1993), 32-33.

⦙ 사람을 위하여 창조하신 하나님

　마지막으로 창세기의 첫 번째 단락은 태초에 하나님께서 천지를 창조하신 일들을 단순하게 나열만 하는 것은 아니다. 하나님께서 이 세상을 창조하신 목적이 무엇일까? 이사야 45:18은 창조의 목적에 대하여 다음과 같이 말한다.

> **사 45:18** 대저 여호와께서 이같이 말씀하시되 하늘을 창조하신 이 그는 하나님이시니 그가 땅을 지으시고 그것을 만드셨으며 그것을 견고하게 하시되 혼돈하게 창조하지 아니하시고 사람이 거주하게 그것을 지으셨으니 나는 여호와라 나 외에 다른 이가 없느니라

　여호와 하나님께서는 사람이 거주하게 하시려고 하늘을 창조하시고 (בָּרָא, 바라), 땅을 지으시고(יָצַר, 야짜르) 그것을 만드셨으며(עָשָׂה, 아사), 그것을 견고하게(כּוּן, 쿤) 하셨다고 말씀하신다. 즉, 하나님께서는 사람이 거주하게 하시려고 이 세상 천지 만물을 창조하셨다. 그런데 창세기를 보면 하나님께서 천지를 창조하신 목적이 단지 사람이 거주할 처소를 제공하기 위한 것만이 아님을 알 수 있다.

> **창 1:27-30** [27]하나님이 자기 형상 곧 하나님의 형상대로 사람을 창조하시되 남자와 여자를 창조하시고 [28]하나님이 그들에게 복을 주시며 하나님이 그들에게 이르시되 생육하고 번성하여 땅에 충만하라, 땅을 정복하라, 바다의 물고기와 하늘의 새와 땅에 움직이는 모든 생물을 다스리라 하시니라 [29]하나님이 이르시되 내가 온 지면의 씨 맺는 모든 채소와 씨 가진 열매 맺는 모든 나무를 너희에게 주노니 너희의 먹을 거리가 되리라 [30]또 땅의 모든 짐승과 하늘의 모든 새와 생명이 있어 땅에 기는 모든 것에게는 내가 모든 푸른 풀을 먹을 거리로 주노라 하시니 그대로 되니라

창 2:15-17 [15]여호와 하나님이 그 사람을 이끌어 에덴 동산에 두어 그것을 경작하며 지키게 하시고 [16]여호와 하나님이 그 사람에게 명하여 이르시되 동산 각종 나무의 열매는 네가 임의로 먹되 [17]선악을 알게 하는 나무의 열매는 먹지 말라 네가 먹는 날에는 반드시 죽으리라 하시니라

하나님께서는 하나님의 모양과 형상을 따라 사람을 만드시고 그에게 다음과 같이 명령하셨다.

첫째, 생육하고 번성하여 땅에 충만하라 (창 1:28).

둘째, 땅을 정복하라 (창 1:28).

셋째, 바다의 물고기와 하늘의 새와 땅에 움직이는 모든 생물을 다스리라 (창 1:28).

넷째, 에덴 동산을 경작하며 지키라 (창 2:15).

다섯째, 선악을 알게 하는 나무의 열매를 먹지 마라 (창 2:17).[63]

하나님께서 사람을 자기의 형상대로 선하게 창조하신 것은 사람들이 창조주 하나님을 바르게 인식하고 진심으로 그를 사랑하며 그와 더불어 그를 찬양하고 영광을 돌리는 영원한 축복 가운데 살도록 하기 위함이다.[64] 하나님께서는 "사람에게 명령하심으로써 하나님께서 어떤 분이시며 그 앞에 선 인간이 어떤 존재인가를 알리셨다."[65] 특별히 사람에게는 다른 피조물들과 달리 하나님을 닮은 존재로서 하나님께서 창조하신 천지 만물을 정복하며 다스리는 대리적 통치자로서의 사명이 주어졌다. 하나님께서는 사람들이 하나님의 선하신 뜻대로 이 세상을 정복하고 다스리며 하나님의

---

63) 이 마지막 명령에는 "네가 먹으면 정녕 죽으리라"(창 2:17)라는 경고가 덧붙여졌다.

64) 헤르만 바빙크, 『하나님의 큰일』, 김영규 역 (서울: 기독교문서선교회, 1999), 207.

65) 김성수, 『내가 너로 큰 민족을 이루게 하리라』 (용인: 마음샘, 2013), 14.

영광과 존귀와 권능을 온 천하에 드러내도록 하셨다.

> **계 4:11** 우리 주 하나님이여 영광과 존귀와 권능을 받으시는 것이 합당하오
> 니 주께서 만물을 지으신지라 만물이 주의 뜻대로 있었고 또 지으심을 받았나
> 이다 하더라

창조주 하나님께서는 사람이 하나님을 송축하며(시 103:22), 하나님으로
말미암아 즐거워하고(시 149:2), 하나님께 감사드리고(시 136:1-9), 하나님
앞에 무릎을 꿇고 경배하며(시 95:3-6), 하나님께 순종하며 살도록 지으셨다
(시 95:7).

인간의 타락과
하나님의 구원 계획

•
•

**창조 교리는 인간이 이 세상을 하나님의 형상의 통치 아래로
가져오는 존재임을 개략적으로 묘사한다.**[66]

우리는 다양한 관심을 가지고 천지창조를 이야기할 수 있다. 그러나 창
세기 첫 번째 단락(창 1:1-2:3)의 가장 중요한 요점은 이스라엘을 애굽 땅 종
되었던 집에서 인도하신 하나님이 어떤 분이신가 하는 것이다. 이스라엘
을 택하시고 구원하신 분은 천지 만물을 창조하신 창조주 하나님이시다.
창조주 하나님은 애굽 사람들이 만들어 섬기는 우상들과는 달리 말씀하시
는 하나님이시며, 또한 말씀대로 이루시는 전능하신 하나님이시다. 이어
지는 창세기 두 번째 단락(창 2:4-3:24)은 하나님께서 창조하신 피조물들 가
운데 특별히 하나님의 모양과 형상을 따라 창조된 인간을 중심으로 이야
기가 전개된다.[67]

---

66) 뎀프스터, 『하나님 나라 관점에서 읽는 구약신학』, 73.

67) 볼데는 창세기 2장-3장은 천지창조 중 하루, 즉 창세기 1:26-28에 대한 정교한 기록으로
    간주되어야 한다고 주장한다. 그는 창세기 1장이 하늘과 땅에 대한 창조를 전체적으로
    묘사하는 반면에 창세기 2장-3장은 한 가지 측면, 즉 사람과 이 세상의 관계라는 틀
    안에서 남자와 여자의 관계를 자세히 언급하고 있다고 본다. Ellen Van Wolde, "Facing the

하나님의 형상으로 창조된 사람

창 2:4-8 ⁴이것이 천지가 창조될 때에 하늘과 땅의 내력이니[68] 여호와 하나님이 땅과 하늘을 만드시던 날에 ⁵여호와 하나님이 땅에 비를 내리지 아니하셨고 땅을 갈 사람도 없었으므로 들에는 초목이 아직 없었고 밭에는 채소가 나지 아니하였으며 ⁶안개만 땅에서 올라와 온 지면을 적셨더라 ⁷여호와 하나님이 땅의 흙으로 사람을 지으시고 생기를 그 코에 불어넣으시니 사람이 생령이 되니라 ⁸여호와 하나님이 동방의 에덴에 동산을 창설하시고 그 지으신 사람을 거기 두시니라

창세기의 첫 번째 단락에서 "하나님"(אֱלֹהִים, 엘로힘)이 의도적으로 사용되었듯이 창세기 두 번째 단락에서는 "여호와 하나님"(יְהוָה אֱלֹהִים, 아도나이 엘로힘)[69]이 의도적으로 사용되고 있다. 창세기 두 번째 단락에서 하나님을

Earth: Primaeval History in a New Perspective," in P. Davies and D. J. A. Clines (eds.), *The World of Genesis: Persons, Places, Perspectives* (JSOTSurm 257; Sheffield: Sheffield Academic Press, 1998), 37; 바빙크도 창세기 1장에서의 인간 창조에 대한 말씀이 창세기 2장에서 더 확대되고 상세히 설명되는 것으로 본다. 따라서 창세기 2장을 두 번째 창조설화로 칭하는 것은 잘못이라고 한다. 바빙크, 『하나님의 큰일』, 175.

(68) 김성수, 『내가 너로 큰 민족을 이루게 하리라』, 34-35; 김성수는 구약에서 תּוֹלְדוֹת(톨레도트)는 주로 특정 혈통과 관련하여 사용되고 있으나 창세기에서는 보다 광범위한 의미로 사용된다고 하면서 다음과 같이 설명한다: "특히 창세기 2:4, 6:9, 37:2 등에서는 תּוֹלְדוֹת가 "역사"라는 뜻에 가깝게 사용되었다. 창세기에서 אֵלֶּה תּוֹלְדוֹת(엘레 톨레도트)는 창조 이후 역사의 주요 전기를 나타내는 일종의 문학적 기호다. 역사가 중요한 전기를 이를 때마다 새로운 역사의 흐름이 어떻게 시작되었는지 그 근원을 밝혀주며 전기마다 중대한 변화와 발전이 있어 역사가 새로운 독특한 의미를 가지게 되었거나 전후 역사의 의미가 달라진 것을 나타내려고 하였으므로 전체 역사 과정의 맥락을 한눈에 파악하는데 결정적인 도움을 주고 있다."

(69) "여호와"라는 이름은 주로 언약과 관련하여 사용되는 이름이다. 메리데스 클라인, 『하나님 나라의 서막』, 383을 보라; 히브리어 성경에서 하나님의 이름에 사용되는 네 개의 자음 יהוה은 Tetragrammaton이라고 한다. 유대인들은 "하나님 여호와의 이름을 망령되게 부르지 말라"(출 20:7)는 계명을 따라 하나님의 이름을 소리 내어 읽지 않았다. יהוה에는 모음이 없으므로 정확한 발음은 불확실하다. 각종 번역 성경은 "여호와", 또는 "야웨"로 번역하였다. 유대인들은 하나님의 이름에 대한 경외심으로 성경에서 יהוה가 나올 때마다 אֲדֹנָי(아도

"엘로힘"이 아니라 "여호와 엘로힘"으로 부르는 것은 이스라엘 백성들을 출애굽 시키시고, 그들에게 "나의 보배, 제사장 나라, 거룩한 백성이 되리라"라고 말씀하시는 "여호와"가 바로 천지를 창조하신 "엘로힘"이라는 사실을 강조하는 것이다.[70]

이스라엘을 택하시고 구원하신 하나님이 바로 "창조주 하나님"이라는 첫 번째 단락과 더불어 두 번째 단락의 인간 창조 이야기 역시 이스라엘 백성들에게 충격이 아닐 수 없다. 왜냐하면 애굽에서는 바로를 태양신인 "레"(Re)의 형상으로 숭배하는데 성경은 모든 사람이 다 하나님의 형상으로 지음 받은 피조물이라고 선언하기 때문이다.[71] 그뿐만 아니라 "고대 근동 종교의 배경에서는 자연의 힘들이 곧 인류를 노예화하는 신들로 여겨지는데 성경은 사람이 자연을 지배할 수 있는 힘을 하나님으로부터 부여받은 자유로운 주체라고 선언"[72]하기 때문이다. 그 어떤 사람도, 그 어떤 피조물도 "신"이 될 수 없다. 사람을 포함하여 천지 만물이 다 하나님께서 지으신 피조물에 불과할 뿐이다.

하나님께서는 사람을 창조하실 때 하나님의 형상(צֶלֶם, 쩰렘)과 모양(דְּמוּת, 데무트)을 따라 만드셨다(창 1:26). 형상과 모양을 창세기 1:27에서는 "형상"이라는 말로 받았다. 이는 한 단어만으로도 전 개념을 표현하기에 부족함이

나이, "나의 주님")라고 발음했다. 이에 대해서는 제임스 브루크너, 『출애굽기』, 김귀탁 역 (서울: 성서유니온, 2015), 294를 참고하라.

70) 클라인은 "창세기 2장과 3장이 타락 이전의 역사에서 여호와와 엘로힘이 복합어로 사용된 것은 여호와 곧 구속 역사의 주가 엘로힘 곧 창세기 1장의 창조주 하나님이라는 사실에 대한 날카로운 선포"라고 말한다. 클라인, 『하나님 나라의 서막』, 48.

71) 존 페스코, 『태초의 첫째 아담에서 종말의 둘째 아담 그리스도까지』, 김희정 역 (서울: 부흥과 개혁사, 2012), 57.

72) 페스코, 『태초의 첫째 아담에서 종말의 둘째 아담 그리스도까지』, 62.

없음을 보여준다.[73] 칼빈은 "모양"이라는 말은 설명을 위해서 첨가된 것일 뿐 그 두 말 사이에는 아무런 차이가 없다고 한다.[74] 그렇다면 하나님의 형상은 무엇인가? 이에 대하여 학자들은 여러 가지로 설명한다.[75]

⦂ 하나님의 형상

가장 일반적인 입장은 하나님의 속성과 관련하여 하나님의 형상을 이해하는 것이다. 하나님의 속성은 비공유적 속성과 공유적 속성이 있다. 비공유적 속성이란 사람이나 피조물들 사이에 그 유사한 것이 전혀 없는 오직 하나님만이 가지고 계신 신적 속성을 말한다(영원성, 초월성, 전능하심, 무소부재 등). 하나님과 사람을 비교해 볼 때 하나님께만 있고 사람들에게는 없는 것이 비공유적 속성이다. 공유적 속성이란 사람이 하나님의 성품을 본받

---

73) Louis Berkhof, *Systematic theology* (Grand Rapids: Wm B Eerdmans, 1996), 203-04; 페스코는 "형상과 모양"이란 단어는 성경에서 상호교환이 가능하게 사용된다고 한다. 페스코, 『태초의 첫째 아담에서 종말의 둘째 아담 그리스도까지』, 58.

74) 존 칼빈, 『칼빈성경주석 1 창세기』, 존 칼빈 성경주석출판위원회 편역 (서울: 성서원, 2001), 67-69.

75) 에릭슨은 "하나님의 형상"(창 1:26-27)의 의미에 대해 다음과 같이 세 가지 견해가 있다고 한다.
   • 존재론적 관점 - 하나님의 형상은 인간의 본질 내에서 심리적이거나 육체적이거나 영적인 특정한 특성으로 구성되어 있다는 입장. 인간이 하나님과 공통적으로 가지고 있는 정신적이고 영적인 능력들, 예를 들면 지적이고 도덕적인 능력들과 본래적 의를 말한다.
   • 관계적 관점 - 하나님의 형상은 인간에게 내재적으로 또는 본질적으로 존재하는 것이 아니라 인간과 하나님 사이 또는 둘 이상의 인간 사이의 관계를 경험하는 것으로 간주하는 입장. 인간이 하나님과 교제할 수 있는 능력을 말한다.
   • 기능적 관점 - 하나님의 형상을 인간이 수행하는 기능으로 여기는 입장. 하나님께서 창조세계를 다스리시듯 인간이 하나님께서 창조하신 천지 만물을 다스리는 것을 말한다.
   이상의 논의에 대해서는 Millard J. Erickson, *Christian Theology* (Grand Rapids: Baker, 1983), 498을 보라.

아 공통적으로 소유하고 있는 속성을 말한다. 이 공유적 속성을 가지고 하나님의 형상을 이해하려는 사람들이 있다.

일반적으로 에베소서 4:24과 골로새서 3:10에 근거하여 하나님의 형상을 공유적 속성인 지·정·의로 설명한다. 즉, 사람은 하나님을 닮아 참된 지식과 거룩함을 추구하는 존재라는 것이다. 초대 교회 교부들로부터 사람 안에 있는 하나님의 형상은 사람의 이성적, 도덕적 특성과 거룩함에 대한 그의 능력에 있다고 일반적으로 이해해 왔다.[76]

어떤 사람들은 사랑을 가지고 설명한다. 하나님은 사랑이시다(요일 4:8). 따라서 하나님을 닮은 사람은 사랑 없이는 살 수 없는 존재라는 것이다. 이들은 하나님을 사랑하고 이웃을 사랑하고 자연을 사랑하는 것이 하나님의 형상대로 지음 받은 사람의 존재 방법이라고 주장한다.

또 다른 어떤 사람들은 사람이 하나님의 형상으로 지음 받았다는 것은 하나님과 대화하고 교제할 수 있다는 의미라고 주장한다. 하나님의 형상대로 지음을 받은 사람은 하나님과 관계를 맺을 수 있는 능력을 암시하고 있다는 것이다.[77]

---

76) Louis Berkhof, *Systematic Theology* (Grand Rapids: W. B. Eerdmans, 1996), 202-03.

77) 말텐스, 『하나님의 계획: 새로운 구약신학』, 120-21; 하우스는 이러한 능력이 없다면 인간이 하나님의 대리직, 혹은 청지기 직을 이 땅에서 수행하는 것은 불가능하다고 단언한다. 하우스, 『구약신학』, 108; 이와 관련하여 브루너와 바르트의 하나님의 형상에 대한 논쟁을 주목할 필요가 있다. 브루너는 『자연과 은혜』라는 책에서 인간에게는 하나님을 알 수 있는 자질(하나님의 형상)이 주어졌으며, 그로 인해 충분하지는 않더라도 하나님을 인식할 수 있는 가능성이 있다고 주장한다. 이에 대해 바르트는 『아니오!』라는 책을 통해서 인간의 죄가 하나님의 형상을 완전히 파괴했기 때문에 인간 안에는 하나님을 알 수 있는 능력이 없고 오로지 예수 그리스도를 통해서만 하나님을 알 수 있다고 반박했다. 이 두 사람의 논쟁에 대해서는 칼 바르트, 에밀 브루너, 『자연과 은혜 - 에밀 브루너의 자연과 은혜와 칼

: 창세기 문맥에서 본 하나님 형상

> 인간은 피조물을 다스리도록 임명된 왕으로서,
> 궁극적인 왕이신 하나님께 대한 책임이 있으며,
> 피조물들을 관리하고 발전시키고 돌보도록 되어 있다.[78]

인간 창조와 관련하여 사람들은 하나님의 형상이 무엇인가를 규명하려 하지만 성경 본문은 "하나님의 형상이 무엇인가?" 보다는 하나님께서 "왜 하나님의 형상을 따라 사람을 만드셨는가?"에 대하여 말씀한다.

> **창 1:26-28** [26]하나님이 이르시되 우리의 형상을 따라 우리의 모양대로 우리가 사람을 만들고 그들로 바다의 물고기와 하늘의 새와 가축과 온 땅과 땅에 기는 모든 것을 다스리게 하자 하시고 [27]하나님이 자기 형상 곧 하나님의 형상대로 사람을 창조하시되 남자와 여자를 창조하시고 [28]하나님이 그들에게 복을 주시며 하나님이 그들에게 이르시되 생육하고 번성하여 땅에 충만하라, 땅을 정복하라, 바다의 물고기와 하늘의 새와 땅에 움직이는 모든 생물을 다스리라 하시니라

창세기 1:26-28은 사람이 하나님의 작정("우리의 형상을 따라 우리의 모양대로 우리가 사람을 만들고")과 목적("그들로 바다의 물고기와 하늘의 새와 가축과 온 땅과 땅에 기는 모든 것을 다스리게 하자", "생육하고 번성하여 땅에 충만하라, 땅을 정복하라, 바다의 물고기와 하늘의 새와 땅에 움직이는 모든 생물을 다스리라")을 따라 지음 받았다는 사실을 주목하게 한다. 이는 하나님께서 근본적으로 사람을 다

바르트의 아니오』, 김동건 역 (서울: 대한기독교서회, 2021)을 보라.

78) Ian Hart, "Genesis 1:1-2:3 as a Prologue to the Book of Genesis," *Tyndale Bulletin*, Issue 46.2 (1995): 324.

른 모든 피조물과 구별되는 탁월한 존재로 지으셨음을 의미한다.[79]

창세기의 문맥을 보면 하나님께서 하나님의 형상과 모양대로 사람을 지으셨다는 것은 사람이 하나님을 닮은 존재로서 하나님을 대신하여 하나님께서 창조하신 천지 만물을 정복하고 다스리도록 하시기 위한 것임을 알 수 있다.[80] 즉, 사람이 하나님의 형상으로 지음 받았다는 것은 인간이 하나님의 창조의 대리인으로서 "통치권"을 행사하는 것을 의미한다.[81] "인간은 지배와 통치를 통해 신성한 이미지로 기능하도록 창조되었다."[82] "하나님이 우주를 지배하는 주권을 가지신 것과 같이 하나님의 형상으로 만들어진 인간 역시 지구를 지배하는 주권을 가진다."[83] "아담은 성경에서 왕 같은 제사장으로서의 역할을 부여받은 첫 번째 인물이다."[84]

시편 8:4-8도 사람은 하나님께서 창조하신 모든 피조물을 다스리는 왕적인 존재로 지으셨음을 말씀한다.

---

79) 카일, 델리취, 『카일·델리취 구약주석 1: 창세기』, 64.

80) 드루치는 우리가 "생육하고 번성하여 땅에 충만하라 땅을 정복하라"라고 부름을 받은 것은 그분을 반영하고, 닮고, 대표하는 목적을 향한 것이라고 한다. 드루치, 『구약, 어떻게 해석할 것인가』, 250; Simango, "The Meaning of the Imago Dei," *OTE* 25/3 (2012): 640-41 참고.

81) 클라인은 "하나님의 형상으로 지음을 받은 인간은 … 하나님의 대리 통치자의 지위를 가졌다."라고 한다. 클라인, 『하나님 나라의 서막』, 76; H. Wildberger, "Das Abbild Gottes: Gen 1:26-30," *Theologische Zeitschrift 21* (1965): 255-59; Stephen G. Dempster. *Dominion and dynasty: a biblical theology of the Hebrew Bible*, 59에서 재인용; 강영안, 『강영안 교수의 십계명 강의』 (서울: IVP, 2017), 214; 폴 스티븐슨, 『내 이름은 야곱입니다』, 최동수 역 (서울: 죠이선교회 출판부, 2005), 149.

82) Bill T. Arnold, *Genesis* (Cambridge: Cambridge University, 2008), 45.

83) 페스코, 『태초의 첫째 아담에서 종말의 둘째 아담 그리스도까지』, 59; 이한영은 "하나님께서는 사람에게 소유권이 아니라 정복하고 다스리는 청지기권, 혹은 섬기는 왕권을 위임하신 것"이라고 말한다. 이한영, 『구약 텍스트에서 윤리까지』, 250.

84) James Hamilton, "The Seed Of The Woman And The Blessing Of Abraham," *Tyndale Bulletin* 58:2 (2007): 254.

시 8:4-8 ⁴사람이 무엇이기에 주께서 그를 생각하시며 인자가 무엇이기에 주께서 그를 돌보시나이까 ⁵그를 하나님보다 조금 못하게 하시고 영화와 존귀로 관을 씌우셨나이다 ⁶주의 손으로 만드신 것을 다스리게 하시고 만물을 그의 발 아래 두셨으니 ⁷곧 모든 소와 양과 들짐승이며 ⁸공중의 새와 바다의 물고기와 바닷길에 다니는 것이니이다

하나님께서는 사람을 하나님보다 조금 못하지만 그에게 영화와 존귀로 관을 씌우셔서 주의 손으로 만드신 천지 만물을 정복하고 다스리게 하셨다. 하나님께서는 사람에게 통치적 사명을 주실 뿐 아니라 사람에게 복을 주셔서 생육하고 번성하여 땅에 충만하게 하시고, 땅을 정복하고 다스리라는 사명을 감당할 수 있게 하셨다.[85]

: 하나님의 형상과 원죄

아담은 하나님의 형상을 지닌 사람이다. … 언약의 머리로서 아담은 인류를 대표한다. 아담은 위대하신 창조주의 가장 위대한 피조물이다. 아담은 자기를 지으신 분을 알고 소중히 여기며 순종하도록 지음 받았다.[86]

하나님께서는 아담과 하와를 에덴 동산에 두시고 에덴 동산을 경작하며 지키게 하셨다.[87] 여기에 한 가지 명령이 부가된다. 여호와 하나님께서는

---

85) 페스코, 『태초의 첫째 아담에서 종말의 둘째 아담 그리스도까지』, 120.
86) 헌터, 웰럼, 『그리스도 중심적 성경 이야기』, 100.
87) 호크마는 "아담이 단순히 땅을 경작하는 농사꾼으로 세움을 받은 것은 아니다. 하나님께서 아담에게 주신 임무는 1. 출산을 통해 하나님의 형상이 많아지게 하고 2. 지구를 하나님의 형상으로 가득 차게 하고-땅을 정복하고 3. 하나님의 형상으로 창조된 인간들이 창조 세계 전체를 다스리게 함으로써 아담의 대리적 통치권을 세상 전체에 확장시키는 것이다."라고 말한다. Anthony A. Hoekema, *Created in God's Image* (Grand Rapids: Eerdmans, 1986), 73.

그들에게 "동산 각종 나무의 열매는 네가 임의로 먹되 선악을 알게 하는 나무의 열매는 먹지 말라 네가 먹는 날에는 반드시 죽으리라"(창 2:16-17)라고 말씀하셨다. 사람은 하나님을 닮은 존재로서 이 세상에서 하나님적인 (왕적) 권세를 가지고 모든 피조물을 지배하고 다스리는 특권을 부여받았다. 그러나 모든 것을 정복하고 다스릴 수 있다고 해서 사람들이 이 세상의 주인이 될 수는 없다. 사람 역시 하나님께 지음 받은 피조물에 불과하다. 이 중요한 사실을 잊지 않도록 하시려고 하나님께서는 사람들에게 선악을 알게 하는 나무의 열매를 먹지 말라고 명하셨다(창 2:9, 17).[88]

에덴 동산에서 아담과 하와가 각종 나무의 열매는 임의로 먹을 수 있는데 동산 중앙에 있는 선악을 알게 하는 나무의 열매를 볼 때마다 무슨 생각을 했겠는가? 바로 하나님을 생각하는 것이다.

> "내가 모든 것을 정복하고 다스릴 수 있다고 해서, 내가 임의로 모든 일들을 행할 수 있다고 해서 내가 이 세상의 주인이 아니요 내가 이 세상의 왕이 아니다. 나 역시 지음을 받은 하나의 피조물에 불과하다. 내 위에는 하나님이 계신다."

따라서 선악을 알게 하는 나무의 열매는 피조물된 사람이 겸손히 창조주 하나님을 인정하고 하나님을 경외함으로 바라보게 하는 중요한 의미가 있다. 아담과 하와는 이 선악을 알게 하는 나무를 보면서 자신들이 비록 땅을 정복하고 다스릴 수 있지만 자신 역시 하나님께로부터 지음을 받은 피조물임을 생각하며 하나님의 선하신 뜻대로 주신 사명을 잘 감당해야 한다.

---

88) Simango, "The Meaning of the Imago Dei," 640-41.

그런데 여기에 사단이 등장한다.[89] 사단은 아담과 하와에게 선악을 알게 하는 나무의 열매를 따 먹으라고 유혹한다. 어떻게 유혹하는가?

창 3:5 너희가 그것을 먹는 날에는 너희 눈이 밝아져 하나님과 같이 되어 선악을 알 줄 하나님이 아심이니라

사단은 하와에게 선악을 알게 하는 나무의 열매를 따 먹으면 하나님과 같아진다고 유혹한다(창 3:5).[90] 그러나 이것은 사실이 아니다. 아담과 하와는 하나님의 형상대로 창조되었고(창 1:26), 하나님께서는 그들을 영화와 존귀로 관을 씌우시고 주의 손으로 만드신 것을 다스리게 하시고 만물을 그의 발 아래 두셨다(시 8:5-6). 하나님께서는 사람을 하나님을 닮은 왕 같은 존재로 만드셨다. 하나님 안에서 사람은 피조물일지라도 하나님을 닮은 존재로서 이 세상에서 최고의 특권을 누리며 하나님의 선하신 뜻을 좇아 하나님의 영광을 드러내며 살아야 한다. 그런데 아담과 하와는 피조물된 자기의 주제와 본분을 망각하고 하나님과 같아진다는 유혹에 넘어가 "먹음직도 하고 보암직도 하고 지혜롭게 할 만큼 탐스럽기도 한"(창 3:6) 선악을 알게 하는 나무의 열매를 따 먹었다. 성경은 이것을 죄라고 말한다.[91]

---

89) 뱀이 타락한 천사인 사탄이라는 해석은 에스겔 28:14-18이나 요한계시록 12장, 20장 등에 의해 뒷받침된다. Sidney Greidanus, "Preaching Christ from the Narrative of the Fall," *BSac* 161/643 (Jul-Sep 2004): 267; 이한영은 "뱀의 정체에 있어 본문은 그가 여호와 하나님이 지으신 들짐승 중에 가장 간교했던 것으로 이것이 실제 뱀이었다는 가능성 외에 다른 가능성들을 암시하고 있지 않다(창 3:1). 그러나 반면에 말을 하며 인간을 유혹하는 이 뱀이 오늘날 자연에서 볼 수 있는 것과 동일한 것은 아니었음을 분명히 밝히고 있다. 신약은 이 뱀을 통해 역사하고 있던 실체가 사단이었음을 밝힌다."라고 말한다. 이한영, 『역사와 서술에서의 오경 메시지』, 89.

90) 클라인은 "사단의 목표는 인간이 왕 같은 제사장으로서 보호하던 하나님의 거룩한 성소를 오염시키고 파괴하는 것이었다."라고 말한다. 클라인, 『하나님 나라의 서막』, 169.

91) 메이첸은 "인간 최초의 죄는 … 하나님의 명령에 대한 불순종이었다."라고 단언한다. 그레샴 메이첸, 『기독교 인간관』, 채겸희 역 (서울: 도서출판 나침판사, 1995), 213.

먹지 말라고 하신 하나님의 명령을 어긴 불순종도 큰 죄악이다. 그러나 불순종의 원인, 즉 자기 자신이 하나님과 같아지려는 마음이 더 큰 죄악이다. 하나님의 모양과 형상대로 지음 받은 인간은 하나님을 닮은 왕 같은 존재로서 이 세상에서 가장 지고한 복과 특권을 가지고 살아갈 수 있는데도 하나님과 같아지려는 욕심이 있었다. 자기에게 허락되지 아니한 것을 소유하려는 마음, 그것이 바로 욕심이고 죄의 뿌리인 것이다.[92] 선악을 알게 하는 나무의 열매를 따 먹은 것은 아담과 하와가 하나님을 거부하고 스스로 하나님과 같아지려는 욕심에서 비롯된 것이다.[93]

창세기 1장에서 창조의 6일은 각기 "하나님 보시기에 좋았다."(כִּי־טוֹב, 바야레 엘로힘 키-토브)라는 말로 마무리된다.[94] 창세기 3장이 이와 유사하게 "하와가 보니 … 좋았다."(וַתֵּרֶא הָאִשָּׁה כִּי טוֹב, 바테레 하잇샤 키 토브)라고 하는 것은 우연이 아니다. 하와는 선악을 알게 하는 나무의 열매를 "보고" "좋으므로" 그 열매를 따 먹었다. 그 결과 인간에게 죄가 들어왔고 인간은 하나님의 심판을 받았다. 웬함은 창세기 3:6은 창세기 1장을 모방한 것으로 이는 하와가 자기 자신을 선악을 분별하시는 하나님과 동급임을 나타내는 것이라고 한다.[95] 인간은 선악을 알게 하는 나무의 열매를 금

---

92) 뎀프스터는 "신성한 통치권을 이제 막 부여받은 창조의 절정체에 의해 행해진 하나님의 말씀에 대한 극악무도한 반역은 우주와 그 창조주에 대한 가증스러운 범죄"라고 하면서 창세기 3장은 타락이라기보다 우주적 비극으로 묘사하는 것이 더 적합하다고 말한다. 뎀프스터, 『하나님 나라 관점에서 읽는 구약신학』, 84.

93) 스티븐슨도 "에덴 동산에서 원죄가 보여주는 것은 하나님처럼 되고자 하는 우리의 욕심"이라고 본다. 스티븐슨, 『내 이름은 야곱입니다』, 31.

94) 창세기 1:4, 10, 12, 18, 21, 25, 31.

95) 웬함은 "여자는 본즉 (먹기에) 좋았더라"는 창세기 1장의 "하나님 보시기에 좋았더라"를 모방한 것이라고 말한다. 고든 웬함, 『WBC 성경주석 창세기 상 1-15』, 박영호 역 (서울: 솔로몬, 2000), 195.

하신 하나님의 명령을 어김으로써 그 자신이 선악을 분별하는 절대자가 되고 싶었던 것이다. 그러나 "인간은 선악을 알게 하는 나무의 실과를 먹지 않음으로 자신의 한계를 기억해야 했다."[96] 죄의 본질은 피조물된 인간이 자기의 본분을 망각하고 스스로 하나님이 되려는 것이다. 하나님을 부인하고 자기가 마치 하나님인 것처럼 자기 보기에 옳은 대로 행하는 것이 죄이다(삿 21:25 참고). 선악을 알게 하는 나무의 열매를 금하신 것은 "인간의 왕적 권위와 특권을 제한함으로써 그의 왕권이 종속적 왕권이고 그는 세계를 청지기로서 다스리고 있다는 사실을 인정하게 만드는 것"[97]이었다. 그러나 피조물된 인간은 하나님과 같아지려는 욕심으로 죄를 범하였고 그 결과 하나님께서 주신 모든 특권을 잃어버리고 죽음을 향해 달려가는 불쌍한 존재가 되었다.

약 1:15 욕심이 잉태한즉 죄를 낳고 죄가 장성한즉 사망을 낳느니라

인간은 하나님의 형상대로 창조되었지만, 죄로 인해서 하나님과의 관계가 깨어지고 그 형상은 손상되었다. 선악을 알게 하는 나무의 열매를 따먹은 아담과 하와는 그들이 기대했던 것같이 하나님과 같아지기는커녕 오히려 하나님의 대리적 통치권, 즉 왕적인 특권을 상실하였다. 인간이 죄를 범한 이후 세상은 전과 같지 않았다. 아담과 하와는 눈이 밝아져 자기들이 벗은 줄을 알고 무화과나무 잎으로 치마를 만들어 입었으며(창 3:7) 하나님의 낯을 피하여 동산 나무 사이에 숨었다(창 3:8). 그들은 예전과 같이 하나님을 대면하여 바라보지 못하게 되었고, 하나님은 두려워하며 숨어야 할 공포의 대상이 되었다(창 3:10). 그뿐만 아니라 하나님 보시기에 좋았던 땅

---

96) 뎀프스터, 『하나님 나라 관점에서 읽는 구약신학』, 83.
97) 메리데스 클라인, 『하나님 나라의 서막』, 150.

은 범죄한 인간으로 인하여 저주를 받아 황폐하게 되었고 가시덤불과 엉
경퀴를 내게 되었으며(창 3:17-18),[98] 인간은 황무지 속에서 일용할 양식을
위해 땀 흘려 일해야 하는 가련한 신세가 되었다(창 3:19). 하나님 안에서 누
리던 풍요로움과 평안함은 이제 하루하루 생존을 위한 노동과 생로병사의
무기력한 모습으로 전락했다.

사람은 왜 죽는가? 바로 죄 때문이다. 죄는 사람을 하나님과 멀어지게
만들었고, 이 세상에 대한 하나님의 대리적 통치자로서 누리던 왕적 특권
도 다 잃어버리게 하였다. 이제 이들이 본래의 근원인 흙으로 돌아가는 것
은 시간문제일 뿐이다. 욕심으로 인해 죄가 들어왔고 죄로 인해서 사람은
결국 한 줌 흙으로 돌아가는, 죽음을 목전에 두고 살아가는 가련한 인생이
된 것이다. 하나님께서 에덴 동산에서 그들을 추방하심으로 그들은 이제
더는 평화로운 동산에서 살 수 없게 되었고 에덴 동산에서 누리던 자유도
상실하였다.[99] 그러나 사람의 운명은 여기서 끝나지 않는다. 하나님께서
는 간교한 사단의 궤계를 물리치시고 사람들을 구원하겠다고 말씀하신다.

> **창 3:15** 내가 너로 여자와 원수가 되게 하고 네 후손도 여자의 후손과 원수가
> 되게 하리니 여자의 후손은 네 머리를 상하게 할 것이요 너는 그의 발꿈치를
> 상하게 할 것이니라 하시고

이것은 하나님께서 뱀에게 선포하신 심판의 말씀이지만 이 안에 놀라운
복음이 담겨 있다. 여자의 후손은 뱀의 머리를 상하게 할 것이고 뱀은 여

---

98) 김회권은 "아담의 죄로 인해서 온 생태계가 저주를 받았다는 사실은 이들의 지위가 단순한
개인이 아니라 하나님의 왕적 중재자였음을 짐작하게 한다."라고 말한다. 김회권, 『하나님
나라 신학으로 읽는 모세오경』, 110을 보라.

99) 요한계시록 2:7에서 생명 나무는 하나님과의 교제를 지칭한다. 아담과 하와가 에덴
동산에서 쫓겨났다는 것은 생명 나무로부터의 분리를 의미한다.

자의 후손의 발꿈치를 상하게 할 것이다. 여자의 후손은 동정녀 마리아에게서 태어날 메시아, 예수 그리스도를 예표한다.[100] 창세기 3:15은 예수 그리스도의 구원을 성경에서 처음 언급하므로 원복음(protoevangelium)이라고 한다.[101]

하나님께서는 예수 그리스도를 통하여 죄로 인하여 죽었던 사람들을 구원하시고 하나님의 자녀가 되는 권세를 주신다고 말씀하신다. 하나님의 자녀가 된다는 것은 후사가 된다는 것이고, 후사가 된다는 것은 왕이신 하나님의 후사, 즉 하나님의 대리적 통치자로서 인간 본연의 모습을 다시 회복시켜 주신다는 말씀이다.[102] 따라서 그릇된 길로 나갔던 인간은 예수를 믿어야만 하나님께서 "창조하신 본래의 모습"으로 돌아와 바른 삶을 살게 되고 제대로 된 인간이 되는 것이다.

> 아담은 단순히 하나님께서 지으신 첫 번째 사람이 아니다. 아담은 또한 인류의 언약 머리이자 대표 역할을 한다. 이러한 아담의 역할과 머리됨은 마지막 아담의 역할, 즉 새 언약의 머리로 오시는 우리 주 예수 그리스도의 역할과 대비된다. 성경 전체는 이 두 사람의 측면에서 구성되어 있다. 우리는 자연적인 출생으로 말미암아 "아담 안에" 있거나 새로운 영적 출생으로 말미암아 "그리스도 안에" 있다.[103]

---

100) "평강의 하나님께서 속히 사탄을 너희 발 아래에서 상하게 하시리라 우리 주 예수의 은혜가 너희에게 있을지어다"(롬 16:20), "자녀들은 혈과 육에 속하였으매 그도 또한 같은 모양으로 혈과 육을 함께 지니심은 죽음을 통하여 죽음의 세력을 잡은 자 곧 마귀를 멸하시며"(히 2:14)

101) 이런 점에서 그라아프는 창세기 3장의 제목을 "타락"이 아니라 "은혜의 언약"으로 제안한다. S. G. De. 그라아프, 『약속과 구원-천지창조에서 가나안 정복까지』, 박권섭 역 (서울: 크리스챤서적, 1987), 48.

102) 칼빈은 "나는 회개를 한 마디로 중생이라고 해석하는데 회개의 유일한 목적은 아담의 범죄로 말미암아 일그러지고 거의 말살된 하나님의 형상을 우리 안에 회복시키는 것"이라고 말하였다. 칼빈, 『기독교강요』 III, 3, 9.

103) 헌터, 웰럼, 『그리스도 중심적 성경 이야기』, 89-90.

예수를 믿고 구원받는다는 것은 사업이 잘되고, 병이 낫고, 만사형통하게 되는 것이 아니다. 구원은 죄인인 인간이 죄 사함을 받고 하나님의 대리적 통치자로서 왕적 특권을 다시 회복하는 것을 의미한다. 그래서 하나님과 세상 사이에서 왕 같은 제사장으로서 하나님의 영광을 드러내며 사는 것, 이것이 바로 인간 본연의 모습이다.

가인과 아벨의 제사

•

믿음으로 아벨은 가인보다 더 나은 제사를 하나님께 드림으로
의로운 자라 하시는 증거를 얻었으니 하나님이 그 예물에 대하여 증언하심이라
그가 죽었으나 그 믿음으로써 지금도 말하느니라

(히 11:4)

창세기 1장-2장에서 사람은 창조의 절정으로 묘사된다. 하나님께서는
창조의 제일 마지막 순간에 하나님의 모양과 형상을 따라 사람을 만드시고
하나님을 대신하여 천지 만물을 정복하고 다스리게 하셨다. 그런데 하나님
께서 창조하신 천지 만물을 정복하고 다스릴 수 있다고 해서 사람이 하나
님은 아니다. 사람 역시 하나님께 지음 받은 피조물이다. 이 사실을 분명히
하기 위하여 하나님께서는 아담과 하와에게 동산 중앙에 있는 나무의 열매
는 먹지 말라고 명하셨다. 아담과 하와가 동산 중앙에 있는 선악을 알게 하
는 나무의 열매를 볼 때마다 하나님을 생각하게 되고 자신이 어떠한 존재
인가를 자각하도록 하신 것이다. 그런데 아담과 하와는 하나님과 같아지
려는 욕심으로 선악을 알게 하는 나무의 열매를 따 먹었다. 그 결과 사람은
하나님의 말씀대로 죽을 수 밖에 없는 존재가 되었고 하나님 안에서 온갖
복과 특권을 누리던 에덴 동산에서 추방당했다. 창세기 4장은 아담과 하와
가 에덴 동산에서 추방당한 후 발생한 한 사건을 우리에게 전해준다.

창세기 4장을 보면 아담과 하와의 아들인 가인과 아벨이 등장한다. 가인과 아벨 이야기는 기본적으로 예배가 전제되어 있다.[104] 죄로 인해 하나님께 정죄 받고 에덴 동산에서 추방당한 후 제일 먼저 등장하는 이야기가 바로 가인과 아벨의 제사이다. 이들이 제사를 드린 것을 보면, 하나님께서는 아담과 하와를 에덴 동산에서 추방하셨지만 하나님과의 관계를 완전히 단절시킨 것이 아니라 하나님의 은혜를 구하는 길과 그 길을 통해 하나님께 나아갈 수 있는 믿음, 즉 하나님을 만날 수 있는 은혜를 주셨다는 사실을 알 수 있다.

제사는 사람이 하나님 앞에 나아가 하나님과 만나고 교제하는 구약시대의 예배 방법이다. 그런데 에덴 동산에서의 추방을 전후로 하나님과 사람의 교제 방식이 달라진 것을 볼 수 있다. 에덴 동산에서 아담과 하와는 하나님을 직접 만나고 하나님과 직접 대면하여 이야기를 주고받았다. 그러나 에덴 동산에서 추방당한 이후 가인과 아벨은 제사라는 형식을 통해 하나님 앞에 나아갔다.

비록 죄를 짓고 에덴 동산에서 쫓겨났다 할지라도 여전히 하나님은 이 세상의 주인이시며 우리 인생의 주님이시다. 따라서 모든 인생은 창조주이시며 만물의 주인이신 하나님을 인정하고 경배하며 그 앞에 순종해야 한다. 제사 드리는 것은 하나님 앞에 나아가 창조주 하나님에 대한 신앙을 고백하며 하나님의 뜻대로 살겠다는 다짐과 결단의 의미가 있다. 그런데 제사 드린다고 해서 모든 사람이 다 하나님을 창조주 하나님으로 믿고 고백하는 것은 아닐 수 있다. 우리는 제사 드리는 모습만으로 다른 사람의

---

104) 월터 브루그만, 『현대성서주석 창세기』, 강성열 역 (서울: 한국장로교출판사, 2000), 104.

신앙을 판단할 수 없다. 하지만 하나님께서는 제사 드리는 자를 낱낱이 알고 계신다. 창세기 4장은 사람들이 하나님과 바른 관계를 유지하기 위해 반드시 필요한 제사를 언급한다. 가인과 아벨의 제사는 인간사의 모든 일에 우선하여 하나님께서 받으시는 예배가 어떤 것인가를 우리에게 가르쳐주고자 기록된 중요한 사건인 것이다.

가인과 아벨은 각기 자기들에게 적절한 방식으로 하나님 앞에 제사를 드렸다. 가인은 "농사하는 자"(창 4:2)였으므로 "땅의 소산"으로 제물을 삼아 여호와께 드렸다(창 4:3). 그리고 아벨은 "양치는 자"(창 4:2)였으므로 "양의 첫 새끼와 그 기름"(창 4:4)으로 여호와께 드렸다. 그런데 하나님께서 "아벨과 그의 제물"은 받으셨으나 "가인과 그의 제물"은 받지 아니하셨다(창 4:4-5).[105] 하나님께서는 왜 한 사람의 제사는 받으시고 다른 한 사람의 제사는 받지 않으셨는가? 제사 드리는 사람이나 제사 드리는 방식에 문제가 있을 수 있다. 그런데 창세기 4장은 제사를 드리는 가인과 아벨의 직업에 대한 간단한 정보를 알려줄 뿐 그 외 별다른 언급이 없다.[106] 그래서 학

---

105) 스피나는 본문의 문맥을 고려해 볼 때, 여호와께서 "가인과 그 제물"을 받지 아니하셨을 때 그는 아직 죄를 범하지 아니하였으므로 단지 그가 죄를 지을 수 있는 성향을 가지고 있다고 해서 섣불리 그를 죄인이라고 생각하는 것은 중대한 오류라고 주장하였다. 스피나는 "la terre ayant été maudite, les fruits de la terre n'ont pas pu être agréés par Yahwe"(땅이 저주받았기 때문에, 땅의 소산은 여호와께 열납되지 못하였다)라는 Halevy의 말을 인용하면서 본문의 문맥에서 볼 때 여호와께서 가인의 가인과 그 제물을 거부하신 것은 바로 제물의 근원이 "저주를 받은 아다마"(창 3:17-19)였기 때문이라고 주장하였다. Frank Spina, "The Ground for Cain's Rejection (Gen 4): 'ªdāmāh in the context of Gen 1-11," *Zeitschrift für die alttestamentliche Wissenschaft*, 104 no 3(1992), 323-24; 이에 대하여 김인환은 땅이 저주를 받았다는 것은 단순하게 토지나 토지를 이용한 농업이나 농산물에 국한한 것으로 이해하면 안된다고 하면서 이는 땅에서 살아야 할 인간의 삶 전체가 하나님의 저주의 대상이 된다는 것을 의미한다고 보았다. 김인환, "가인과 아벨의 제사: 하나님의 선택 기준", 「총신대논총」 18 (1999), 62.

106) 필로는 형인 가인보다 동생인 아벨의 직업을 먼저 묘사하는 것에 대하여 "비록 의인이 악인보다 나이가 어릴지라도 하는 일에 있어서는 그가 훨씬 더 노숙했기 때문"이라고

자들은 두 사람이 드린 제물의 차이점에 원인이 있을 것으로 생각하고 다양한 견해를 제시하였다.

: 제물의 차이점

스키너는 하나님은 제물로서 곡물보다 동물을 더 좋아하신다고 주장하였다. 그는 곡물 제사는 농경 생활을 채택한 후에 도입되었을 것으로 추정하고, 가나안 정착 초기에 이스라엘 사람들 사이에서 유목 종교의 동물 제물이 가나안 바알에게 베풀어진 곡물 제물보다 우월하다는 견해가 유지되었을 것이라고 주장하였다.[107] 궁켈도 이와 유사하게 여호와께서 농부나 곡물 제물보다는 양을 치는 목자나 동물 제물을 더 선호하신다고 하였다.[108] 그래서 그 역시 하나님께서 농부인 가인의 제사는 받지 않으시고 목자인 아벨의 제사를 받으신 것이라고 주장하였다.

그러나 성경에서 하나님이 농부보다 목자를 더 선호하신다는 근거는 찾아볼 수 없다. 오히려 창세기 2:15을 보면 땅을 경작하고 농사를 짓는 것은

말한다. 또한 그는 이 두 사람의 직업에 대하여 "아벨은 비록 비이성적일지라도 살아있는 동물들을 수고하여 돌봄으로 지도력과 통치권을 준비하는 목자로서의 사역을 기꺼이 수행하였다. 그러나 가인은 생명이 없는 땅의 것들에 마음을 두었다."라고 말한다. Philo, *Questions on Genesis*, trans. Ralph Marcus. Loeb Classical Library 380 (Cambridge, MA: Harvard University Press, 1953), Book I. 59.

107) John Skinner, *A Critical and Exegetical Commentary on Genesis, International critical commentary on the Holy Scriptures of the Old and New Testaments* (Charles Scribner's Sons: New York, 1910), 105-06.

108) Hermann Gunkel, *Genesis übersetzt und erklärt* (Göttingen: Vandenhoeck & Ruprecht, 1922), 43.

하나님께서 사람에게 주신 신성한 의무이다. 아담은 죄를 짓기 전에도 땅을 경작했고, 죄를 지은 후에도 땅을 경작하였다(창 3:23). 에덴 동산에서의 범죄로 아담의 직업은 바뀌지 않았고, 그의 장자인 가인은 아버지의 직업을 그대로 이어받은 것으로 보인다.[109] 성경은 하나님과 예수님을 목자로 비유하기도 하지만 또한 성경은 많은 곳에서 농부로도 비유한다. 따라서 하나님께서 농부보다 목자를 더 선호하신다는 주장은 성경이 지지하지 않는 가정에 불과하다.

: 상징적 해석

어떤 사람들은 가인과 아벨의 제사를 상징적으로 해석한다. 가인과 아벨은 역사적으로 실재했던 사람이 아니고, 또한 이들이 하나님께 드렸다는 제사도 실제로 제사 드린 것이 아니라 어떤 일을 설명하기 위한 하나의 상징일 뿐이라는 것이다. 예를 들어 스파이저는 가인과 아벨의 제사는 양을 치는 유목 문화와 농사를 짓는 농경 문화 사이의 갈등을 반영한다고 주장하였다.[110] 그러나 성경에서 가인이나 아벨을 상징이 아닌 한 사람의 인

---

109) 해밀턴은 다음과 같이 말하였다: "가인은 아버지의 직업을 잇는다. 가인은 "땅의 경작자"다(오베드 아다마, 직역하면 "땅의 종"). 그리고 그의 아버지는 죄를 짓기 전에도 땅을 경작했고(창 2:15), 죄를 지은 후에도 그랬다(창 3:23). 그러나 창세기 3:23에 나오는 아담이 경작한 땅과 창세기 4:2에 나오는 가인이 경작한 땅은 동산 밖에 있다. 창세기 3장에 나타나는 범죄가 아담의 직업을 바꾸지는 않았다. "땅을 경작하다"라는 구절은 창세기에서 2장-4장에만 나온다. 아벨은 형과 다르게 "양치는 자"이다. 이것은 최소한 길들인 동물이 있었다는 것을 암시한다. 아벨에 이어 야곱(창 30:36), 요셉(창 37:2), 모세(출 3:1), 다윗(삼상 16:11; 17:34)과 같이 유명한 사람들이 그 직업에 종사한다." 해밀턴, 『NICOT 창세기 Ⅰ - Genesis 1~17』, 241.

110) 스파이저는 아벨과 가인을 서로 다른 생활을 하는 두 집단의 상징으로 해석한다. 그는 "땅의 소산"을 제물로 드린 가인은 농경 문화를 상징하고 "양의 첫 새끼와 그 기름"을

격으로 언급한 사실로 미루어 볼 때 이 주장 역시 설득력이 없다.[111] 예수님께서도 마태복음 23:35, 누가복음 11:50-51 등에서 의인 아벨, 사가랴 등을 역사상 실존 인물, 선지자로 언급하고 있다.

⦂ 세월이 지난 후에

어떤 사람들은 "세월이 지난 후에"(창 4:3)[112]라는 구절에 주목하여 가인이 추수한 후 곧바로 하나님 앞에 감사하지 아니하고 많은 시간이 경과 한 후 제사를 드렸기 때문에 하나님께서 받지 아니하셨다고 추정한다. 그 대표적인 사람이 필로이다. 그는 "즉시"(immediately)와 대조되는 "세월이 지난 후에"(after some days)라는 표현은 가인이 적절하지 않은 때에 제물을 받쳤다는 것을 의미한다고 보았다.[113] 그러나 "세월이 지난 후에"는 앞에 있었던 사건, 즉 에덴 동산에서 추방을 당하고 "적잖은 시간이 경과된 후"라는 의미가 있고, 또 뒤로는 아벨의 제사까지도 연결되는 부사구이다.[114] 따라서

제물로 드린 아벨은 유목 문화를 상징한다고 주장한다. Spiser, *Genesis* (New York: Doubleday, 1962), 31.

111) 고든 웬함, 『WBC 성경주석 창세기 상 1-15』, 232. 웬함은 창세기 3장과 4장의 평행구절들로 미루어 볼 때 창세기가 가인과 아벨을 부족이나 민족들의 인격화가 아니라 원시 역사에 속하는 개인들로 이해하고 있음을 나타낸다고 보았다.

112) 웬함은 "세월이 흐른 후에"(וַיְהִי מִקֵּץ יָמִים, 바예히 미케쯔 야밈, 직역: 날들의 끝에)에서 יָמִים(야밈, 날들)은 "일정치 않은 기간을 가리키거나 한정된 일 년을 가리킬 수도 있다." 라고 하면서 가인이 "한 해 농사의 끝에 제물을 가져왔을 것으로 보는 것이 자연스럽다." 라고 주장한다. 웬함, 『WBC 성경주석 창세기 상 1-15』, 236.

113) 필로, 가인과 아벨의 제사, Philo, *De sacrificiis Abelis et Caini*, VIII.

114) 조단은 창세기 4:3에서 "그 날들의 끝"이라는 표현은 "일종의 안식의 시간"으로 "하나님께 자신과 자신의 노동의 결과물을 제공하는 시간"이라고 해석한다. 제임스 B. 조단, 『창세기의 족장 이야기』, 안정진 역 (서울: 기독교문서선교회, 2018), 43.

이 표현을 가인의 제사가 열납되지 않은 이유로 보기에는 본문의 문맥상 무리가 있다.

∶ "피 흘림"의 제사

한국 교회에서 가장 보편적인 해석은 두 사람의 제사 중에서 아벨의 제사만이 "피 흘림"이 있는 속죄의 제사였기 때문에 하나님께서 아벨의 제사를 받으셨다는 것이다. 이 해석은 아담과 하와의 가죽옷을 그 근거로 제시한다. 아담과 하와가 죄를 범한 후 무화과나무 잎을 엮어 만든 치마로 그들의 벗은 몸을 가렸다. 그런데 하나님께서는 그들을 위해 가죽옷을 지어 입히셨다. 죄로 인한 수치를 감추기 위해 죄 없는 짐승이 죽었고 하나님께서는 그 가죽으로 옷을 지어 입히셨다는 것이다. 그래서 사람들은 아담과 하와 때부터 죄 없는 짐승이 피 흘려 죽음으로 죄가 가리어진다고 생각하고 동물 희생 제사를 시행하였다고 주장한다.[115] 예를 들어 클라인은 "하나님께서 인간의 벗은 상태를 치유하시는 방법의 특징 중 하나는 그것이 생명의 희생을 통해 획득된다는 것이며", "창세기 3장부터 시작한 은혜 언약의 메시야 이전의 형태들에서 보이는 상징적 희생은 새 언약 건설에 필수적인 그리스도의 대속의 역할을 유형(prototype)으로 보여 주는 것"이라고 주장하였다.[116]

---

115) 리처드 필립스, 『히브리서』, 전광규 역 (서울: 부흥과개혁사, 2010), 690-91 참조.

116) 클라인, 『하나님 나라의 서막』, 208-09; 그러나 이와는 반대로 이승구는 "우리는 이것이 동물을 희생시켜 희생 제사의 원리를 가르치시려고 하나님께서 준비하신 것이 아니라는 것을 분명히 할 필요가 있다."라고 말한다. 이승구, 『성경신학과 조직신학』 (서울: SFC, 2018), 38; 조르단, 『창세기의 족장 이야기』, 41-43 참조; 거쓰리 역시 "피의 제사는 선례가 없었고 하나님이 이 형제에게 어떤 종류의 제사를 드려야 하는지에 대해 가르쳐 주셨다고

물론 성경은 속죄와 관련하여 피 흘림의 중요성을 여러 곳에서 설명한다 (히 9:22; 레 17:11). 그러나 하나님께 드리는 모든 제사가 다 피 흘림의 제사만 있는 것은 아니다. 하나님께서 명하신 제사 제도에는 소제(מִנְחָה, 민하), 즉 곡물로 드리는 제사도 있다.[117]

창세기 4장에서 가인과 아벨이 드린 제물은 모두 מִנְחָה(민하)라는 말이 사용되었다. 성경에서 מִנְחָה는 곡물이든 동물이든 하나님께 드리는 제물에 대한 일반적인 용어로 사용된다.[118] 가인은 농부였으므로 땅의 소산으로 제물(מִנְחָה)을 삼아 여호와께 드렸다(창 4:3). 그리고 아벨은 목자였으므로 양의 첫 새끼와 그 기름으로 제물(מִנְחָה)을 삼아 여호와께 드렸다(창 4:5). 류폴드는 두 제물 중 어느 것도 죄 때문에 특별히 바쳐진 것이 아니라 바친 자들의 직업에 따른 것이었다고 설명한다.[119] 즉, 가인과 아벨은 각기 자기

알려주는 증거도 없다."라고 지적한다. D. 거쓰리, 『히브리서 틴데일 신약주석 시리즈 15』, 김병모 역 (서울: 기독교문서선교회, 2015), 335.

117) 하나님께서 제사 제도와 그 절차를 구체적으로 명하고 요구하신 것은 출애굽기에 나오는 시내 산 언약을 통해서다. 하나님께서 모세를 통하여 명하신 제사 제도는 레위기에 기록되어 있다. 하나님께서는 출애굽 한 이스라엘 백성들에게 제사 제도에 대해서 구체적으로 명하시며 여러 가지 경우에 어떤 제물을 가지고 어떻게 제사를 드려야 하는가를 상세하게 설명해 주셨다.

118) BDB, 585. 아베벡은 구약에서 מִנְחָה(민하)라는 말은 다음 네 가지 기본적인 의미 또는 용도로 사용된다고 한다: 제의적, 종교적 맥락에서 (1) 곡물이든 동물이든 하나님께 드리는 제물에 대한 일반적인 용어 (예: 창 4:3-5에서 가인과 아벨의 제물), (2) 곡물 제물에 대한 특별한 용어 (예: 동물이 아닌 곡물로 드리는 제물; 예를 들어 레위기 2장의 초실절에 대한 제물 규례 참조). 세속적 맥락에서 (3) 사람들 사이에 주는 선물에 대한 일반적인 단어 (예: 창 32:20-21에서 야곱이 에서에게 준 선물), (4) 특별한 의미에서 정치적으로 상사에게 주는 헌물 (예: 삿 3:15, 17, 18에서 이스라엘 사람들이 에훗의 손으로 모압 사람 에글론에게 보낸 헌물). Richard E. Averbeck, "מִנְחָה" in *New International Dictionary of Old Testament Theology and Exegesis* (5 volumes) ed. Willem A. VanGemeren (Grand Rapids: Zondervan, 1997), 2: 978-79.

119) H. C. 류폴드, 『창세기 상』, 최종태 역 (서울: 크리스챤서적, 1993), 166.

들에게 적절한 방식으로 하나님께 제물을 드린 것이다. "과일이나 채소 제물은 동물 제물보다 우월하지도 않고 열등하지도 않다."[120]

더욱이 레위기 5장을 보면 속죄제라 할지라도 곡물을 속죄 제물로 드릴 수 있도록 규정하고 있다. 하나님께서 속죄제는 어린 양이나 염소를 제물로 드려야 하지만 만일 이러한 제물을 준비하지 못할 정도로 경제적 형편이 어려울 경우 어린 양 대신 산비둘기나 집비둘기 새끼 두 마리로, 그것도 여의치 않을 경우 고운 가루 십분의 일 에바를 예물로 가져다가 속죄 제물로 드릴 수 있도록 하셨다(레 5:6-12).

따라서 성경적 문맥은 피 흘림이 있는 아벨의 제사는 하나님께서 받으시고 피 흘림이 없는 가인의 제사는 받지 않으셨다는 해석을 지지하지 않는다.[121] 박형용은 창세기 3:21의 "옷 입히다"(לָבַשׁ, 라바쉬)라는 용어는 율법에서 희생 제물을 통해 죄를 덥는다는 의미로 사용되는 전문적인 용어가 아니며, 이 용어는 율법에서 죄를 대속하는 뜻으로는 결코 사용되지 않는다는 보스의 말을 인용하면서[122] "계시의 점진적인 성격으로 볼 때 이런 빠른 시기에 피의 제사 제도가 설립되었을 것으로 생각되지 않는다."라고 한다.[123] 월키가 지적한 대로 "성경에서 한 생명을 위한 다른 생명의 대체

---

120) 해밀턴, 『NICOT 창세기 I - Genesis 1~17』, 242.

121) 류폴드, 『창세기 상』, 167-68 참조. 예수님께서는 서기관과 바리새인들에 대한 경고에서 아벨의 피를 억울하게 죽은 의인의 피로 언급하셨다(마 23:35). 또한 히브리서 12:24도 "새 언약의 중보자이신 예수 및 아벨의 피보다 더 나은 것을 말하는 뿌린 피니라"라고 언약의 중보자이신 예수의 피와 아벨의 피를 같이 언급하고 있다. 따라서 가인과 아벨의 제사에서 기독론적 해석을 도모한다면 아벨이 드린 제물의 피가 아니라 아벨이 흘린 피에서 그 의미를 찾아야 할 것이다.

122) 게르할더스 보스, 『성경신학』, 이승구 역 (서울: 기독교문서선교회, 2000), 189-90.

123) 박형용, 『히브리서: 한국성경주석 총서』 (서울: 도서출판 횃불, 2003), 292.

적 희생을 최초로 명시적으로 언급"한 것은 하나님께서 모리아 산에서 아브라함에게 이삭 대신 숫양을 예비해 주신 사건이라고 볼 수 있다.[124]

⋮ 하나님의 신비

제물을 드리는 사람이나 제물의 차이점으로 가인과 아벨의 제사를 명확히 설명해 내지 못하자, 폰 라드는 하나님께서 가인의 제사를 받지 아니하시고 아벨의 제사를 받으신 것은 어떤 특별한 이유가 없다고 주장하였다. 가인과 아벨의 제사 중에서 누구의 제사를 받을 것인가? 복 중에 있는 에서와 야곱 중 누구를 선택할 것인가? 이것은 전적으로 하나님의 자유 의지에 달려 있다는 것이다.[125] 누구를 선택하든 그것은 하나님의 영역에 속한 것이지 인간의 영역에 속한 것이 아니다. 따라서 폰 라드는 사람들이 선택의 이유를 질문할 수 없다고 한다. 하나님의 선택은 일종의 신비이기 때문이다.

그러나 성경은 가인과 아벨의 제사에 대한 여러 가지 설명을 우리에게 제시하고 있다. 그러므로 우리는 하나님께서 아벨과 그 제물을 열납하신 것을 하나의 신비로움으로 간주할 수만은 없다.

---

124) 월키는 "모리아 산에서 하나님께서 준비하신 양은 하나님께서 희생시키신 예수 그리스도의 모형"이라고 한다. 브루스 K. 월키, 캐시 J. 프레드릭스, 『창세기 주석』, 548, 552; 박형용 역시 죽음으로부터 일으킴을 받은 아브라함의 유일한 독자 이삭은 하나님의 아들 예수님의 부활에 대한 예표로 보았다. 박형용, 『히브리서: 한국성경주석 총서』, 340.
125) 게르하르트 폰 라트, 『국제성서주석 창세기』, 박재순 외 4인 역 (서울: 한국신학연구소, 1983), 112.

⦂ 더 나은 제사

❙ 믿음으로 드린 제사

가인과 아벨의 제사는 하나님께서 받으시는 바른 제사, 바른 예배가 어떤 것인가를 우리에게 보여주는 역사적 사건이다. 성경은 하나님께서 아벨과 그의 제물을 받으신 분명한 이유도 언급한다. 가인과 아벨의 제사를 해석하는 중요한 단서 중에 하나가 바로 히브리서 11:4이다.

> **히 11:4** 믿음으로 아벨은 가인보다 더 나은 제사를 하나님께 드림으로 의로운 자라 하시는 증거를 얻었으니 하나님이 그 예물에 대하여 증언하심이라 그가 죽었으나 그 믿음으로써 지금도 말하느니라

아벨은 "믿음으로" 가인보다 더 나은 제사를 하나님께 드렸다. 어떻게 예배를 드릴 것인가 하는 예배의 형식도 중요하지만, 더 중요한 것은 왜 예배를 드리는가 하는 것이다. 하나님께서는 예배드리는 자의 마음을 보신다. 따라서 믿음으로 제사를 드린 "아벨과 그의 제물"을 하나님께서 받으신 것이다.[126] 칼빈은 아벨의 제사가 받아들여진 이유에 대하여 다음과 같이 말하였다.

---

126) 이에 대하여 브르그만은 "칼빈과 그를 따르는 많은 사람들은 가인을 비방하는 한편으로 그가 배척받은 이유를 설명함으로써 이 사건 속에 도덕적인 차원을 집어넣으려 한다. 그러나 칼빈이 그렇게 함으로써 그는 본문보다 많은 것을 알고 있는 사람이 된다."라고 칼빈을 혹평하였다. 브르그만은 "가인이 배척당한 것은 무슨 특별한 이유가 있어서가 아니라 그것이 이 이야기의 필수적인 전제이기 때문이다. 삶은 불공정한 것이다. 하나님 만이 자유로우시다. 우리 사이에 살인적인 충동이 생겨나는 것은 바로 그 때문이다."라고 하면서 "문제의 발단은 가인에게서가 아니라 이스라엘의 기묘하신 하나님이신 여호와께로부터 비롯된다."라고 주장하였다. 브르그만, 『현대성서주석: 창세기』, 한미공동주석 편집/번역위원회 편 (서울: 한국장로교출판사, 2000), 105.

아벨의 제사가 그의 형의 제사보다 더 낮게 받아들여진 이유는 아벨의 제사는 오직 믿음으로 말미암아 깨끗하게 되었기 때문이다. … 성경은 왜 하나님께서 아벨의 제사를 받으셨는가를 분명히 보여주고 있다. "하나님은 아벨과 아벨의 제물을 기뻐하셨다"라고 하는 모세의 말로부터 우리는 아벨이 하나님을 기쁘시게 하고 있었기 때문에 그의 제물이 하나님을 기쁘시게 했다고 쉽게 결론지을 수 있을 것이다. 그가 하나님을 이렇게 기쁘게 한 일은 그가 믿음으로 깨끗한 마음을 가졌다는 일 밖에 다른 무엇이 있겠는가?[127]

하나님을 향한 아벨의 믿음은 그가 하나님 앞에 드린 제물을 통해서도 그대로 드러난다. 가인은 단지 "땅의 소산"을 드린 것에 반하여[128] 아벨은 "양의 첫 새끼와 그 기름"을 하나님께 드렸다. "아벨이 드린 제물은 그가 가진 믿음의 진정성을 증명하고 인치는 그의 믿음에 대한 가시적인 표현이었다."[129] 가인과 아벨이 드린 제물에 대하여 카수토는 다음과 같이 분석하였다.

가인과 관련하여, 그의 제물은 단순히 땅의 열매였다고만 명시되어 있고, 아벨의 경우 성경은 그의 제물이 최상의 것임을 강조하기 위해 두 가지 표현을 사용하고 있는 것이 분명하다. 이러한 구별은 무의미한 것이 아니다. … 분명히 성경은 아벨이 자기의 소유 중에서 가장 좋은 것을 선택한 반면, 가인은 대수롭지 않게 여겼다는 것을 전하려 하고 있다. 다시 말하자면 아벨은 자신의 종교적 의무를 이상적으로 수행하려고 노력했지만, 가인은 단지 이 의무를 이행하는 것에 만족했다.[130]

---

127) 존 칼빈, 『신약성경주석 10: 히브리서, 베드로전후서, 골로새서, 빌레몬서』, 존 칼빈 성경주석출판위원회 편역 (서울: 성서교재간행사, 1992), 248.

128) 고든 웬함, 『WBC 성경주석 창세기 상 1-15』, 238 참조; 류폴드는 מִפְּרִי הָאֲדָמָה(미페리 하아다마, "그 땅의 열매로부터")라는 표현에서 מִן(민)은 "부분"을 나타내는 것으로 보고 가인이 가져온 것은 "그 땅의 소산 중 약간"이라고 해석한다. H. C. 류폴드, 『창세기 상』, 167.

129) 토머스 슈라이너, 『히브리서 주석 - BTCP 성경신학 주석시리즈 1』, 장호준 역 (서울: 복 있는사람, 2016), 509.

130) Umberto Cassuto, *A Commentary on the Book of Genesis: From Adam to Noah, Part I. Israel Abrahams* (Jerusalem: Magnes Press, Hebrew University, 1972), 205.

가인의 제사에서 "땅의 소산"이 강조되는 것은 자기 힘으로 자기가 거두어들인 소산이라는 이해가 암시되어 있다.[131] 가인은 자기가 힘들게 애써 지은 농산물을 하나님께 바친다고 생각한 것이다. 이와는 달리 "양의 첫 새끼와 그 기름"이라는 표현은 아벨이 이 제사를 어떻게 생각하고 있는지를 잘 드러내 보여준다. 성경은 "처음 난 모든 것은 다 거룩히 구별하여 내게 돌리라 이는 내 것이니라"(출 13:2; 34:19)라고 말씀한다. 사람이건 동물이건 농산물이건 처음 것은 최상의 것을 의미한다. 특별히 초태생, 첫 이삭을 하나님께 구별하여 바치는 것은 모든 것이 다 하나님께 달려 있으며, 모든 것이 하나님의 은혜로 되어진다는 믿음의 고백이다. 성경은 또한 "모든 기름은 여호와의 것"이라고 말씀한다(레 3:16). 따라서 그 기름을 하나님께 드리는 것은 하나님이 나의 주님이시라는 믿음의 고백이다. 이러한 성경적 문맥에서 보면 "제사는 제물 자체가 피 흘림의 희생 제물인가 아닌가"라는 형식보다 과연 이 제물을 "하나님을 향한 바른 믿음을 가지고 드리느냐"라는 내용이 더 중요하다. 아벨은 양의 첫 새끼와 그 기름을 하나님께 드림으로 하나님이 나의 모든 것을 주관하시는 창조주 하나님이시며, 내 삶의 주인이 되신다는 사실을 인정하며 전적으로 하나님을 믿고 의지하였다.

> 양 떼 중에서 가장 좋은 첫 새끼들과 그 기름에 대한 이 두 가지 강조는 앞서 언급한 대로 그의 창조주를 만족시키고 그의 능력을 최대한 발휘하여 그를 존경하려는 아벨의 열망을 강조한다. 그의 제물은 선한 의도가 담겨져 있다. 본문에 가인과 아벨의 헌신적인 의도에 대하여 한마디도 언급되지 않는다는 현대 주석가들의 관례적인 주장은 옳지 않다. 그와는 반대로 성경은 성경 용어에 대한 지식을 가진 사람이라면 누구나 명백하게 알 수 있는 방식으로 이러한 의도를 강조한다.[132]

---

131) 리처드 필립스, 『히브리서』, 691.

132) Umberto Cassuto, *A Commentary on the Book of Genesis: From Adam to Noah, Part I*.

▌ "더 나은 제사"

히브리서 11:4은 아벨의 제사가 가인의 제사보다 "더 나은 제사"라고 한다. "더 나은 제사"가 두 사람의 제사를 비교해 볼 때 상대적으로 더 나은 제사를 의미하는 것은 아닐 것이다. 만일 그렇다면 우리는 다른 사람보다 더 나은 제사를 드리기 위해 노력해야 할 것이다. 무엇이 "더 나은 제사"인가? 어떻게 드리는 제사가 "더 나은 제사"인가?

히브리서는 신약성경 중에서 구약성경이 가장 많이 언급되는 책 중의 하나이다.[133] 특별히 히브리서는 개종한 유대인들을 대상으로 쓰여졌기 때문에 구약성경에 대한 언급과 인용이 많다. 따라서 히브리서를 이해하는데 구약성경의 배경을 살펴보는 것은 당연한 일이다.

히브리서의 저자가 "더 나은 제사"라는 말을 사용한 배경은 사무엘상 15장이다.

> **삼상 15:22** 사무엘이 이르되 여호와께서 번제와 다른 제사를 그의 목소리를 청종하는 것을 좋아하심 같이 좋아하시겠나이까 순종이 제사보다 낫고 듣는 것이 숫양의 기름보다 나으니

사무엘상 15:22을 보면 "제사"와 "숫양의 기름"이, "순종"과 "여호와의 목소리를 청종하는 것"이 같은 의미로 사용되었다. "제사"보다도 "숫양의 기름"보다도 더 나은 것은 "여호와의 음성을 듣고" "순종"하는 것이다. 즉,

---

Israel Abrahams, 206; 해밀턴은 "본문은 가인이 첫 열매를 바치지 않은 것을 비난하지 않는다."라고 주장한다. 해밀턴, 『NICOT 창세기 Ⅰ - Genesis 1~17』, 242-43을 참고하라.

133) 히브리서에서 구약성경을 직접 인용하고 있는 구절은 29개이며 간접적으로 인용하는 구절은 53개나 된다.

제사보다도, 숫양의 기름보다도 "더 나은 제사"는 여호와의 음성을 듣고 순종하는 것이다. 히브리서의 저자는 "더 나은 제사"라는 말을 비교급으로 사용한 것이 아니다. "더 나은 제사"는 사무엘상 15:22을 반영하는 관용적 표현으로 아벨의 제사가 하나님의 말씀을 듣고 순종하는 삶이 있는 제사라는 의미가 내포되어 있다.[134] 이러한 이해를 근거로 요한일서 3:12은 가인과 아벨을 비교하여 아벨은 그 행위가 의로운 자라고 한다. 즉, 신약성경은 믿음으로 하나님의 말씀에 순종한 아벨에 대하여 그 행위가 의로운 자라고 평가한다. 반면에 가인은 어떤 자인가?

> **요일 3:12** 가인 같이 하지 말라 그는 악한 자에게 속하여 그 아우를 죽였으니 어떤 이유로 죽였느냐 자기의 행위는 악하고 그의 아우의 행위는 의로움이라

요한은 가인이 아벨을 죽였기 때문에 악한 것이 아니라 악한 자에 속하였기 때문에 아벨을 죽인 것이라고 한다. 요한은 가인의 행위가 악하기 때문에 아벨을 죽였다고 거듭해서 강조한다. 우리는 유다서 1:11-16을 통해 가인이 어떠한 자인가를 유추해 볼 수 있다. 유다서 11절 이하는 가인의 길로 행하였던 사람들을 묘사한다. 15절은 이 사람들을 "경건하지 않은 자"라고 하였고, 16절은 이들을 "원망하는 자, 불만을 토하는 자, 그 정욕대로 행하는 자, 그 입으로 자랑하는 말을 하는 자, 이익을 위하여 아첨하는 자"로 평가한다. 하나님께서 가인과 그 제물을 받지 않으신 이유는 가인이 이처럼 악을 행하는 자였기 때문이다. 슈라이너는 "가인이 범한 보다 원천적인 죄는 불신앙이었다. 그의 제물이 받아들여지지 않은 것은 그가 하나님을 믿지 않았기 때문"이라고 말한다.[135]

---

134) 밀리건, 『히브리서』, 차원봉 역 (서울: 태광출판사, 1971), 379.
135) 토머스 슈라이너, 『히브리서 주석 – BTCP 성경신학 주석시리즈 1』, 509.

이상에서 가인과 아벨의 제사에 대해 살펴보았다. 하나님의 모양과 형상대로 지음 받은 인간은 본질적으로 하나님을 떠나서 살 수 없는 존재이다. 하나님께서는 죄를 범하고 에덴 동산에서 쫓겨난 사람들이 어떻게 창조주이시며 심판주이신 하나님 앞에 나아가 하나님을 만나고 하나님과 교제할 수 있는가를 가인과 아벨의 제사를 통해 우리에게 보여주셨다. 하나님께서 "아벨과 그의 제사"를 받으신 것은 양을 제물로 삼아 희생 제사를 드렸기 때문이 아니라 그가 믿음으로 사는 의로운 자였기 때문이다. 아벨은 믿음으로 하나님 앞에 나왔고 믿음으로 하나님을 의지하며 날마다 하나님의 말씀을 따라 순종하는 의로운 삶을 살았다. 그러한 아벨과 그의 제물을 하나님께서 받으셨다. 하나님을 향한 믿음과 순종의 삶이 없는 예배는 아무런 소용이 없다. 하나님이 받으시는 예배는 창조주 하나님의 주권을 인정하고 하나님을 믿고 의지하며 말씀대로 순종하는 삶이 수반되어야 한다.

노아와 홍수 심판

:

**홍수는 불경건한 자에 대한 하나님의 심판을 예표하고
노아의 보존과 축복은 경건한 자를 멸망으로부터 보호하는 것을 예표한다.**[136]

창세기 6:5-7을 보면 하나님께서는 "사람의 죄악이 세상에 가득함과 그
의 마음으로 생각하는 모든 계획이 항상 악할 뿐임을 보시고 땅 위에 사람
지으셨음을 한탄하사 마음에 근심하시고" 홍수로 사람들을 지면에서 쓸어
버리는 심판을 행하실 것이라고 말씀하신다. 이 홍수 심판으로 사람은 물
론 가축과 땅에 기는 것과 공중의 새까지 다 멸절당하게 된다. 그러나 하
나님께서는 홍수로 심판하시는 중에 노아를 택하셨고 노아와 그 집은 구
원받았다.

---

136) 카일, 델리취, 『카일·델리취 구약주석 1: 창세기』, 39.

: 여호와의 눈에서 은총을 발견한 노아

하나님께서 노아를 택하시고 그를 구원하신 이유는 무엇인가? 창세기 6:9의 말씀대로 노아가 의인(צַדִּיק, 짜디크)[137]이요, 당대에 완전한 자(תָּמִים, 타임)이며, 그가 하나님과 동행하였기(הִתְהַלֶּךְ־נֹחַ, 히트할레크-노아흐)[138] 때문에 구원받은 것인가? 히브리서 11:7은 하나님의 심판이 예고되었을 때 믿음으로 노아는 "하나님을 경외함으로 방주를 예비하여 그 집을 구원하였다."라고 한다. 그러나 창세기 6장을 보면 노아가 믿음으로 방주를 예비하기 전에, 노아가 의인이라 칭해지고 당대에 완전한 자로서 하나님과 동행하였다는 평가가 내려지기 전에 선행하는 중요한 사실이 있다.

창세기 6:8

וְנֹחַ מָצָא חֵן בְּעֵינֵי יְהוָה
(베노아흐 마차 헨 베에네 여호와)
그러나 노아는 여호와께 은혜를 입었더라
사역 그러나 노아는 여호와의 눈에서 은총을 발견했다.

"그러나 노아는 … ", 사람의 죄악이 세상에 가득하고 마음으로 생각하는 모든 계획이 항상 악하여서 하나님께서 한탄하시고 근심하시는 중에 "그러나" 단 한 사람, "노아는 여호와의 눈에서 은혜를 발견했다." 개역개정은 이 구절을 "노아는 하나님께 은혜를 입었더라"라고 번역하였다. "은혜를

---

137) 웬함은 "노아를 의로운 사람이라고 말할 때 그를 하나님의 행위 규범에 따라서 산 사람으로 표현하는 것"이라고 말한다. 웬함, 『WBC 성경주석 창세기 상 1-15』, 337.

138) "노아가 하나님과 동행했다."(אֶת־הָאֱלֹהִים הִתְהַלֶּךְ, 에트 하엘로힘 히트할레크-노아흐)라는 표현은 "에녹이 하나님과 동행했다."(וַיִּתְהַלֵּךְ חֲנוֹךְ אֶת־הָאֱלֹהִים, 바이트할레크 하노크 에트 하엘로힘)라는 표현과 같다. 이는 성경이 노아를 에녹과 동등하게 여기고 있음을 보여준다(창 5:22-24).

입다"라는 말은 "어떤 사람이 윗사람에게 은혜를 간청할 때나 권력이 있는 사람이 비천한 사람을 도와줄 때 사용하는 의례적인 표현이다."[139]

하나님께서 노아에게 홍수 심판을 예고하시기 전 이미 노아는 하나님께 은혜를 입었다. 은혜는 값없이 주시는 하나님의 선물이다. 만약 노아가 의인이요 당대에 완전한 자였고 그가 하나님과 동행하였기 때문에 택함을 받았다면 그것은 은혜가 아니고 당연한 것이다. 받을 만한 자격이 없음에도 자비와 긍휼을 베푸셔서 택하시고 구원하신 것이 하나님의 은혜이다. 성경에서 "노아가 하나님과 동행하는 의로운 사람이라는 사실은 하나님께서 노아에게 호의를 베푸시는 원인으로 제시되지 않는다."[140] 창세기 9장에 의하면 "노아 스스로는 아무런 의로움도 지니지 못하였으며 하나님 앞에서 다른 모든 사람과 마찬가지로 죄인이었다."[141] 하나님께서 노아가 당대에 다른 사람들에 비해 상대적으로 의로운 사람이라 평가하셨지만, 노아는 택함을 받기 전에 하나님께 은혜를 입었다. 하나님께서 홍수 심판 전에 먼저 노아를 구원하시기로 작정하신 것이다.[142] 노아가 의인이었기 때문에 구원받은 것이 아니라 하나님께서 그에게 은혜를 베푸셔서 믿게 하시고 구원하신 것이다. 믿음의 주체는 언제나 내가 아니라 하나님이시다.

> 노아가 완전했기 때문에 하나님의 은혜를 입은 것이 아니라, 노아의 완전함 자체가 하나님의 은혜의 결과였다.[143]

---

139) 웬함, 『창세기 1-15』, 299.

140) Graeme Goldsworthy, *Christ-centered biblical theology: hermeneutical foundations and principles* (Downers Grove, Ill.: IVP Academic, 2012), 116.

141) 알더스, 『창세기 I』, 기독지혜사 편집부 역 (서울: 기독지혜사, 1986), 187.

142) 알더스, 『창세기 I』, 229.

143) 필립스, 『히브리서』, 729.

⦂ 하나님의 아들들

인류 역사상 초기에 있었던 홍수 심판의 원인은 무엇인가? 창세기 6:2은 홍수의 원인이 된 당시의 죄악상을 다음과 같이 말씀한다.

> **창 6:2** 하나님의 아들들이 사람의 딸들의 아름다움을 보고 자기들이 좋아하는 모든 여자를 아내로 삼는지라

성경은 노아 시대의 죄악상을 "하나님의 아들들"과 "사람의 딸들"의 결혼으로 묘사한다. 여기에 등장하는 하나님의 아들들은 어떤 존재인가? 구약성경에서 "하나님의 아들들"(בְּנֵי־הָאֱלֹהִים, 베네-하엘로힘)이라는 표현이 등장하는 것은 다음 두 가지 경우 중 하나이다.

첫째로 구약에서 천사를 지칭할 때 "하나님의 아들들"이라는 용어를 사용한다. 그 대표적인 예가 욥기이다. 욥기는 하나님 곁에서 하나님을 보좌하는 천사들을 "하나님의 아들들"이라고 부르고 있다(욥 1:6; 2:1).

둘째로 구약에서 하나님과 언약 관계에 있는 사람들을 지칭할 때 "하나님의 아들들"이라는 표현을 사용한다. 신명기 14:1을 보면 "여호와 하나님의 성민"인 이스라엘 백성들을 향하여 "너희 하나님 여호와의 아들들"(בָּנִים אַתֶּם לַיהוָה אֱלֹהֵיכֶם, 바님 아템 라도나이 엘로헤켐)이라고 하였다.[144] 호세아 1:10에서도 "이스라엘 자손"을 "살아계신 하나님의 아들들"(בְּנֵי אֵל־חָי, 베네 엘-하이)이라고 부르고 있다.[145]

---

144) 개역성경과 개역개정은 "너희 하나님 여호와의 자녀"라고 번역하였다.

145) 개역성경은 "사신 하나님의 자녀"라고 번역하였다.

이와 같이 구약성경에서는 천사를 지칭하거나 하나님과 언약 관계에 있는 이스라엘 백성들을 가리킬 때 "하나님의 아들들"이라는 표현을 사용한다.[146] 그렇다면 창세기 6장에 나오는 하나님의 아들들은 누구를 가리키는 말인가? 이에 대한 세 가지 견해가 있다.

▌천사들

이 입장은 "하나님의 아들들"을 천사로 본다. 이 입장을 지지하는 사람들은 구약에서 "하나님의 아들들"이란 명백하게 "천사"를 지칭한다고 주장한다(욥 1:6; 2:1; 38:7; 시 29:1; 82:6; 89:7; 단 3:25 참조). 이들은 위경인 에녹1서를 인용하면서 영적 존재인 천사가 타락하여 사람들과 결혼하였고, 그 결과 하나님께서 노아 시대에 홍수로 심판하셨다고 말한다.

> **에녹1서 제6장** 순찰 천사들의 탐욕: 그 무렵 사람의 자손이 계속 번성하여 그들에게 우아하고 아름다운 딸들이 태어났다. 하나님의 아들들인 순찰 천사들이 그들을 보자 매혹되기 시작하여 서로 말하기를 "자, 사람들의 딸들 중에서 각자 아내를 택하여 우리도 아들들을 낳자" 하매

> **에녹1서 제7장** 순찰 천사들의 타락과 네피림/거인들의 출생: 그들은 각각 한 여자씩 택하여 아내로 삼고, 그들에게 접근하더니 곧 동거하기 시작했다. 또 여자들에게 마법과 주술을 가르치고 나무와 그 뿌리의 절단 방법 등을 가르쳤다. 이 여자들은 잉태하여 네피림/거인들을 낳았는데 그 키가 자라서 삼십 규빗까지 되는 거인들도 있었다. 이들은 모든 인간이 노동하여 수확한 곡식을 다 먹었으므로, 인간은 더는 그들을 양육할 수가 없게 되고 말았다. 그러자 네피림은 인간을 잡아 삼키려고 인간에게까지 대들기 시작하였다. 그들은 또 새들과 짐승들과 땅에 기는 파충류들과 물고기들을 공격하고 마구 잡아먹으며 피까지도 마시기 시작했다. 땅은 이렇게 되고, 네피림에 대한 원성이 하늘에까지 닿았다.

---

146) Gleason L. Archer, *Encyclopaedia of Bible Difficulties* (Grand Rapids, Mich.: Zondervan, 1982), 78.

이러한 입장에서 폰 라드는 "하나님의 아들"은 사람이 아니라 천상에 있는 하나님(Elohim)의 세계에 속한 천사들이라고 보았다. 그는 천상 세계의 존재인 천사들이 인간 여인들의 아름다움에 이끌려 끔찍한 죄악을 범하였고 결국은 천상의 무리에서 떨어져 나와 지상의 인간들과의 음탕함에 빠져버렸다고 주장하였다.[147)]

그러나 "모든 천사들은 섬기는 영으로서 구원받을 상속자들을 위하여 섬기라고 보내신" 존재이다(히 1:14). 성경에서 천사는 하나님께 전적으로 순종하며 하나님을 수종드는 영적 존재이며, 하나님의 뜻을 행하며 그에게 영광을 돌려드리는 것 외에 어떤 욕망이나 갈망을 소유하지 않는 것으로 나타난다.[148)] 이 천사들은 때로는 인간과 유사한 육체적인 형태로 나타나기도 한다. 그러나 천사들은 육체적인 몸이 없으므로 인간과의 결혼은 완전히 불가능한 존재이다.[149)] 예수님께서도 천사는 결혼할 수 없다고 명백하게 말씀하셨다(마 22:30; 막 12:25 참조). 따라서 하나님의 아들들과 사람의 딸들이 결혼하였고 그들에게서 네피림이라 불리우는 거인의 용모를 가진 자녀들이 태어났다고 하는 것은 그들의 부모가 천사가 될 수 없음을 분명히 한다.

또한 창세기 6:2을 보면 죄를 범한 것은 하나님의 아들들이다. 하나님의

---

147) Gerhard Von Rad, *Genesis: A Commentary*, tran. J. H. Marks (London: S.C.M. Press, 1961), 113-14.

148) Archer, *Encyclopaedia of Bible Difficulties*, 79.

149) 카일은 אִשָּׁה לָקַח(라카흐 잇샤, "아내를 취하다")는 "구약 전체에서 창조 시에 하나님에 의해 설정된 결혼 관계에 대한 두드러진 표현이며 또한 결코 πορνεία(포르네이아, "간음")나 단순한 육체 관계에는 적용되지 않는다. 이것은 그 자체가 천사에 대한 언급을 충분히 배제시키고 있다."라고 주장한다. 카일, 델리취, 『카일·델리취 구약주석 1: 창세기』, 141.

아들들이 사람의 딸들과 결혼한 것이 문제인데 하나님의 심판은 인간 세계에만 적용된다.[150] 천사들에 대한 심판은 전혀 언급이 없다. 카일은 "유혹된 자에게 임하는 심판만을 언급할 뿐 유혹한 자에 대해서는 전혀 언급하지 않는 것은 성경의 관습이 아니다."라고 말한다.[151] 하나님의 아들들이 천상의 존재라는 주장은 하나님의 심판이 인간, 즉 육신에게만 적용된다는 사실과 모순된다.[152] 더군다나 타락한 천사들이 하나님의 아들이라 칭함을 받을 수 없는 것은 분명하므로 창세기 6:2에 언급된 "하나님의 아들들"을 천사로 해석하는 것은 성경적 문맥에서 볼 때 옳은 견해가 아니다.

▌고대 사회의 왕이나 귀족층

이 입장을 지지하는 사람들은 "하나님의 아들들"이란 당대에 널리 알려진 유명한 자들(창 6:4), 즉 왕이나 귀족들을 지칭한다고 주장한다. 또한 창세기 6:2은 왕이나 귀족과 같이 높은 신분을 가진 자들이 평민층의 여자들과 결혼하는 것을 묘사한다고 말한다. 이러한 입장에서 클라인은 창세기 4장의 라멕이나 창세기 6장의 묘사는 고대 근동에서 "신의 아들들"이라고 칭함을 받은 왕들의 모습과 일치한다고 주장한다.[153] 따라서 하나님의 아들들은 곧 왕들을 의미한다고 단언한다.[154] 베스터만 역시 하나님의 아들들은 애굽의 바로가 아브라함의 아내인 사라를 궁으로 이끌어들인 것(창 12:10-20)이나 다윗이 우리아의 아내 밧세바를 빼앗아 자기의 아내로 삼은

---

150) 알더스, 『창세기 I』, 181.

151) 카일, 델리취, 『카일·델리취 구약주석 1: 창세기』, 147.

152) 클라인, 『하나님 나라의 서막』, 245.

153) 클라인, 『하나님 나라의 서막』, 243-44.

154) 클라인, 『하나님 나라의 서막』, 243; Meredith G. Kline, "Divine kingship and Genesis 6:1-4," *Westminster Theological Journal*, 24. no. 2(May, 1962), 187-204 참조.

것(삼하 11장)과 같이 고대 사회에서 여인들의 아름다움을 "보고", "취할 수 있었던" 유력한 자들이라고 주장한다.[155] 이들은 성경에서 왕이나 재판관들을 엘로힘(אֱלֹהִים)으로 언급하는 것과[156] 하나님께서 다윗 왕이 "나의 아들"이 될 것이라고 하신 말씀을 그 근거로 제시한다(삼하 7:14).[157] 고대 사회의 시대적 배경에 비추어 볼 때 많은 학자들이 이러한 입장을 합리적인 해석으로 여기며 이 견해를 따르고 있다. 그러나 서로 각기 다른 신분을 가진 사람들의 결혼이 왜 하나님의 심판을 초래하게 되었는지 설명할 방법이 없다.[158] 이 입장을 지지하는 사람들은 하나님께서 문제 삼으신 것은 일부다처제라고 주장한다. 그렇다면 왕이나 귀족들의 그릇된 결혼 관행, 즉 일부다처제가 전 인류와 모든 짐승들을 멸할 수 밖에 없는 중대한 죄악인가를 또다시 묻지 않을 수 없다. 알더스의 말과 같이 "왕이나 귀족의 자녀들이 평민층의 자녀와 결혼하는 것 자체가 하나님의 심판을 초래할 정도로 엄청난 죄라고 볼 수 없다."[159]

---

155) Claus Westermann, *Genesis 1-11: A. Commentary*, 366-67, 370-71.

156) 출애굽기 21:6; 22:8-9, 28 등에서 재판장을 엘로힘(אֱלֹהִים)이라고 지칭한다. 시편 82:6 에서도 재판장은 엘로힘(אֱלֹהִים, "신들")이며 בְּנֵי עֶלְיוֹן(베네 엘룐, "지존자의 아들들") 이라고 칭해진다.

157) Meredith G. Kline, "Divine kingship and Genesis 6:1-4," 193.

158) 알더스는 "비록 재판관들이 신(אֱלֹהִים, 엘로힘)으로 지칭되기는 하였지만 그들의 자녀가 하나님의 아들로 언급된 적이 없다."라고 말한다. 그는 "또한 그렇다 하더라도 이들의 자녀가 평민의 자녀와 결혼하는 것이 왜 하나님의 심판을 초래할 정도로 엄청난 죄가 되는가?"라고 반문한다. 알더스, 『창세기 I』, 181.

159) 알더스, 『창세기 I』, 181.

▌경건한 셋의 자손들

성경이 말하고자 하는 바를 파악하기 위해서는 본문의 전후 문맥을 주의 깊게 살펴보아야 한다.

창세기 6:1-4은 창세기 4장-5장과 6장 이후의 홍수 심판을 연결시켜주는 교량과 같은 역할을 한다. 창세기 4장과 5장에서는 아담 이후 두 부류의 족보가 등장한다. 아벨을 죽인 가인은 하나님께 정죄 받은 후 여호와 앞을 떠나 에덴 동쪽 놋 땅에 거주하였다. 창세기 4:16 이하에는 가인의 족보가 언급된다. 가인으로 시작해 라멕의 자손에 이르는 가인의 족보는 죄가 견고하게 자리 잡으며 사람들이 더욱 하나님으로부터 소외되어 가는 것을 보여준다.[160]

하나님 앞을 떠나간 가인은 제일 먼저 성을 쌓았다. 가인이 한 많은 일들 가운데 성경은 특히 가인이 성을 쌓은 것을 주목한다. 그 이유는 무엇일까? 성의 규모나 역할에 대한 언급은 없지만, 일반적인 의미에서 성은 보호 역할을 한다. 가인은 당연한 사회적 활동으로 성을 쌓은 것이 아니다. 하나님께서는 이미 다른 사람들이 가인을 죽이지 못하도록 표를 주셨다(창 4:13-15).[161] 그럼에도 가인은 불안한 마음을 감추지 못하고 자기를 위한 보호 조치로 성을 쌓았다.[162] 이것은 가인이 근본적으로 하나님은 물론

---

160) 웬함, 『WBC 성경주석 창세기 상 1-15』, 232.

161) "가인이 여호와께 아뢰되 내 죄벌이 지기가 너무 무거우니이다 주께서 오늘 이 지면에서 나를 쫓아내시온즉 내가 주의 낯을 뵈옵지 못하리니 내가 땅에서 피하며 유리하는 자가 될지라 무릇 나를 만나는 자마다 나를 죽이겠나이다 여호와께서 그에게 이르시되 그렇지 아니하다 가인을 죽이는 자는 벌을 칠 배나 받으리라 하시고 가인에게 표를 주사 그를 만나는 모든 사람에게서 죽임을 면하게 하시니라"(창 4:13-15)

162) 데오도르 H. 에프, 『창조의 하나님』, 고광자 역 (서울: 바울서신사, 1989), 37.

하나님의 말씀도 믿지 않았다는 명백한 증거이다.

성경은 가인뿐만 아니라 그의 아들들을 통해 하나님 앞을 떠난 인생이 어떤 모습으로 살아가는지를 보여 준다. 가인의 아들 라멕은 두 아내를 맞이함으로(창 4:19) 하나님께서 정하신 결혼제도(창 2:20-24)를 정면으로 위반한 첫 번째 인물로 묘사된다. 그리고 라멕의 아들 중에서 정착 생활을 하며 가축을 치는 자, 수금과 퉁소를 잡는 모든 자, 구리와 쇠로 여러 가지 기구를 만드는 자들이 나온다(창 4:21-22). 가인은 본래 농사하는 자였는데 그의 죄로 말미암아 밭을 갈아도 땅의 소산을 얻을 수 없게 되었다. 하나님께서는 가인에게 이곳저곳을 유랑하며 살게 될 것이라고 말씀하셨다(창 4:12). 그런데 가인의 자손들이 장막에 거주하며 가축을 치는 자의 조상이 된 것은(창 4:20) 이러한 하나님의 말씀에 대한 거역이 아닐 수 없다. 또한 하나님 앞을 떠나간 인생들에게 두려움과 불안을 해소하기 위한 수단으로 각종 악기들을 동원한 음악이 등장한 것도(창 4:21) 우연이 아니다. 그리고 이들에게서 구리와 쇠로 날카로운 기구, 즉 무기를 만드는 일이 발전한다(창 4:22). 이러한 가인의 족보의 특징이 무엇인지는 라멕이 자기의 두 아내에게 한 말에서 잘 드러난다.

> **창 4:23-24** 23 라멕이 아내들에게 이르되 아다와 씰라여 내 목소리를 들으라 라멕의 아내들이여 내 말을 들으라 나의 상처로 말미암아 내가 사람을 죽였고 나의 상함으로 말미암아 소년을 죽였도다 24 가인을 위하여는 벌이 칠 배일진대 라멕을 위하여는 벌이 칠십칠 배이리로다 하였더라

가인의 족보는 죽이고 복수하는 피의 역사로 마무리된다. 가인의 족보에는 인간의 교만과 무자비함, 잔인함이 드러나 있다. 아벨을 죽인 가인은 "네 아우 아벨이 어디 있느냐"라는 하나님의 질문에 "내가 알지 못하나이

다 내가 내 아우를 지키는 자니이까"라고 대답함으로 살인을 은폐하려고 하였다(창 4:9). 그러나 가인의 5대 손인 라멕은 "나의 상처로 말미암아 내가 사람을 죽였고 나의 상함으로 말미암아 소년을 죽였도다"(창 4:23)라고 말함으로 살인을 공공연한 자랑으로 여겼다. 죄의식은 조금도 남아 있지 않은 것이다.[163] "성경은 가인의 족보를 통해 살인의 은닉에서 유혈의 자랑으로 발전한 인류의 몰락에 대해 의미심장하게 전달한다."[164] 이것이 하나님 앞을 떠난 저주받은 인생들의 모습이다.

이와는 달리 창세기 4:25 이하에는 전혀 다른 부류의 족보가 등장한다. 이 족보는 하나님께서 가인이 죽인 아벨 대신 아담에게 주신 셋과 그의 아들 에노스를 소개하면서 간략하지만 가인의 족보와는 전혀 다른 특징을 묘사한다: "그때에 비로소 여호와의 이름을 불렀더라"(창 4:26).[165] 그리고 창세기 5장은 아담으로부터 노아에 이르기까지 가인의 족보와는 대조되는 열 명의 계보를 제시한다.[166] 세일해머는 창조 계보에서 하나님께서 사

---

163) 보스, 『성경신학』, 71.

164) 뎀프스터, 『하나님 나라 관점에서 읽는 구약신학』, 89.

165) 카일은 이것을 공적 예배로 해석한다. 카일, 델리취, 『카일·델리취 구약주석 1: 창세기』, 127-28.

166) 먼저 창세기 5장의 첫 번째 두 구절은 하나님께서 아담과 하와를 창조하신 이야기를 다시 언급한다. 특별히 아담과 하와가 하나님의 형상을 따라 지음 받았으며 또한 하나님의 복을 받았음을 상기시킨다. 이는 결과적으로 아담과 하와가 지은 죄와 에덴 동산에서 추방당한 사실을 강조한다. 동시에 아직도 아담과 하와는 하나님과 연결된 특권을 가지고 있기 때문에 소망이 있음을 말해 준다. 이 족보를 주목해 보면 죄에 대한 결과로 강조되는 말이 있다. 곧 "그리고 그가 죽었더라"라는 구절이다. 창세기 5장은 결국 죄로 인하여 죽을 수밖에 없는 인생들의 모습을 강조한다. 그러나 그중에 한 사람의 예외가 있었으니 곧 에녹이다. "에녹은 하나님과 동행했다."라는 말을 두 번이나 반복하며 강조한다(창 5:22, 24). 그런데 이것이 에녹 이외의 다른 사람들이 불경건했다는 것을 의미하지는 않는다. 오히려 에녹이 하나님께 헌신한 다른 가족들보다 특별히 두각을 나타내는 하나님의 사람이었음을 강조한다.

람을 자기 형상대로 지으신 것과 아담 계보에서 아담이 셋을 자기 형상대로 지었다는 평행구조(창 5:1-3)를 통해 볼 때 창세기 6:2의 하나님의 아들들은 거룩한 셋의 계보를 의미하는 것이라고 주장한다.[167] 이한영 역시 하나님께서 남자와 여자를 창조하신 것, 그리고 하나님께서 자기의 형상대로 사람을 지으시고 그 이름을 아담과 하와라고 지어주신 것과 같이 이제 아담의 계보는 "아담이 백삼십 세에 자기 모양 곧 자기 형상과 같은 아들을 낳아 이름을 셋이라 하였고"(창 5:3)라고 함으로 언약 백성의 기원이 하나님께로부터 시작되었음을 생각나게 한다고 말한다.[168]

셋의 족보에는 세속적인 발전이나 문명의 진보에 대한 언급이 전혀 없다.[169] 이 계보의 특징적인 묘사는 모두 자녀를 낳고 장수하였지만 결국 아담과 하와의 범죄가 초래한 죽음은 피해갈 수 없었다는 것이다. 삶이 계속되지만 죽음이 지배하고 있다. 그런데 노아의 아버지 라멕은 "여호와께서 땅을 저주하시므로 수고롭게 일하는 우리를 이 아들이 안위하리라"(창 5:29)라고 하면서 하나님에 의해 가해진 땅의 저주가 풀어지기를 소망한다. 하나님께서는 하나님의 형상을 가진, 아담의 십대 손인 라멕의 아들 노아에게 은혜를 베푸시고 홍수로 심판하시는 중에 그와 언약을 맺으셨다.[170]

이같이 성경이 홍수 심판 전에 창세기 4장과 5장에서 가인과 셋으로 대표되는 두 계보를 통해 인류 번성의 과정을 추적하고 있음을 주목할 필요

167) 세일해머, 『서술로서의 모세오경』, 김동진, 정충하 역 (서울: 크리스챤서적, 2005), 225-26, 232-33을 보라.
168) 이한영, 『역사와 서술에서의 오경 메시지』, 91-92.
169) 김영철, "노아홍수의 성경신학적 의미(II)", 「신학정론」 제2권 2호 (1984. 11): 236.
170) 뎀프스터, 『하나님 나라 관점에서 읽는 구약신학』, 92.

가 있다. 창세기 6:1-4은 인류의 두 계보, 즉 셋 계보와 가인 계보를 다루
는 문맥에 속해 있다.[171] 성경은 하나님을 믿지 않고 인본주의에 도취되어
자기의 힘과 자기의 능력을 과시하는 가인의 후손들과 하나님을 믿는 경
건한 셋의 후손들을 요약하여 소개하면서 창세기 6장의 서두에서 "그 하
나님의 아들들"과 "그 사람의 딸들"의 결혼을 통해 악이 번창하게 되었다
고 서술한다.

앞서 살펴본 바와 같이 성경은 하나님을 믿는 자들을 하나님의 아들이
라 지칭한다. 시편 73:15은 하나님을 믿는 자들을 "주의 아들들"이라 부르
며, 신명기 14:1은 하나님을 믿는 자들을 "너희 하나님 여호와의 아들들"
이라고 부른다. 로마서 8:14도 "무릇 하나님의 영으로 인도함을 받는 그들
은 곧 하나님의 아들이라"라고 분명하게 언급한다.[172] 따라서 이러한 성경
의 문맥에서 볼 때, 창세기 6:2의 하나님의 아들들은 하나님을 믿는 경건
한 셋의 후손으로 보는 것이 가장 적절한 해석이다.

---

171) 김영철, "노아홍수의 성경신학적 의미(IV)", 「신학정론」 제3권 2호 (1985. 11): 210.

172) 반면에 말라기 2:11은 하나님을 믿지 않고 이방신을 믿는 자들을 향하여 "이방 신의
딸"이라고 칭한다.

⦙ 노아 홍수의 원인

얼핏 보면 노아 시대에 하나님을 믿는 셋, 에노스의 자손과 불경건한 가인의 자손의 결혼으로 영적인 삶이 와해되는 것이 문제인 것처럼 보인다. 물론 결과적으로는 그렇다. 그러나 우리는 좀 더 본문을 통해 노아 시대의 문제가 무엇인가를 심도 있게 살펴볼 필요가 있다.

창세기 6:2

וַיִּרְא֤וּ בְנֵי־הָֽאֱלֹהִים֙ אֶת־בְּנ֣וֹת הָֽאָדָ֔ם כִּ֥י טֹבֹ֖ת הֵ֑נָּה
וַיִּקְח֤וּ לָהֶם֙ נָשִׁ֔ים מִכֹּ֖ל אֲשֶׁ֥ר בָּחָֽרוּ׃

하나님의 아들들이 사람의 딸들의 아름다움을 보고
자기들이 좋아하는 모든 여자를 아내로 삼는지라

사역 그리고 그 하나님의 아들들이 그 사람의 딸들을 보니 그녀들이 아름다웠다.
그래서 그들이 자기들을 위하여 자기들이 선택한 모든 자들을 아내로 취하였다.

창세기 6:2은 노아 홍수의 원인이 된 인간의 죄악상을 지적한다. "그 하나님의 아들들"(בְנֵי־הָֽאֱלֹהִים, 베네-하엘로힘)과 "그 사람의 딸들"(בְּנוֹת הָֽאָדָם, 베노트 하아담)이 결혼하는 과정을 통해 드러난 죄악상은 다음과 같다.

1. 그들이 보니 … 좋았다   וַיִּרְאוּ … כִּי טֹבֹת
2. 자기를 위하여 취하였다   וַיִּקְחוּ לָהֶם
3. 자기들이 선택한   בָּחָרוּ
4. 자기들이 선택한 모든 자들을   מִכֹּל אֲשֶׁר בָּחָרוּ

성경은 구체적으로 노아 시대의 죄악상에 대하여 지적한다. 사람들이 차츰 땅 위에 번성하면서 경건한 셋의 자손들도 하나님의 뜻보다도 사람의 외모를 중시하게 되었다. 그래서 "하나님을 위하여"가 아니라 "자기를 위하여", 하나님 보시기에 좋은 것이 아니라 자기들이 보기에 좋은 대로 배우자를 선택한 것이 노아 시대의 문제였다. 그것도 하나님의 창조 질서를 어겨가면서 한 명이 아니라 "자기들이 선택한 모든 자들을" 아내로 삼았다.[173] 일부다처제는 하나님 앞을 떠나간 가인 족보의 특징 중 하나였다. 베드로후서 3:3-7도 창조주 하나님을 믿지 않고 하나님의 말씀을 조롱하며 자기의 정욕을 따라 행한 것이 세상을 물의 넘침으로 멸망하게 만든 원인이라고 분명하게 지적하고 있다.

창세기 1장에서 창조의 6일은 각기 "하나님 보시기에 좋았다."(כִּי־טוֹב וַיַּרְא אֱלֹהִים, 바야레 엘로힘 키-토브)라는 말로 마무리된다(창 1:4, 10, 12, 18, 21, 25, 31). 창세기 3장에서도 이와 유사하게 "하와가 보니 … 좋았다." (וַתֵּרֶא הָאִשָּׁה כִּי טוֹב, 바테레 하잇샤 키 토브)라고 한다. 하와는 선악을 알게 하는 나무의 열매를 "보고", "좋으므로" 그 열매를 따 먹었다(창 3:6). 창세기 6장에서도 "하나님의 아들들이 보니 … 좋았다."(… וַיִּרְאוּ בְנֵי־הָאֱלֹהִים … כִּי טֹבֹת, 바이르우 베네-하엘로힘 … 키 토보트)라고 한다. 그들은 자기들이 선택한 모든 자들을 아내로 삼았다.[174] 사사 시대와 같이 "사람들이 각기 자기 눈에 (בְּעֵינָיו, 베에나우, "자기들의 눈에 = 자기들이 보기에") 옳은 대로"(삿 21:25) 행하는 것이 문제였다. 하나님을 생각하지 않고 자기 마음대로 행하는 것이 바로 죄의 본질이다. "하나님을 위해서" 사는 것이 아니라 "자기를 위해서" 사는 것이 바로 죄인 것이다.

---

173) O. Palmer Robertson, *The Christ of the Covenants* (Phillipsburg: P & R Publishing, 1981), 74-79.
174) 고든 웬함, 『WBC 성경주석 창세기 상 1-15』, 293.

창세기 1장에서는 하나님께서 창조하신 모든 것이 "하나님 보시기에 좋았다." 그러나 노아 시대에는 하나님 보시기에 사람의 죄악이 세상에 가득하고 그의 마음의 모든 계획이 항상 악할 뿐이었다(창 6:5). 이에 하나님께서는 땅 위에 사람 지으셨음을 한탄하사 마음에 근심하시고(창 6:2),[175] 경건하지 아니한 자들의 세상을 물로 심판하시기로 작정하셨다(창 6:7; 벧후 2:5). 창세기 3장에서 살펴본 바와 같이 죄는 하나님을 부정하고 마치 자기 자신이 하나님인 것처럼 자기 마음대로 생각하고 자기를 주장하는 것이다. 하나님께서 지적하시는 노아 시대의 죄악상도 사람들이 하나님을 떠나서 자기를 위하여, 자기 보기에 좋은 대로, 육신의 정욕과 안목을 따라 행하였다는 것이다. 이러한 모습을 보시고 하나님께서는 사람 지으셨음을 한탄하시고 홍수로 심판하셨다.

하나님께서는 죄를 미워하신다. 피조물된 인간이 창조주이신 하나님을 인정하지 않고 자기 마음대로 행하는 것이 바로 죄이다. 하나님의 형상을 따라 지음 받은 인간이 자기가 마치 하나님인 것처럼, 자기 자신을 내세우고 자기를 주장하는 것이 죄인 것이다. 우리는 하나님 앞에 우리가 피조물임을 인정하고 창조주 하나님이 나와 이 세상의 주인되심을 믿고 고백해야 한다. 그리고 내 마음대로, 내 뜻대로 사는 것이 아니라 하나님의 마음에 합당한 삶, 하나님의 뜻에 부합되는 삶을 살아야 한다. 이것이 나를 이 세상에 보내신 창조주 하나님의 뜻이기 때문이다.

---

175) 알더스는 하나님께서 한탄하시고 근심하신 것에 대하여 "성경은 종종 하나님께서 사람과 같은 모습으로 묘사되기도 한다. 그러나 이것은 불완전한 인간의 이해를 돕기 위해 구체적으로 사용하는 방편일 뿐이다. 본문에서 제시하고자 하는 바는 인간의 죄와 반역의 결과로 인해 하나님과 사람 간에 심각한 불화가 생겼다는 것이다."라고 설명한다. 알더스, 『창세기 I』, 185-86.

끝으로 우리는 노아 시대의 홍수 심판이 단순히 과거의 사건으로 끝난 것이 아님을 알아야 한다. 예수님께서는 하나님께서 이 세상을 심판하실 종말의 때가 바로 노아의 때와 같다고 말씀하셨다.

> **눅 17:26-30** [26] 노아의 때에 된 것과 같이 인자의 때에도 그러하리라 [27] 노아가 방주에 들어가던 날까지 사람들이 먹고 마시고 장가 들고 시집 가더니 홍수가 나서 그들을 다 멸망시켰으며 [28] 또 롯의 때와 같으리니 사람들이 먹고 마시고 사고 팔고 심고 집을 짓더니 [29] 롯이 소돔에서 나가던 날에 하늘로부터 불과 유황이 비오듯 하여 그들을 멸망시켰느니라 [30] 인자가 나타나는 날에도 이러 하리라

"홍수로 세상을 멸망시킨 하나님의 심판은 하나님의 더 큰 심판을 예표한다."[176] 따라서 우리는 "인류 심판의 모형"[177]인 노아의 때를 잘 살펴보고 하나님의 경고에 귀를 기울여야 한다. 먹고, 마시고, 장가들고, 시집가는 행위 자체는 문제가 아니다. 이러한 일상적인 생활에 있어서 중요한 것은 바로 하나님과의 관계이다. 하나님을 믿는 자들은 모든 생활에 분명한 원칙이 있어야 한다. 그것은 무엇보다도 하나님을 인정하는 것이다. 내가 최고가 아니고, 또 내가 전부가 아니고, 내 위에는 나를 창조하시고 나를 인도하시는 하나님이 계신다는 사실을 인정하고 받아들여야 한다. 그래서 내 소견에 옳은 대로 생각하며 내 마음대로 행하는 것이 아니라 하나님의 선하시고 기뻐하시고 온전하신 뜻이 무엇인가를 분별하며 하나님의 뜻대로 순종하며 사는 것이 바른 삶이고 복된 삶이다.

---

176) 김영철, "노아홍수의 성경신학적 의미(IV)", 209.

177) 김진섭, "고대 근동 문헌의 배경에서 본 노아 홍수와 성경신학적 의의", 「기독신학저널」 4 (2003): 81.

⦂ 노아 언약 – 보존의 언약

하나님께서 사람에게 말씀하실 때 사용하시는 주된 의사소통의 방식은 언약이라는 형식을 갖는다.[178] 그렇다면 언약은 무엇인가? 사람들과 맺으시는 하나님의 언약은 두 당사자, 곧 주님이신 하나님과 그의 종인 사람 사이의 합의이다. 하나님께서는 약속으로 자신을 우리에게 묶으신다. 우리는 계명 준수로 하나님께 대한 의무를 진다.[179]

하나님께서는 홍수 심판을 전후하여 노아와 언약을 세우셨다.

▌홍수 전 언약

하나님께서 홍수 전에 세우신 언약은 창세기 6:13-22에 기록되어 있다. 하나님께서는 노아에게 "내가 너와 언약을 세울 것이니라"(אֶת־בְּרִיתִי אִתָּ֑ךְ וַהֲקִמֹתִי, 바하키모티 에트-베리티 일타크)라고 말씀하셨다(창 6:18). 이는 성경에서 하나님과 인간 사이에 맺어지는 언약에 대한 최초의 명시적인 언급이다. 일반적으로 언약을 새롭게 체결할 때 사용하는 표현은 כָּרַת בְּרִית(카라트 베리트)이다. 그런데 창세기 6:18에서는 קוּם(쿰)이라는 동사가 사용되었다.[180] כָּרַת(카라트)는 "언약 개시에 사용되는 전문 용어"[181]로 언약을 체결하는 것을 묘사하는 반면, קוּם은 이전에 존재하는 언약을 다시 세우거나 이전에

---

178) 번 S. 포이트레스, 『하나님 중심의 성경 해석학』, 59-60.

179) 포이트레스는 "성경을 이해한다는 것은 하나님과 우리 사이의 언약을 이해한다는 것을 말한다. … 성경에는 많은 중요한 특징 언약들이 나타난다. 노아와의 언약, 아브라함과의 언약, 이삭과 야곱과의 언약, 모세 언약, 다윗 언약 등이 그것이다. 하지만 성경 속에서 언약이 가지는 그 중심적 위치 때문에 우리는 이런 특정 언약들을 넘어 하나님과 인간의 관계 전체를 언약의 관점에서 바라볼 필요가 있다."라고 말한다. 번 S. 포이트레스, 『하나님 중심의 성경 해석학』, 62, 64-65.

180) 페스코, 『태초의 첫째 아담에서 종말의 둘째 아담 그리스도까지』, 105.

181) W. J. 둠브렐, 『언약과 창조』, 최우성 역 (서울: 크리스챤서적, 1999), 28.

존재하던 말들(신 9:5), 약속들(삼하 7:25), 위협들(렘 30:24), 맹세들(창 26:3), 서언들(민 30:14)의 확증을 묘사한다.[182] 따라서 "창세기 6:18은 새로운 언약의 시작이 아니라 이미 존재하고 있는 언약의 지속을 가리킨다."[183]

> 우리는 창세기 6:18에 언급되고 있는 언약이 "내 언약"이라고 지칭되고 있는 것으로 보아서 인간의 동의 없이 오직 하나님에 의해 설정된, 이미 존재해 있던 어떤 약속을 가리키고 있음을 짐작할 수 있을 것이다. 인간은 죄악의 속성을 띠고 있지만 그럼에도 불구하고 하나님께서는 그 언약을 유지시키기로 결정하셨던 것이다."[184]

노아 언약은 하나님께서 이전에 사람들과 맺으신 언약을 다시 세우신 것이다. 여호와께서는 사람의 죄악이 세상에 가득함과 그의 마음으로 생각하는 모든 계획이 항상 악할 뿐임을 보시고 땅 위에 사람 지으셨음을 한탄하셨다(창 6:5-6). 하나님께서 땅에 모든 혈육 있는 자의 행위가 부패하고, 모든 혈육 있는 자들의 포악함이 땅에 가득한 것을 보시고(창 6:12-13), 홍수를 일으켜 생명의 기운이 있는 모든 육체를 천하에서 멸하겠다(창 6:13, 17)고 말씀하셨다. 그러나 하나님께서는 노아에게 방주를 짓도록 명하시고(창 6:14-16) 노아와 더불어 언약을 세우셨다. 하나님께서는 이 방주를 통해 노아와 그 아내, 그리고 세 아들들과 며느리들의 생명을 보존하게 하셨다(창 6:18). 그리고 또한 모든 생물을 각기 그 종류대로 방주로 이끌어들여 그 생명을 보존하게 하셨다(창 6:19-20). 이것이 홍수 직전에 하나님께서 노아와 세우신 언약의 내용이다.

---

182) 헌터, 웰럼, 『그리스도 중심적 성경 이야기』, 130; 웬함 역시 쿰의 히필형은 이미 체결된 법적인 협정들을 확증하기 위해 사용되며 "언약을 유지시키다"라는 의미를 갖는다고 말한다. 웬함, 『창세기 1-15』, 372-73.

183) 페스코, 『태초의 첫째 아담에서 종말의 둘째 아담 그리스도까지』, 105.

184) 둠브렐, 『언약과 창조』, 39.

| 홍수 후 언약

하나님께서 노아와 세우신 두 번째 언약은 홍수 이후에 등장한다. 노아가 육백 세 되던 해 이월 십칠 일에 큰 깊음의 샘들이 터지며 하늘의 창들이 열려 사십 주야 동안 비가 땅에 쏟아졌다(창 7:11-12). 물이 불어서 땅 위에 움직이는 모든 생물, 곧 사람과 가축과 땅에 기는 것과 공중의 새까지 다 죽었고 오직 노아와 그와 함께 방주에 있던 자들만 살아남았다. 그리고 백오십 일 동안 물이 땅에 가득 차 있다가(창 7:24) 하나님께서 비가 그치고 바람이 불게 하시니 물이 땅에서 물러가기 시작하여 백오십 일 후 물이 줄어들고(창 8:2) 일곱째 달 십칠 일에 방주가 아라랏 산에 머물렀다(창 8:4). 물이 점점 줄어들어 땅이 완전히 마른 것은 노아가 육백일 세가 되던 해 이월 이십칠 일이었다(창 8:14). 홍수가 끝나고 땅이 마르자 노아와 그의 가족들은 방주에서 나와 제일 먼저 "여호와를 위하여 제단을 쌓고"[185] 번제를 드렸다(창 8:20). 성경에서 제단(מִזְבֵּחַ, 미쯔베아흐)이라는 단어는 창세기 8:20에 처음으로 등장한다. 가인과 아벨의 제사에는 제단에 대한 언급이 없다. 에노스 시대에 사람들이 여호와의 이름을 불렀으나 제단에 대한 언급은 이곳에서도 나오지 않는다. 노아는 여호와께 제단을 쌓고 정결한 짐승과 정결한 새를 제물로 취하여 여호와 하나님께 번제로 드렸다. 창세기 8:21을 보면 여호와께서 그 향기를 흠향하시며 다음과 같이 말씀하셨다.

> **창 8:21** 여호와께서 그 향기를 받으시고 그 중심에 이르시되 내가 다시는 사람으로 말미암아 땅을 저주하지 아니하리니 이는 사람의 마음이 계획하는 바가 어려서부터 악함이라 내가 전에 행한 것 같이 모든 생물을 다시 멸하지 아니하리니

---

185) 개역개정은 "여호와께 제단을 쌓고"라고 번역하였다.

하나님께서는 땅이 있을 동안에는 현재의 자연 질서를 계속 그대로 유지하실 것이며, 또한 모든 생물을 한꺼번에 멸하지도 아니하실 것이라 말씀하셨다. 홍수 이전에는 사람의 죄로 인하여 온 세상이 멸절당하였지만, 홍수 이후에는 다시는 사람으로 말미암아 땅을 저주하거나 멸하지 아니하고 보존하겠다고 하신다.[186] 그 이유는 무엇인가?[187] 하나님께서는 사람의 마음의 계획하는 바가 어려서부터 악하기 때문이라고 그 이유를 설명하신다. 그런데 이러한 말씀은 홍수 심판의 원인으로 제시되고 있는 창세기 6:5-7과 비교해 볼 때 논리적 모순처럼 보인다. 창세기 6:5-7을 보면 하나님께서는 사람의 죄악이 세상에 가득함과 그의 마음으로 생각하는 모든 계획이 항상 악할 뿐임을 보시고 그들을 멸하시기로 작정하셨다. 그런데 창세기 8:21에서는 오히려 사람의 마음의 계획하는 바가 어려서부터 악하기 때문에 다시는 사람으로 인하여 저주하지 않겠다고 말씀하신다. 홍수 심판 전후로 인간의 죄악상은 달라진 것이 없는데 이러한 인간을 다루시는 하나님의 방법은 달라진 것을 볼 수 있다. 노아 시대에 하나님께서는 인간의 죄악을 홍수로 심판하셨다. 그러나 앞으로 땅과 모든 생물을 멸할 홍수가 다시는 있지 아니할 것이라고 말씀하신다.[188] 홍수를 전후로 하나님께서 이렇게 상반된 입장을 보이신 이유는 무엇인가?

---

186) 알더스는 이 말은 하나님께서 다시는 인간의 마음의 악한 계획을 심판하기 위해 온 세상을 멸망시키는 방법을 택하지 아니하실 것을 의미하는 것이라고 말한다. 알더스, 『창세기 I』, 211.

187) 웬함은 하나님께서 마음을 바꾸신 이유를 노아의 제사(창 8:21) 때문이라고 본다. 웬함, 『모세오경』, 63; 이한영 역시 홍수 이후에도 타락의 상태가 지속되었지만 하나님께서 이제 다시는 땅을 저주하지 않을 것을 약속하신 이유는 의인인 노아의 제사를 받으셨기 때문이라고 한다. 특별히 이한영은 의인의 제사는 다른 사람들의 죄를 속죄하는 칭의적 구속의 예표라 할 수 있다고 주장한다. 이한영, 『역사와 서술에서의 오경 메시지』, 95.

188) 알더스, 『창세기 I』, 211.

여기에서 우리는 창세기 8:21의 "어려서부터 악하다"라는 말을 주목할
필요가 있다. 이는 인간 본성의 근본적인 타락상을 의미한다.[189] 인간은
누구나 태어나면서부터 이미 가지고 있는 본성적인 악이 있다. 이것은 삶
의 과정에서 누적되는 악과는 다른 것이다. 인간에게 있는 이러한 악의 뿌
리는 어떤 심판을 통해서도 제거되지 않는다. 그러므로 인간을 그의 악한
행위대로 벌한다면 아마 역사 속에서 하나님의 심판은 무수히 거듭될 것
이고, 인간들은 결국 파멸하게 될 것이다. 그러나 하나님께서는 사람의 악
함에도 그들을 멸망시키지 않고 보존하겠다고 약속하셨다.

다시 주어지는 "창조 언약"

하나님께서 홍수 후에 노아와 세우신 언약 역시 홍수 전 언약과 마찬가
지로 보존에 대한 언약이다.[190]

> **창 9:1-2** [1]하나님이 노아와 그 아들들에게 복을 주시며 그들에게 이르시되
> 생육하고 번성하여 땅에 충만하라 [2]땅의 모든 짐승과 공중의 모든 새와 땅에
> 기는 모든 것과 바다의 모든 물고기가 너희를 두려워하며 너희를 무서워하리
> 니 이것들은 너희의 손에 붙였음이니라

하나님께서 노아와 그 아들들에게 복을 주시며 그들에게 "생육하고 번성
하여 땅에 충만하라"라고 말씀하신다. 또한 하나님께서는 "땅의 모든 짐승
과 공중의 모든 새와 땅에 기는 모든 것과 바다의 모든 물고기"를 너희의
손에 붙였다고 말씀하신다. 이 명령은 창세기 9:7에서 재차 언급된다.

---

189) 알더스는 창세기 8:21이 "원죄 교리의 중요한 근거"가 된다고 보았다. 알더스, 『창세기 I』,
    211.
190) 김영철, "노아홍수의 성경신학적 의미(II)", 251.

창 9:7 너희는 생육하고 번성하며 땅에 가득하여 그 중에서 번성하라 하셨더라

하나님께서는 아담에게 주셨던 것과 똑같은 명령을 노아에게 주셨다.

창 1:28 하나님이 그들에게 복을 주시며 하나님이 그들에게 이르시되 생육하고 번성하여 땅에 충만하라, 땅을 정복하라, 바다의 물고기와 하늘의 새와 땅에 움직이는 모든 생물을 다스리라 하시니라

창조 때 아담에게 두셨던 하나님의 뜻이 이제 노아를 통해 이루어지기를 하나님께서 원하신다. "정복하고 다스리라"라는 직접적인 명령은 없지만 "땅의 모든 짐승과 공중의 모든 새와 땅에 기는 모든 것과 바다의 모든 물고기"를 "너희의 손에 붙였음이니라"라는 말씀을 볼 때, 하나님께서는 노아에게도 "정복하고 다스리라"라는 사명을 주셨음을 알 수 있다.[191] 홍수 심판 이후에도 사람들은 여전히 왕 같은 제사장으로서 하나님의 뜻에 부합되게 하나님의 피조물들을 다스려야 할 책임이 있다.

하나님께서는 노아를 새 아담처럼 여기시며 노아와 새로 시작하셨고 첫 아담에게 주셨던 언약적 임무를 노아에게도 부여하셨다.[192]

---

191) 그러나 에프는 "노아와 그의 가족에게 주신 하나님의 명령에서는 아담에게 하신 명령에 포함된 한 가지 중요한 요소, 땅을 정복하라는 명령이 생략되어 있다. 그 이유는 땅에 대한 지배권은 원래 아담 안에서 인간에게 위임된 것이었으나 죄로 말미암아 그 권리를 박탈당했기 때문"이라고 말한다. 그는 "땅에 대한 지배권은 오직 완전한 사람이신 예수 그리스도 – 창세기 3:15에서 언급된 여자의 후손을 통해서만 회복될 수 있는 것"이라고 주장한다. 에프, 『창조의 하나님』, 213.

192) 페스코, 『태초의 첫째 아담에서 종말의 둘째 아담 그리스도까지』, 140.

곤잘레스의 말과 같이 하나님께서 노아와 세우신 언약은 아담과 맺으신 창조 언약의 영속화(perpetuation)와 같다.[193] 그러나 홍수 심판 후에는 창조 때와는 달리 사람과 다른 피조물들과의 관계가 심각하게 훼손되었다. 땅의 모든 짐승과 공중의 새, 땅에 기는 모든 것과 바다의 물고기가 인간을 두려워하고 무서워하게 되었다(창 9:2). 즉, 하나님의 모양과 형상을 따라 지음 받은 하나님의 대리적 통치자로서 인간이 갖는 위치는 창조 때와 같지만 그 관계는 신뢰와 사랑이 아닌 불신과 공포의 부자연스러운 관계가 되어버린 것이다.[194]

또한 창조 때에 인간의 먹을거리는 주로 채소나 과일이었는데(창 1:29-30) 홍수 이후에는 살아있는 동물도 음식으로 먹는 것이 허용되었다(창 9:3). 그것은 하나님께서 인간에게 주신 선물이다.[195] 왜냐하면 죄로 인해 식량의 조달조차 어려울 정도로 척박해진 삶의 환경에서 육식은 인간의 생존을 위해 하나님께서 허용하신 은혜로운 조치이기 때문이다. 그러나 하나님께서는 고기를 그 생명이 되는 피 채 먹지 말라고 명하셨다(창 9:4; 레 17:14). 그리고 사람을 죽인 자는 반드시 죽이게 하셨고, 사람을 죽인 동물도 반드시 죽이게 하셨다(창 9:5). 왜 이러한 요구가 덧붙여지는가? 그것은 하나님과의 관계가 훼손된 인간 최초의 범죄가 바로 살인이었기 때문이다. 우리가 다른 사람의 피를 흘리면 안 되는 이유는 인간이 하나님의 형상으로 지음 받았기 때문이다(창 9:5-6). 인간 생명의 존엄성은 그의 인격성 때문이 아니라 그가 하나님의 형상으로 지음 받았기 때문이다. 한 사람 한 사람이

---

193) Robert Gonzales, Jr., "The Covenantal Context Of The Fall: Did God Make a Primeval Covenant with Adam?" *Reformed Baptist Theological Review* 04:2 (Jul 2007): 8.

194) 정규남, 『구약신학의 맥』 (서울: 도서출판 두란노, 1996), 86; 키드너, 『창세기』, 136.

195) 강영안, 『강영안 교수의 십계명 강의』, 212.

하나님께서 오래 참으사 회개하고 돌아오기를 기다리시며 "보존하신" 천하보다 귀한 영혼들이다. 하나님의 형상대로 지음 받은 인간을 죽이는 것은 곧 하나님을 무시하는 일이며 하나님에 대한 도전으로 간주된다. 인류는 홍수 전에 있었던 가인이나 라멕과 같은 삶이 아닌 다른 방식으로 살아가야만 한다.[196]

홍수 후 하나님께서 노아와 세우신 언약의 내용은 창세기 9:8-17에 기록되어 있다.

> **창 9:8-17** [8]하나님이 노아와 그와 함께 한 아들들에게 말씀하여 이르시되 [9]내가 내 언약을 너희와 너희 후손과 [10]너희와 함께 한 모든 생물 곧 너희와 함께 한 새와 가축과 땅의 모든 생물에게 세우리니 방주에서 나온 모든 것 곧 땅의 모든 짐승에게니라 [11]내가 너희와 언약을 세우리니 다시는 모든 생물을 홍수로 멸하지 아니할 것이라 땅을 멸할 홍수가 다시 있지 아니하리라 [12]하나님이 이르시되 내가 나와 너희와 및 너희와 함께 하는 모든 생물 사이에 대대로 영원히 세우는 언약의 증거는 이것이니라 [13]내가 내 무지개를 구름 속에 두었나니 이것이 나와 세상 사이의 언약의 증거니라 [14]내가 구름으로 땅을 덮을 때에 무지개가 구름 속에 나타나면 [15]내가 나와 너희와 및 육체를 가진 모든 생물 사이의 내 언약을 기억하리니 다시는 물이 모든 육체를 멸하는 홍수가 되지 아니할지라 [16]무지개가 구름 사이에 있으리니 내가 보고 나 하나님과 모든 육체를 가진 땅의 모든 생물 사이의 영원한 언약을 기억하리라 [17]하나님이 노아에게 또 이르시되 내가 나와 땅에 있는 모든 생물 사이에 세운 언약의 증거가 이것이라 하셨더라

하나님께서는 내가 내 언약을 너희와 너희 후손과 너희와 함께 한 모든 생물에게 대대로 영원히 세우겠다고 말씀하신다(창 9:9, 11, 12). "언약을 세

---

196) 하우스, 『구약신학』, 122-23.

우다"라는 말에 사용된 히브리어 동사는 םוּק(쿰, 창 9:9, 11)과 ןתַנָ(나탄, 창 9:12)이다. םוּק은 "이미 존재하는 언약을 갱신하거나(창 6:18 참고), 그 언약을 구체화하거나 반복적으로 명확하게 할 때 사용한다."[197] ןתַנָ은 이미 맺은 "언약을 실행하다, 언약의 효력을 발생케 하다"라는 의미로 사용된다.[198] 하나님께서 홍수 후에 세우신 언약은 앞에서 살펴보았듯이 이전에 주어진 언약, 즉 창조 언약을 새롭게 갱신한 것이다. 하나님께서는 노아에게 다시는 모든 생물을 홍수로 멸하지 아니할 것이라는 약속(창 9:11)과 함께 구름 속에 무지개를 두어 하나님과 세상 사이의 언약의 증거(תוֹא, 오트)[199]로 삼으셨다(창 9:13, 17). 하나님께서는 이 무지개를 보고 "내 언약"을 기억하고 다시는 물로 심판하지 아니할 것이라고 말씀하신다. 아브라함 언약의 표징인 할례나 모세 언약의 표징인 안식일 등은 주로 하나님께서 인간에게 부여하신 의무를 상기시키는 의미가 있으나, 노아 언약의 표징인 무지개는 이례적으로 하나님으로 하여금 그의 약속을 상기시키는 역할을 한다.[200]

> 하나님께서 그의 언약을 기억하신다는 것은 언약의 의무를 이행하려는 하나님의 신실하심과 의지를 의미한다.[201]

▌노아 언약의 특징

하나님께서 홍수 심판 전에 노아에게 방주를 짓도록 명하시고 노아와 언약을 세우셨다. 그러나 노아 언약은 노아나 노아의 가족에게만 국한된

---

197) 기동연, 『아브라함! 너는 내 앞에 행하여 완전하라』, 196.

198) 류폴드, 『창세기 상』, 444.

199) תוֹא는 표시, 표징, 징조(후), 신호, 표적을 의미한다.

200) 웬함, 『WBC 성경주석 창세기 상 1-15』, 374.

201) Aaron Chalmers, "The importance of the Noahic covenant to biblical theology," *Tyndale Bulletin* 60(2) (January, 2009): 207-16.

것이 아니다. 홍수 후 하나님께서는 노아에게 "내가 내 언약을 너희와 너희의 후손과 너희와 함께 한 모든 생물과 세우겠다."라고 말씀하셨다. 노아는 홍수 이후 모든 인류의 조상이 되었다. 따라서 하나님께서 노아와 세우신 이 언약은 모든 인류에게 주어진 것이다. 노아 언약은 창조 언약과 그 내용이 본질적으로 같다. 하나님의 형상을 따라 지음 받은 인간은 생육하고 번성하여 땅에 충만하고, 하나님께서 창조하신 천지 만물을 정복하고 다스리는 왕 같은 제사장으로서의 사명을 잘 감당해야 한다. 그뿐만 아니라 노아 언약은 자연까지도 포함하는 언약이다. 하나님께서는 다시는 사람으로 말미암아 땅을 저주하지 아니하실 것이며, 다시는 모든 생물을 멸하지 아니하실 것이라고 말씀하셨다(창 8:21-22; 9:11, 15). 하나님께서는 노아 언약을 하나님과 모든 육체를 가진 땅의 모든 생물 사이에 세워지는 영원한 언약이라고 말씀하신다(창 9:12, 16).

노아 언약은 인간이 하나님의 심판을 받지 않아도 될 만큼 의롭기 때문이 아니라 하나님께서 그의 자비하심으로 "사람의 마음이 계획하는 바가 어려서부터 악함"에도 불구하고 다시는 사람으로 말미암아 모든 생물을 멸하지 아니하시겠다는 하나님의 일방적인 약속이다. 또한 하나님께서는 거듭해서 노아와 세우시는 이 언약을 "내 언약"(창 9:9, 15)이라고 말씀하신다.[202] 이는 하나님 자신이 보증이 되어 세우신 언약이라는 뜻이다. 노아 언약은 인간의 순종과 상관없이 하나님의 자비하심과 신실하심에 기초하므로 취소하거나 바꿀 수 없는 영원한 언약이다. 이러한 의미에서 노아 언약은 무조건적이고 보편적이며, 완성되는 날까지 유효한 영원한 언약이다.

---

202) 창세기 9:8-17은 "내가"라는 표현을 8번이나 반복하여 강조한다.

: 노아 언약의 교훈

노아 언약에서 우리가 주목할 점은 하나님께서 홍수 심판을 통해 인간의 죄악이 소멸될 것으로 기대하지 않으셨다는 것이다. 하나님께서는 홍수 심판 전에도, 홍수 심판 후에도 인간의 마음 상태를 정확히 알고 계셨고 또한 심판을 통해 인간의 마음이 바뀌지 않는다는 것도 알고 계셨다. 그렇다면 홍수 심판이 주는 의미는 무엇인가? 그것은 인간에게 죄의 결과가 무엇인지 가르쳐 주시려는 것이다. 하나님께서는 죄를 미워하시고 반드시 그 죄를 심판하신다는 것을 홍수 심판으로 우리에게 일깨워 주신다. 또한 홍수 심판은 장차 세상 끝 날에 있을 하나님의 최후 심판을 예시함으로써 종말에 관한 가르침을 믿지 않는 자들에게 큰 경종을 울려주는 역사적 사건이다. 이에 대하여 베드로후서 3장은 다음과 같이 말씀한다.

베드로 사도는 말세에 조롱하는 자들이 나타난다고 한다(벧후 3:1). 이들은 "자기의 정욕을 좇아 행하는 자"들이며(벧후 3:3), "주께서 강림하신다는 약속을 믿지 않는 자"들이다(벧후 3:4). 또한 "이 세상이 하나님의 말씀으로 창조된 것을 일부러 잊으려 하는 자"들이다(벧후 3:5). 베드로는 바로 이러한 사람들 때문에 "그 때에" 즉, 노아의 때에 세상은 물의 넘침으로 멸망하였다고 한다(벧후 3:6).[203] 베드로는 그 후 "하늘과 땅은 그 동일한 말씀으로 불사르기 위하여 보호하신 바 되어 경건하지 아니한 사람들의 심판과 멸망의 날까지 보존하여 두신 것"(벧후 3:7)이라고 한다. 그 이유는 무엇인

---

203) 베드로후서 2:5-6은 노아 시대 경건하지 아니한 자들에 대한 홍수 심판은 후세에 경건하지 아니할 자들에게 본이 된다고 말씀한다. 즉, 베드로는 홍수를 미래의 심판에 대한 경고로 제시하고 있다. 딕 루카스, 크리스토퍼 그린, 『베드로후서·유다서 강해』, 정옥배 역 (서울: IVP, 2008), 193.

가? 그것은 오직 주께서 오래 참으사 아무도 멸망하지 아니하고 다 회개하기에 이르기를 원하시기 때문이다(벧후 3:9). 하나님께서 노아와 세우신 언약을 "보존의 언약"이라고 했는데 왜 보존하시는가? 하나님께서는 경건하지 않은 사람들, 어려서부터 악한 사람들의 심판을 유보하신 것이다. 하나님께서는 아무도 멸망치 않고 다 회개하여 하나님께로 돌아오기를 원하신다. 하나님께서는 그때까지 오래 참고 기다린다고 말씀하신다. 그러나 언젠가는 주의 날이 도적같이 임할 것이다. 그 날은 주께서 강림하시는 날이다. 그 날에 하나님께서 이 세상을 불로 심판하시고 경건치 아니한 사람들은 멸망 당할 것이다(벧후 3:10, 12). 그리고 하늘과 땅은 새 하늘과 새 땅으로 대체될 것이다(벧후 3:13).

그렇다면 어려서부터 악할 뿐인 우리 인생들은 어떻게 살아야 하는가?

> **벧후 3:10-13** [10]그러나 주의 날이 도둑 같이 오리니 그 날에는 하늘이 큰 소리로 떠나가고 물질이 뜨거운 불에 풀어지고 땅과 그 중에 있는 모든 일이 드러나리로다 [11]이 모든 것이 이렇게 풀어지리니 너희가 어떠한 사람이 되어야 마땅하냐 거룩한 행실과 경건함으로 [12]하나님의 날이 임하기를 바라보고 간절히 사모하라 그 날에 하늘이 불에 타서 풀어지고 물질이 뜨거운 불에 녹아지려니와 [13]우리는 그의 약속대로 의가 있는 곳인 새 하늘과 새 땅을 바라보도다

베드로 사도는 그 때에(노아의 때에) 세상은 물이 넘침으로 멸망하였으나 이제 하늘과 땅은 그 동일한 말씀으로 불사르기 위하여 보호하시고 보존하여 두신 것이라고 말씀한다(벧후 3:6-7). 그러나 주께서 강림하시는 날은 경건하지 않은 사람들의 심판과 멸망의 날이 될 것이다. 베드로는 "주의 날"이 도둑 같이 임할 것이라고 말씀한다. 그 날에는 하늘이 큰 소리로 떠나가고 물질이 뜨거운 불에 풀어지고 땅과 그 중에 있는 모든 일이 드러나게

될 것이다. 따라서 베드로는 "너희가 어떠한 사람이 되어야 마땅하냐 거룩한 행실과 경건함으로 하나님의 날이 임하기를 바라보고 간절히 사모하라"라고 강권한다(벧후 3:11-12).

하나님께서는 노아에게 "다시는 모든 생물을 홍수로 멸하지 아니할 것이라 땅을 침몰할 홍수가 다시 있지 아니하리라"라고 말씀하시며 언약을 세우셨다(창 9:11). 하나님께서는 노아와 세우신 언약의 증거로 구름 속에 무지개를 두셨다(창 9:13-14). 홍수 심판을 경험한 노아와 그의 후손들은 비가 올 때마다 홍수 심판을 떠올리며 두려움을 느꼈을 것이다. 그러나 아무리 비가 많이 와도 비가 갠 후 구름 사이로 나타나는 무지개를 보면서 다시는 홍수로 땅을 심판하지 않으신다는 하나님의 언약을 기억하며 안심했을 것이다.

노아에게 주신 언약의 핵심은 보존에 대한 약속이다. 인간의 악함에도 불구하고 하나님께서는 인간을 물로 심판하지 아니하시고 오래 참으사 회개하고 돌아오기를 기다리신다.

> 무지개를 통한 하나님의 언약의 징표는 타락한 인간에게 지속적으로 베푸시는 무한하신 은혜이다. 아울러 하나님이 인간에게 하신 약속을 재확인하는 동시에 우리에게는 하나님의 은혜를 감사하며 찬양해야 할 뿐 아니라 더욱 더 거룩하게 살아야 할 징표인 것이다.[204]

노아 언약의 핵심은 결국 창조 언약과 같다. 우리는 죄를 회개하고 하나님께로 돌아와, 하나님을 하나님으로 알고, 하나님의 말씀대로 순종하며 "왕 같은 제사장"으로서의 사명을 잘 감당해야 한다. 이것이 곧 경건이고, 이것이 곧 거룩한 행실이다.

---

204) 윤상문, 『약속과 축복의 전주곡』 (서울: 기독신문사, 2004), 292-93.

바벨 사건

창세기 11:1-9은 노아의 홍수 이후에 하나님께서 아브라함을 부르시기 직전에 있었던 한 사건을 소개한다. 소위 "바벨탑 사건"이 그것이다. 노아 홍수 후 사람들이 동방으로 옮겨가다가 시날 땅에서 평지를 발견하고 그곳에 정착하여 "성읍과 탑"을 건설하기 시작하였다. 그런데 여호와께서는 사람들이 건설하는 "그 성읍과 탑"을 보시고 그들의 언어를 혼잡하게 하여 그 도시의 건설을 막으시고 거기서 그들을 온 지면에 흩으셨다. 건설이 중단된 그 도시는 "바벨"이라는 이름이 붙여졌다.

소위 "바벨탑"이 지구라트인가?

카수토는 "창세기 11장은 의심할 여지 없이 고대 도시인 바벨론 안에 있는 지구라트(ziggurat), E-temen-an-ki를 언급하고 있다."라고 주장한다.[205]

---

205) U. Cassuto, *A Commentary on the Book of Genesis Part 2 From Noah to Abraham Genesis VI 9-XI 32* (skokie, illinois: Varda Books, 2005), 229.

지구라트는 신전을 건축하기 위해 쌓아올린 인공산이었다. 진흙 벽돌을 쌓아 올려 인공산을 만들고, 그 정상에 신전을 세웠다. 그리고 정상의 신전에서 도시 국가의 왕과 제사장들은 신(들)에게 제물을 바치는 제의(祭儀)를 행했다.[206]

지구라트는 신을 섬기는 신전이 있는 신전산(神殿山)이다. 따라서 하나님께서는 우상을 섬기는 신전의 건축을 막으셨다는 것이다. 그러나 본문은 지구라트와는 전혀 상관없는 이야기이다.[207] 시날 평지에서 사람들이 건축하려고 한 것은 "성읍과 탑"(עִיר וּמִגְדָּל, 이르 우미그돌)이다. "성읍과 탑"은 일종의 중언법(hendiadys)으로 "탑이 우뚝 솟은 도시"(city crowned by a tower)를 의미한다.[208] 창세기 11:8을 보면 여호와께서 그들을 흩으셔서 중단된 것도 탑이 아니라 "그 도시"(הָעִיר, 하이르)의 건설이다. 또한 창세기 11:9의 "그 이름을 바벨이라 하니"(קָרָא שְׁמָהּ בָּבֶל, 카라 쉐마흐 바벨)에 사용된 대명사 접미사도 3인칭 여성 단수(שְׁמָהּ, 쉐마흐)로 여성명사인 도시를 가리킨다. 따라서 "바벨"은 탑이 아니라 "그 도시"에 붙여진 이름이다.

---

206) 박준서, '지구라트'(Ziggurat) ②, https://jangro.kr/2020/11/24/성경연구-지구라트ziggurat-②. 2021.04.26 접속.

207) Claus Westermann, *Genesis 1-11: A. Commentary*, trans. John J. Scullion (Minneapolis: Augsburg Publishing House, 1984), 541.

208) Speiser, E. A. "Word Plays on the Creation Epic's Version of the Founding of Babylon," *Orientalia*, NOVA SERIES, 25, no. 4 (1956): 317-23. Accessed December 13, 2020. http://www.jstor.org/stable/43581532. 322.

탑의 용도

이한영은 "구약에서 미그돌(מִגְדָּל)은 군사적 용어로 사용되어 파수꾼의 탑이나 요새 혹은 망대를 의미한다(대하 26:9-10). … 여기서 미그돌(מִגְדָּל)을 쌓았다는 것은 그들의 권력 과시를 묘사하는 것"이라고 설명한다.[209]

켈러만은 바벨론 포로 전에 מִגְדָּל은 원칙적으로 도시의 성채 또는 요새를 지칭하는 반면, 바벨론 포로 이후에는 성문 또는 성벽에 있는 탑을 지칭한다고 한다.[210] 예를 들어 사사기 9장을 보면 아비멜렉이 세겜 성을 공격하자 그 성의 백성들이 모두 세겜 망대(מִגְדָּל)로 도망을 쳤다. 세겜 망대는 방어용 요새인 것이다. 창세기 11장의 "성읍과 탑"(עִיר וּמִגְדָּל)은 종교적 목적보다는 사람들을 하나로 모으기 위해 지어진 크고 강력한 방어 건물이다. 그러므로 이 건축물이 지구라트와 같은 신전일 가능성은 거의 없다.

하나님께서 심판하신 이유

아담과 하와의 범죄, 가인과 아벨의 제사, 노아 홍수에서는 죄를 지적하고 그에 따른 심판의 정당성을 제시하는 반면, 창세기 11장의 "바벨 사건"은 하나님의 심판을 초래한 이유를 명확하게 제시하지 않는다. 과연 "바벨 사건"의 문제는 무엇인가? 할랜드는 기독교 전통은 바벨의 죄를 하나님에

---

209) 이한영, 『역사와 서술에서의 오경 메시지』, 104.

210) P. J. Harland, "Vertical or Horizontal: The Sin of Babel," *Vetus Testamentum* 48, no. 4 (1998): 515-33. Accessed December 13, 2020. http://www.jstor.org/stable/1585721. 529. D. Kellermann, *TWAT 4* (Stuttgart, 1984), 641-46, 643.

대한 도전으로 간주하는 반면(수직적), 유대교 전통은 "생육하고 번성하여 땅에 충만하라"라는 하나님의 말씀에 대한 불순종(수평적)으로 보았다고 지적한다.[211]

▌유대교 전통

요세푸스는 『유대 고대사』 제1권 4장에서 창세기 11장에 대하여 다음과 같이 말하였다.

> 노아 홍수 이후에 니므롯[212]이 높은 곳에서 낮은 곳으로 내려오기를 꺼려하는 사람들을 설득해서 평지로 내려오게 하였다. 그들이 처음 거한 곳은 시날 평지였다. 그런데 사람들은 자기들이 번영을 누리는 것은 하나님의 은혜가 아니라 자기들의 힘 때문이라고 믿고 "생육하고 번성하여 땅에 충만하라"라고 하신 하나님의 명령에 순종하지 않았다. 그들은 하나님이 자기들을 쉽게 억압하기 위해 분산시키는 것이라는 의혹을 품고 하나님을 대적하였다. 이들을 선동한 자는 니므롯이었다.[213]

> 그(니므롯)는 하나님이 다시 세상을 물로 멸망시킬지도 모르니까 물이 닿을 수 없을 정도로 높은 탑을 건설해서 하나님께 복수할 것이라고 선언했다. 자기 선조를 멸망시킨 하나님을 자기가 대신 복수하겠다는 것이었다. … 그 탑은 구운 벽돌을 모르타르(mortar)로 붙이고 물이 스며들지 않도록 역청을 바른 탑이었다.[214]

요세푸스는 "하나님께서 그들의 행동을 보시고 죄인들을 멸망시켜도 전보다 나아지는 것이 없으므로 그들을 전멸시키지 않으시고 그 대신 언어를 혼잡하게 하여 서로 알아듣지 못하게 하셨다."[215]라고 하였다. 이러한

---

211) P. J. Harland, "Vertical or horizontal: The Sin of Babel," *Vetus Testamentum* 48 (1998): 515-33.
212) 니므롯은 노아의 아들인 함의 손자이다. 창세기 10:1-10을 참고하라.
213) 요세푸스, 『1: 유대 고대사』, 김지찬 역 (서울: 생명의말씀사, 1987), 59-60.
214) 요세푸스, 『1: 유대 고대사』, 60.
215) 요세푸스, 『1: 유대 고대사』, 60.

요세푸스의 주장을 따라 유대교 전통은 창세기 11:2-9을 지구상의 언어와 인간의 흩어짐에 대한 이야기로 해석한다.[216]

기독교 전통

류폴드는 성읍과 탑을 쌓는 의도는 "우리의 이름을 내자"라는 말에서 엿볼 수 있다고 한다. 그리고 "그 꼭대기가 하늘에 미칠 탑을 만들자"라는 말은 이름을 내는 방편을 묘사한다고 주장한다. 그는 이들의 죄는 자신의 명성을 높이려는 탐심이라고 해석한다. 아울러 "우리가 온 지면에 흩어짐을 면하자"라는 말은 "생육하고 번성하여 땅에 충만하라"(창 9:1)라는 하나님의 명령에 대한 불순종이며 반역이라고 주장한다.[217]

---

216) E. van Wolde, *Stones of the Beginning: Genesis 1-11 and Other Creation Stories* (London, 1996), 167-168. 볼데는 또 다른 그의 논문에서 "유대교 전통에서는 요세푸스로부터 20세기 야콥이나 카수토에 이르기까지 바벨 사건을 흩어짐의 이야기로 해석해 왔다."라고 말한다. E. van Wolde, "Facing the Earth: Primeval History in a New Perspective," in *The World of Genesis: Persons, Places, Perspectives*, ed. Philip R. Davies, David J. A. Clines (Journal for the Study of the Old Testament Supplement S., January 1998), 41-42.

217) 류폴드, 『창세기 상』, 331-32.

⁝ "바벨 사건"에 대한 성경적 해석

바벨 사건은 창세기 1장-11장의 문맥에서, 특별히 홍수 심판을 배경으로 하는 신학적 문맥에서 다루어야 한다.[218] 하나님께서는 홍수 심판 후 노아와 언약을 맺으시고 다시는 홍수로 모든 생물을 멸망시키지 아니할 것이라고 약속하셨다. 이러한 문맥에서 바벨 사건을 살펴보고자 한다(사 54:8-10 참조).[219]

▌우리를 위하여 "성과 탑"을 건설하자

노아 홍수 후, 시날 평지에 정착한 사람들은 그 꼭대기가 하늘에 닿을 만큼 높은 "성읍과 탑"을 건설하려 하였다. 이들이 이렇게 높은 성읍을 건설하려는 의도는 무엇인가? 그것은 창세기 11:3을 보면 추정이 가능하다.

> **창 11:3** 서로 말하되 자, 벽돌을 만들어 견고히 굽자 하고 이에 벽돌로 돌을 대신하며 역청으로 진흙을 대신하고

본문은 "성읍과 탑"을 건축하는데 사용한 재료들을 자세히 설명한다. 이들은 돌 대신 불에 구운 견고한 벽돌을 사용하였다. 불에 구운 벽돌은 내수성이 뛰어난 고강도의 건축재료가 된다. 그리고 그 벽돌을 쌓는 결합제

---

218) Alroy Mascrenghe, "The City, the Ship and the Tower: Reading the Babel story Theologically and a Narrative in its Context," *Journal of the Colombo Theological Seminary* 10 (2014): 241.

219) "내가 넘치는 진노로 내 얼굴을 네게서 잠시 가렸으나 영원한 자비로 너를 긍휼히 여기리라 네 구속자 여호와께서 말씀하셨느니라 이는 내게 노아의 홍수와 같도다 내가 다시는 노아의 홍수로 땅 위에 범람하지 못하게 하리라 맹세한 것 같이 내가 네게 노하지 아니하며 너를 책망하지 아니하기로 맹세하였노니 산들이 떠나며 언덕들은 옮겨질지라도 나의 자비는 네게서 떠나지 아니하며 나의 화평의 언약은 흔들리지 아니하리라 너를 긍휼히 여기시는 여호와께서 말씀하셨느니라"(사 54:8-10)

로는 진흙 대신 역청(חֵמָר, 헤마르, "asphalt")을 사용하였다. 이러한 사실은 이 건물의 주 용도가 단순하게 적의 침략을 방어하기 위한 것이 아니라 수공(水攻)에 대비하기 위한 것임을 알 수 있다. 즉, 홍수 심판을 경험한 사람들이 하나님께서 또다시 물로 심판하셔도 충분히 막아낼 수 있는 견고하고 높은 성을 만들려는 것이다.[220]

▌그 꼭대기를 하늘에 닿게 하자

이들은 그 꼭대기가 하늘에 닿을 만큼 높은 성읍을 건설하려고 하였다. 이러한 시도에 대하여 웬함은 다음과 같이 말한다.

> 창세기는 그것을 신성모독으로 간주하는 것처럼 보인다. 왜냐하면 하늘은 또한 하나님의 처소인 천상[221]이 되기도 하며 이 고대의 마천루는 하나님과 같이 되고 그와 교통하려는 또 다른 인간적인 노력이 될 수 있을 것이기 때문이다.[222]

그러나 하늘에 닿을 만큼 높은 건축물을 짓는 것만으로 신성모독이라고 간주하기에는 무리가 있다. 인간이 아무리 높은 건물을 짓는다 할지라도 하늘에서 내려다보면 한 점에도 지나지 않기 때문이다. 사람들이 건설하는 그 탑은 하늘에서 너무 멀리 있으므로 하나님께서는 그 성을 보기 위해 내려오셔야만 했다.[223]

---

220) 요세푸스, 『1: 유대 고대사』, 60 참조.
221) 볼데는 "창세기 1장-11장(지금까지도)에서 하늘(שָׁמַיִם)은 하나님이 거하시는 장소로 언급되지 않는다. 하늘은 하나님께서 창조한 피조물 중 하나일 뿐이다."라고 하였다. E. van Wolde, "Facing the Earth: Primeval History in a New Perspective," 41-42; 그러나 성경 여러 곳에서 하늘은 하나님이 거하시는 처소로 언급하고 있다(왕상 8장; 시 102:19). 김회권은 "창세기 17:22은 하나님의 처소가 저 위의 하늘 보좌임을 암시한다."라고 주장하였다. 김회권, 『하나님 나라 신학으로 읽는 모세오경』, 221.
222) 웬함, 『WBC 성경주석 창세기 상 1-15』, 437.
223) 해밀턴, 『NICOT 창세기 Ⅰ - Genesis 1~17』, 398; 웬함, 『모세오경』, 45, 68.

하나님께서 우려하신 것은 무엇보다도 이들이 다시는 땅에 홍수를 일으키지 않겠다는 하나님의 언약을 믿지 않았기 때문이다. 이들은 하나님께서 또다시 물로 심판하신다고 해도 홍수의 수위보다 훨씬 더 높은 성을 쌓아 올림으로 하나님의 심판을 막아보려고 한 것이다.

▌우리를 위하여 이름을 만들자

구약에서 이름(שֵׁם, 셈)을 짓는 것은 지배권과 소유권을 의미한다.[224] 와이브레이가 지적하였듯이 "히브리적인 사유에서 이름을 주는 행동이 그것을 받는 자의 성격을 결정하는 것으로서 간주되었다. 그리고 이름을 짓는 자에게는 이름 지음을 받는 자에 대한 지배권이 주어지는 것으로 여겨졌다."[225] 구약에서 이름을 지어 주시는 분은 하나님이시다. 사람의 이름을 높여 주시는 분도 하나님이시다.[226] "그런데 동방으로 간 셈(שֵׁם)의 후손들이 하나님의 셈(שֵׁם)이 아닌 자신들의 셈(שֵׁם)을 높이려고 했다."[227] 스스로 자기들의 이름을 높이겠다는 것은 하나님의 지배를 인정하지 않겠다는 것이다. 성경에서 자기의 이름을 높이는 분은 하나님 한 분 밖에 없다.[228] 따라서 이들이 스스로 자기들의 이름을 높이려고 한 것은 하나님에 대한 불신이며 하나님의 권위에 대한 도전인 동시에 하나님 없이 스스로 살아가겠다는 "교만"의 선언이다.

---

224) Von Rad, *Genesis: A Commentary*, 53, 83.
225) 롤랜드 E. 머피, 『전도서 WBC 23A』, 김귀탁 역 (서울: 솔로몬, 2008), 209. 머피는 자기를 창조하신(또는 이름을 주신) 하나님과 다툴 수 없다고 한다.
226) 창세기 12:2, 사무엘하 7:9, 열왕기상 1:47 등을 참고하라.
227) 이한영, 『역사와 서술에서의 오경 메시지』, 104.
228) 웬함, 『WBC 성경주석 창세기 상 1-15』, 437.

▌흩어짐을 면하자

흩어짐을 면하려고 성읍을 건설하겠다는 것은 인류를 향한 하나님의 뜻에 위배된다. 하나님께서는 천지를 창조하시면서 아담과 하와에게 "생육하고 번성하여 땅 위에 충만하라"라고 명하셨다. 이 명령은 홍수 심판 후에 방주에서 나온 노아에게도 두 번이나 반복하여 강조되었다(창 9:1, 7). 그러나 사람들은 "흩어짐을 면하자"라고 하며 하나님의 명령을 의식적으로 거역하였다. 하나님께서는 그 일이 완성되기 전에 그 일을 막으셨다(창 11:11). 하나님께서 그들의 언어를 혼란케 하셨고, 그들의 모든 계획은 중단되었다. 하나님께서는 셈(שם)의 후손들이 자신들의 이름(שם, 셈)을 높이려고 했던 그 장소의 이름(שם, 셈)을 바벨(בבל)이라 부르셨다.[229] 그리고 하나님께서는 그들을 온 지면에 흩으셨다.

이상에서 살펴본 바와 같이 본문은 이들이 "그 성읍과 탑을 어떻게 만들었는가? 이 성읍을 쌓으려는 의도와 목적은 무엇인가?"를 말하고 있다. 이들이 성읍을 쌓아 올린 재질은 불에 구운 벽돌과 역청이었다. 이들은 홍수 이후 하나님께서 주신 언약을 믿지 않고 하늘에 닿을 만큼 높은 성읍을 건설함으로써 하나님의 심판을 대적하려고 하였다. 이들은 하나님의 약속을 불신하고 스스로의 이름을 높임으로 하나님의 권위에 도전하였다. 또한 "생육하고 번성하여 땅에 충만하라"라고 하신 하나님의 말씀에도 정면으로 도전장을 내밀었다. 이러한 해석이 창세기의 문맥에서 볼 때 가장 자연스럽다.

창세기 6:5을 보면 사람의 죄악이 세상에 가득함과 그의 마음으로 생각

---

229) 이한영, 『역사와 서술에서의 오경 메시지』, 104.

하는 모든 계획이 항상 악할 뿐이라고 지적한다. 인간은 그 마음의 생각이 항상 악하여 전혀 돌이킬 수 없는 상태였다. 이것은 바로 홍수 심판의 직접적인 원인이 되었다. 홍수 심판 이후에 하나님께서는 "내가 다시는 사람으로 인하여 땅을 저주하지 아니하리니 이는 사람의 마음의 계획하는 바가 어려서부터 악함이라"(창 8:21)라고 말씀하셨다. 이것은 홍수 심판의 근본 원인인 사람의 악함이 홍수 이후에도 없어지지 않을 것을 아시고 잠정적으로 주신 약속이다.

홍수 이후 새 인류는 그 근본이 악하여 늘 하나님의 심판을 두려워하고 염려하지 않을 수 없었다. 그런데 인류는 이 죄의 문제를 해결하기 위하여 하나님을 찾고 하나님과의 관계를 회복하려는 것이 아니라 시날 평지에서 성읍과 탑을 쌓았다. 하나님을 하나님으로 인정하지 않고, 하나님의 약속도 믿지 않았으며, 오히려 하나님께 대항하며 반항하는 인간의 죄성이 집단적으로 표출되었다. 하나님의 심판이 다시 주어지더라도 인간의 힘으로 막아보겠다는 아주 악한 생각이 바로 이 성읍과 탑을 건설하는 동기였다. 이처럼 사람들이 시날 평지에 성읍을 건설하려고 한 것은 직접적으로는 홍수와 관련이 있다. 또한 하나님께서 주신 언약(창조 언약, 노아 언약)과도 관련이 있다. 이들이 하늘에 닿을 만큼 높은 성읍과 탑을 쌓으려는 것은 노아 언약을 통해 주신 하나님의 약속에 대한 불신이며, 하나님께서 심판하시더라도 하나님과 대적하려는 악한 의도에서 비롯된 것이다. 이것은 아담과 하와가 범했던 죄악과 본질적으로 동일하다. 하나님과 같아지려는 욕심이며 하나님을 향한 도전이다. 결국 하나님께서는 하나님을 향한 인간의 집단적 범죄에 노하셨고 이들을 심판하셨다.

홍수 심판 후에도 바벨 사건을 통해 인간들이 자기 스스로 자기들의 나라를 세우려고 함으로 근본적인 죄악이 여전히 그 마음속에 도사리고 있음이 드러났다. 그리고 이러한 시도는 하나님의 심판을 자처하였다. 나면서부터 근본적으로 악한 인간들이 스스로 하나님을 대적하다가 결국 망하게 된 것이 바벨 사건이다. 바벨 사건의 동기는 처벌받을 만하다. 그러나 하나님께서는 세상을 멸망시키는 심판을 행하지는 않으셨다. 비록 노아 홍수 이후 사람들이 집단적으로 하나님의 약속을 신뢰하지 않고 하나님을 대적하였으나 하나님께서는 그의 약속을 기억하셨다. 하나님께서는 홍수로 다시 인류를 멸망시키지 않으시고 그들의 언어를 혼잡하게 하여 서로 알아듣지 못하게 하시고 그들을 온 지면에 흩으셨다. 바벨 사건은 인간의 오만함에 대한 심판이지만 하나님의 신실하심에 대한 증거이기도 하다. 인류 전체가 하나님을 대적하였을지라도 하나님께서는 여전히 하나님의 약속에 충실하셨다.

지금까지 우리는 창세기 1장-11장까지의 내용을 살펴보았다. 창세기의 태고사는 "창조와 타락"이라는 주제로 함축할 수 있다. 창세기 1장-11장은 개인적인 범죄에서 집단적으로 표출되는 인류의 죄성을 그대로 드러내 보여준다.[230] 인류가 하나님께 반역한 일로 인하여 하나님께서는 저들을 심판하시되 언어를 혼잡하게 하시고 온 지면으로 흩으셨다. 그러나 하나님께서는 이와 같이 저주와 심판으로 점철될 수 밖에 없는 인류 역사 속에서 한 혈통을 구별하셔서 죄악 된 이 세상에서 하나님의 이름을 부르며 예배하는 자로 거룩하게 살아가게 하셨다. 그것이 곧 "아브라함의 부르심"이다.

---

230) 창세기 3장이 한 인간의 타락을 다루고 있다면, 창세기 11장은 인류의 타락상을 여실히 보여주는 사건이다. 창세기 3장에서 시작된 죄는 점점 더 퍼져 나가 창세기 11장에서 절정에 달하였다.

제3부

왕 같은 제사장

창세기는
이 세상의 기원이나
이스라엘의 기원에 대한 단순한 이야기가 아니다.
하나님께서는
출애굽 한 이스라엘 백성들에게
어떻게 이 세상에서
"왕 같은 제사장"으로 살 수 있는가를
아브라함, 이삭, 야곱
그리고 요셉의 삶을 통해서 보여주셨다.

아브라함

택하시고 부르셔서 믿음을 주시는 하나님

:

**아브라함의 출현은 창세기 1장-11장에서 던져진 문제들에 대한 해답이 된다.
그를 통해서 지상의 모든 족속들이 복을 얻을 것이기 때문이다.**[231]

창세기 12:1-3은 하나님께서 아브라함을 부르시며 주신 약속의 말씀이다. 아브라함의 부르심을 살펴보기 전에 먼저 하나님께서 왜 아브라함을 택하시고 부르셨는지를 생각해 볼 필요가 있다. 창세기 1장-11장이 바로 하나님께서 아브라함을 택하시고 부르신 이유를 설명하고 있다. 그러므로 창세기 1장-11장을 배경으로 아브라함의 부르심을 살펴볼 때 하나님께서 아브라함에게 주신 약속의 의미를 바로 이해할 수 있다.

---

231) 시드니 그레이다누스, 『창세기 프리칭 예수』, 강정주, 조호진 역 (서울: 기독교문서선교회, 2010), 230.

⋮ 하나님의 부르심

▌부르심의 배경

창세기의 태고사(창 1장-11장)에서 제일 먼저 등장하는 것은 이스라엘 백성을 택하시고 구원하신 하나님이 어떠한 분이신가이다. 하나님께서는 천지를 창조하신 전능하신 하나님이시다. 다음으로 주목하는 것은 사람이란 어떤 존재인가이다. 하나님께서는 자기 형상 곧 하나님의 형상대로 사람을 창조하셨다. 사람은 하나님을 닮은 존재로서 하나님을 대신해서 하나님께서 창조하신 천지 만물을 정복하고 다스리는 사명을 부여받았다. 하나님과 같은 권위를 가지고 이 세상을 정복하고 다스릴 수 있다고 해서 사람이 하나님은 아니다. 사람 역시 하나님께 지음 받은 피조물이다. 그런데 아담과 하와가 하나님과 같아진다는 사단의 유혹에 넘어가 선악을 알게 하는 나무의 열매를 따 먹었다. 이로 인해 창조주 하나님과 피조물인 사람과의 관계가 깨어지고 사람은 하나님의 정죄함을 받고 에덴 동산에서 추방되었다. 그뿐만 아니라 사람과 자연과의 관계도 심각하게 훼손되어 자연도 인간을 적대시하는 결과를 초래하였다.

그다음에 등장하는 사건이 가인과 아벨 사건이다. 하나님께서는 가인과 아벨의 제사를 통해 죄인 된 인간이 어떻게 창조주 하나님 앞에 나아갈 수 있는지를 가르쳐 주셨다. 그러나 죄로 인해 타락하고 부패한 인간은 이러한 하나님의 배려에도 불구하고 제사를 빌미로 살인을 저질렀다. 결국, 죄로 인해 에덴 동산에서 추방된 이후 인류의 역사는 하나님을 경외하고 섬기는 사람들의 역사와 하나님을 대적하고 죄악 중에 행하는 사람들의 역사로 구분된다.

창세기 6장을 보면 하나님을 경외하고 섬기는 사람들마저 이 세상 사람들과 동화되어 생각하며 행하는 모든 일이 악할 뿐이라고 성경은 지적한다. 그래서 하나님께서는 홍수로 사람들을 심판하셨다. 그러나 그중에서도 하나님께서는 노아에게 은혜를 베푸셔서 노아와 그 가족들을 홍수 심판 중에서 구원하시고 생명을 보존해 주셨다. 하나님께서는 하나님을 경외하는 노아와 그의 가족들을 통해 새로운 하나님 나라를 이루어 가기를 원하셨다. 그러나 이후 역사를 보면 사람들이 죄성을 벗어나지 못하고 시날 평지에서 하늘에 닿을 만큼 높은 "성읍과 탑"을 건설하며 집단적으로 하나님께 도전하였다. 이에 하나님께서는 하나님의 언약을 믿지 않고 하나님을 대적하는 인류의 죄악을 심판하시며 창세기의 태고사는 마무리된다.

창세기 1장-11장은 죄로 인해 타락한 인생은 그냥 내버려 두면 스스로 멸망할 수밖에 없는 존재임을 확연히 보여준다. 이제 하나님께서는 새로운 방법으로 하나님 나라를 건설해 나가시는데 그 시작이 바로 아브라함의 부르심이다(창 12:1-3).

▌아브라함과 바벨 사건

창 12:1-3 ¹여호와께서 아브람에게 이르시되 너는 너의 고향과 친척과 아버지의 집을 떠나 내가 네게 보여 줄 땅으로 가라 ²내가 너로 큰 민족을 이루고 네게 복을 주어 네 이름을 창대하게 하리니 너는 복이 될지라 ³너를 축복하는 자에게는 내가 복을 내리고 너를 저주하는 자에게는 내가 저주하리니 땅의 모든 족속이 너로 말미암아 복을 얻을 것이라 하신지라

아브라함의 부르심과 바벨 사건을 비교해 보면 주목할 만한 공통점이 있다.

첫째, 두 사건은 모두 선행하는 족보의 끝부분을 장식한다. 바벨 사건 앞에는 노아 후손의 족보가 나온다(창 10:1). 아브라함의 부르심 앞에는 셈과 데라의 족보(창 11:10, 27)가 나온다. 바벨 사건과 아브라함의 부르심은 이 두 족보의 마지막 부분에 위치하여 그 의미를 규정하는 역할을 한다.

바벨 사건(창 11:1-9)은 창세기 10장에 기록된 홍수 후 노아의 아들 셈, 함, 야벳의 역사의 본질을 규정한다. 창세기 10장은 홍수 이후 인류가 어떻게 세계로 흩어지는가를 설명하는데 그다음에 이어지는 것이 바로 바벨 사건이다. 바벨 사건은 홍수 이후 새롭게 시작되는 인류의 죄악 된 특성을 잘 드러내 주는 전형적인 예이다.

아브라함의 부르심(창 12:1-3)은 창세기 11:10 이하에 기록된 셈 계통 역사의 본질을 드러낸다.[232] 창세기 11:10 이하는 노아의 후손 중 셈과 그 후손인 데라의 역사를 따로 구별하여 서술한다. 이는 셈 계통의 역사가 홍수후 인류 역사의 전형적인 모습을 공유하면서도 이와는 구별되는 특별한 의미와 본질을 지니고 있음을 말해 준다. 하나님께서는 아브라함의 부르심을 통해 그 독특한 의미와 본질을 선언하신다.

둘째, 두 사건은 모두 "나라의 건설"과 관련이 있다. 창세기 11장에서 "성읍과 탑"을 쌓은 것은 단순히 하나의 건축물을 세우려는 것이 아니라 "나라"를 건설하려는 것이다. 창세기 12장도 "땅"과 "백성", "큰 민족"을 말한다. 이는 하나님께서 새로운 나라를 건설하시겠다는 것이다. 그런데 창세기 11장에서 시날 사람들이 세운 나라는 하나님께서 심판하셨고, 창세기 12장에서 하나님께서 아브라함을 통해 세우시는 나라는 복의 근원이

---

232) 김성수, 『내가 너로 큰 민족을 이루게 하리라』, 57.

되어 땅의 모든 족속이 그로 인하여 복을 얻게 된다. 두 나라는 전혀 다른 결과를 보여주는데 그 이유는 무엇인가?

▎두 나라의 차이점

창세기 11장은 어떠한 나라인가? 시날 사람들은 벽돌을 만들어 굽고 역청을 사용해서 하늘에 닿을 만큼 높은 성읍과 탑을 건설하고자 하였다. 홍수 심판을 경험한 사람들이 하나님께서 다시 물로 심판하실지라도 충분히 견딜 수 있는 높은 성을 세우려고 한 것이다. 이는 "무지개 언약"을 통해 주신 하나님의 약속을 믿지 않고 죄를 회개하기는커녕 오히려 하나님을 대적하려는 교만의 극치가 아닐 수 없다. 하나님을 향한 인간의 집단적 범죄에 하나님께서는 진노하셨고 이들을 심판하셨다.

그러나 창세기 12장은 어떤 나라인가? 아브라함을 통해 세우시는 이 나라는 하나님이 주체가 되셔서 하나님이 세우시는 하나님의 나라이다. 창세기 12:1-3을 보면 모든 동사의 주어가 "나", 곧 "하나님"이시다. 아브라함에게 가야 할 땅을 보여주시는 분도 하나님이시고, 그로 큰 민족을 이루게 하시는 분도, 그에게 복을 주시는 분도, 그의 이름을 창대하게 하시는 분도, 그를 축복하는 자에게 복을 주시는 분도, 그를 저주하는 자에게 저주를 내리시는 분도, 땅의 모든 족속이 그로 말미암아 복을 얻게 하시는 분도 다 하나님이시다.

바벨 사건에서 사람들이 자율적인 노력으로 얻으려고 했던 것들이 아브라함에게는 약속으로 주어졌다.[233] 바로 여기에 두 나라의 근본적인 차이

---

233) 클라인, 『하나님 나라의 서막』, 367 참조.

가 있다. 창세기 11장은 "사람에 의한, 사람을 위한, 사람의 나라"인 반면에 창세기 12장은 "하나님에 의한, 하나님을 위한, 하나님의 나라"인 것이다.

시날 평지에서 자기들만의 나라를 건설하려는 인간들의 시도는 실패로 끝이 났다. 그러나 하나님께서 세우시는 하나님의 나라에서 아브라함은 복을 받을 뿐 아니라 복의 근원이 되어 땅의 모든 족속이 그로 말미암아 복을 얻게 될 것이다. 이러한 하나님의 역사는 우상숭배가 만연한 갈대아 우르에서 아브라함을 택하시고, 그에게 "고향과 친척과 아버지의 집을 떠나 내가 네게 보여 줄 땅으로 가라"(창 12:1)라고 하시는 하나님의 부르심으로부터 시작된다. 창조 세계를 향한 창조주의 목적은 이 특별한 피조물(아브라함과 그의 후손)의 삶을 통해 드러나게 될 것이다.[234]

▌명령과 약속

> 우리가 기억해야 할 것은 우리가 다른 어떤 사람의 믿음을 기초로 살 수 있는 것이
> 아니고 하나님의 계시를 기초로 살 수 있다는 사실이다.[235]

창세기 1장-11장을 통해 하나님께서는 죄로 인해 타락한 인생은 그대로 내버려 두면 스스로 멸망할 수밖에 없는 존재임을 확연히 보여주셨다. 이제 하나님께서는 죄악 된 이 세상 가운데서 아브라함을 택하시고 부르셔서 그를 통해 새롭게 하나님 나라를 이루어 가신다. 아브라함의 부르심은 죄악 된 세상을 구원하시기 위한 하나님의 구속의 여명과 같다.

성경에서 아브라함이 최초로 등장하는 것은 창세기 11:26이다.

---

234) 하우스, 『구약신학』, 105.
235) 그라아프, 『약속과 구원-천지창조에서 가나안 정복까지』, 82.

창 11:26 데라는 칠십 세에 아브람과 나홀과 하란을 낳았더라

그리고 창세기 11:27-32에서 데라의 족보(תּוֹלְדֹת תֶּרַח, 톨레도트 테라흐)가 이어진다. "데라의 족보"라고 하지만 실제 본문의 내용은 아브라함을 중심으로 전개된다. וְאֵלֶּה תּוֹלְדֹת תֶּרַח(베엘레 톨레도트 테라흐, 그리고 데라의 족보는 이러하니라)라는 표현은 선대가 죽기 전까지는 아들의 역사도 선대의 역사로 취급하는 창세기의 서술 관행에 따른 것이다.[236] 데라는 아들인 아브라함과 아브라함의 아내 사라, 그리고 하란의 아들인 그의 손자 롯을 데리고 갈대아 우르를 떠나 가나안 땅으로 가던 중 하란에 거하다가 이백오 세에 하란에서 죽었다.

> **창 12:1-4** [1]여호와께서 아브람에게 이르시되 너는 너의 고향과 친척과 아버지의 집을 떠나 내가 네게 보여 줄 땅으로 가라 [2]내가 너로 큰 민족을 이루고 네게 복을 주어 네 이름을 창대하게 하리니 너는 복이 될지라 [3]너를 축복하는 자에게는 내가 복을 내리고 너를 저주하는 자에게는 내가 저주하리니 땅의 모든 족속이 너로 말미암아 복을 얻을 것이라 하신지라 [4]이에 아브람이 여호와의 말씀을 따라갔고 롯도 그와 함께 갔으며 아브람이 하란을 떠날 때에 칠십오 세였더라

창세기 12:1-4을 보면 여호와께서 아브라함에게 "너는 너의 고향과 친척과 아버지의 집을 떠나 내가 네게 보여줄 땅으로 가라"라고 명하셨고, 이에 아브라함이 여호와의 말씀을 따라 칠십오 세에 하란을 떠나 가나안 땅으로 갔다고 전함으로 아브라함이 하나님의 부르심을 받은 장소가 하란인 것처럼 말한다. 그러나 하나님께서 아브라함에게 "네 고향과 친척을 떠나 내가 네게 보일 땅으로 가라"라고 처음 명하신 곳은 하란이 아니라 갈

---

236) 김성수, 『내가 너로 큰 민족을 이루게 하리라』, 37.

대아 우르였다(행 7:3). 이한영은 "하란에서의 부름은 우르에서의 부름의 갱신"이라고 한다.[237)

> **행 7:2-4** ²스데반이 이르되 여러분 부형들이여 들으소서 우리 조상 아브라함이 하란에 있기 전 메소보다미아에 있을 때에 영광의 하나님이 그에게 보여 ³이르시되 네 고향과 친척을 떠나 내가 네게 보일 땅으로 가라 하시니 ⁴아브라함이 갈대아 사람의 땅을 떠나 하란에 거하다가 그의 아버지가 죽으매 하나님이 그를 거기서 너희 지금 사는 이 땅으로 옮기셨느니라

창세기 11:31은 마치 데라가 "가나안 땅으로 가고자" 그의 가족들을 이끌고 갈대아 우르를 떠나 하란에 이르러 거기 거하였다고 기록하고 있으나, 성경은 하나님께서 아브라함을 갈대아 우르에서 이끌어 내셨으며[238) 아브라함이 가나안을 향한 여정의 중심인물임을 분명히 한다.

데라는 칠십 세에 아브라함을 낳았고(창 11:26) 이백오 세에 하란에서 죽었다(창 11:26). 아브라함은 칠십오 세에 하란을 떠나 가나안 땅으로 갔다(창 12:4). 그렇다면 아브라함이 하란을 떠날 때 데라는 백사십오 세였고 아브라함이 떠난 후 육십 년을 더 살다가 죽은 것이 된다. 그런데 사도행전에서 스데반은 아브라함이 하란에서 가나안으로 이동한 것은 그의 아버지가 죽은 이후라고 말한다(행 7:4). 이것은 단지 이야기의 순서를 사건의 순서로 간주하여 데라가 죽은 후에 아브라함의 소명(창 12장)이 언급되었다는 사실에서 추정했기 때문이다.[239)

---

237) 이한영, 『역사와 서술에서의 오경 메시지』, 107.
238) 창세기 15:6이나 느헤미야 9:7은 하나님께서 아브라함을 갈대아 우르에서 인도하여 내셨다고 말씀한다.
239) 카일, 델리취, 『카일·델리취 구약주석 1: 창세기』, 199.

아브라함의 부르심(창 12:1-3)에 대해 김성수는 다음과 같이 설명한다.

> 성경은 가나안 땅으로 가라는 이 명령이 하란을 출발하기 직전에 주어진 것처럼
> 묘사하고 있다. 이것은 아브라함이 갈대아 우르에서 이 약속을 받은 후 아버지 데
> 라와 함께 떠났으나 하란에서 지체하였던 모든 과정을 과감하게 생략한 서술 방식
> 에 따른 것이며, 이것은 이 약속의 직접적 대상이 데라가 아니라 아브라함이며 하
> 란을 떠나 가나안으로 향하는 이 걸음이 약속 실현의 진정한 시작임을 알리고자
> 하는 저자의 의도를 잘 드러내고 있다.[240]

창세기의 계획에 의해 데라의 죽음이 여기에 소개된 것은 아브라함이
하란을 떠난 이후 그의 아버지를 다시 만나지 않았으며, 또한 결과적으로
그와 연관되는 것이 아무것도 없었기 때문이다.[241]

명 령

아브라함의 부르심(창 12:1-3)은 명령과 약속으로 구성된다.[242] 여호와[243]
께서는 아브라함에게 "너는 너의 고향과 친척과 아버지의 집을 떠나 내가
너에게 보여 줄 땅으로 가라"라고 명령하셨다. 아브라함의 고향은 갈대아
우르다. 우르는 우상숭배가 만연한 곳으로 알려져 있다. 아브라함의 아버
지 데라는 다른 신을 섬기는 자였다(수 24:2). 아브라함이 하나님의 명령을
준수하기 위해서는 세 가지 관계를 청산해야 한다.

---

240) 김성수, 『내가 너로 큰 민족을 이루게 하리라』, 80-81.

241) 카일, 델리취, 『카일·델리취 구약주석 1: 창세기』, 199.

242) J. G. Murphy, Murphy, James Gracey, *A critical and exegetical commentary on the book of Genesis: with a new translation* (Andover: W. F. Draper, 1866), 261-262; 클라인, 『하나님 나라의 서막』, 384.

243) 하틀리, 『창세기』, 42. 하틀리는 "아브라함 내러티브에서 여호와라는 이름이 빈번히 사용된 점은 모세가 저자이기 때문일 수 있다. 그 이름을 전격적으로 계시받은 사람으로서(출 3:13-15) 모세는 시내 산에서 그에게 말씀하신 여호와 하나님이 아브라함을 부르시고 인도하신 바로 그 엘 샤다이 하나님이심을 알리고 싶었을 것"이라고 말한다.

너의 고향(땅)

친척

아버지의 집

"고향을 떠나라"라는 것은 "달의 신" 숭배의 중심지인 우르를 벗어나 우상숭배를 청산하라는 것이다.[244) "친척을 떠나라"라는 것은 "우르와 하란을 포함한 메소포타미아를 배경으로 한 자기 일족에서, 그가 사회적으로 안락하게 지내면서 살아온 동족 구조, 자기 아버지의 가문인 데라의 일족에서 떠나라"라는 것이다.[245) "아버지의 집"은 곧 그 사람의 정체성 자체이다.[246) 그런데 하나님께서는 네 아버지의 집도 떠나라고 하신다. 우상 숭배가 만연한 고향, 친척, 아버지의 집을 떠나 아브라함은 새로운 가족, 새로운 질서의 창시자로 택함을 받은 것이다.[247) 새로운 출발을 위해 아브라함은 지금까지의 삶과 완전히 결별하고 하나님께서 보여주실 그 땅으로 가야 한다.

244) 데오도르 H. 에프, 『복의 근원이 된 사람, 아브라함』, 고광자 역 (서울: 바울서신사, 1988), 34.

245) 둠브렐, 『언약과 창조』, 92-93.

246) 그레이다누스, 『창세기 프리칭 예수』, 236-37; 하틀리는 아버지의 집은 한 개인의 정체성, 생계, 안전을 보장하는 토대라고 한다. 하틀리, 『창세기』, 203.

247) Melancthon Williams Jacobus, *Critical and Explanatory on the Book of Genesis* (R. Carter & brother: New York, 1865), 224.

그의 이름부터가 아브람 벤 테라(ben Terah), 즉 데라의 아들이라는 의미였다. 그의 아버지의 집이 곧 그의 집이었고, 그 아버지의 재산이 곧 그의 재산이며, 그 아버지의 신들이 곧 그의 신들이었다. 고대인들에게 있어서 고향을 떠나고, 조상과의 유대를 파기한다는 것은 불가능한 일이었다. … 하나님의 이 명령에서 미래에 대한 그 어떤 확실한 담보도 찾아볼 수가 없다. … 미래에 대한 아무런 안내나 보장도 받지 못한 상태에서 아브람은 하나님께서 좋은 땅으로 그를 데려가실 것이라는 사실을 믿었어야 했던 것이다.[248]

히브리서는 아브라함이 부르심을 받았을 때 갈 바를 알지 못하였으나 믿음으로 순종하여 나아갔다고 한다(히 11:8). 그러나 성경은 하나님께서 아브라함을 갈대아 우르에서 이끌어 내시고 그를 가나안 땅으로 인도하셨다고 말씀하신다. 하나님께서는 아브라함에게 "나는 너를 갈대아 우르에서 이끌어 낸 여호와"(창 15:7)라고 말씀하셨다. 여호수아도 하나님께서 아브라함을 갈대아 우르에서 이끌어 내셨다고 이스라엘 백성들 앞에서 말하였다(수 24:3). 스데반도 성령에 감동하여 "아브라함이 갈대아 우르를 떠나 하란에 거할 때 아버지 데라가 죽으매 하나님이 그를 하란에서 가나안 땅으로 옮기셨느니라"(행 7:4)라고 말하였다.

> 아브라함의 믿음의 삶의 시작에서 강조되는 것은 하나님의 주도권, 구원의 부르심을 통해 선포되는 하나님의 은혜이다.[249]

성경은 아브라함이 가나안 땅으로 간 것에 대하여 아브라함의 순종보다는 하나님의 주권을 강조한다. 이러한 사실은 아브라함 자신이 이삭의 아내를 택하는 과정에서 그의 늙은 종 엘리에셀에게 한 말에서도 확인된다.

---

248) 그레이다누스, 『창세기 프리칭 예수』, 237.
249) 필립스, 『히브리서』, 747.

창 24:7 하늘의 하나님 여호와께서 나를 내 아버지의 집과 내 고향 땅에서 떠나게 하시고[250] 내게 말씀하시며 내게 맹세하여 이르시기를 이 땅을 네 씨에게 주리라 하셨으니 그가 그 사자를 너보다 앞서 보내실지라 네가 거기서 내 아들을 위하여 아내를 택할지니라

결론적으로 고향 친척 아버지의 집을 떠나 내가 너에게 지시하는 땅으로 가는 것은 아브라함에게 우상숭배와 자기를 둘러싸고 있는 모든 인간적인 요소를 청산하라는 명령이다.[251] 하나님께서는 새로운 하나님 나라를 이루어 가시기 위해 아브라함을 택하시고 그를 죄악 된 세상 가운데서 구별하여 불러내셨다. 그런 의미에서 믿음의 주체는 "내"가 아니라 "하나님"이시다.

약속

아브라함은 고향, 친척, 아버지의 집을 떠남으로 많은 것을 잃게 되겠지만 하나님께서는 아브라함에게 다음과 같은 세 가지를 약속하시면서 그의 존재 자체가 사람들에게 복이 될 것이라고 말씀하셨다.

내가 너로 큰 민족이 되게 하리라

하나님께서는 아브라함에게 큰 민족(גוֹי גָּדוֹל, 고이 가돌)이 되게 하시겠다고 약속하셨다.[252] 구약에서 이스라엘은 "암"(עַם, "백성, 민족")이나 "베네 이

---

250) לָקַח(라카흐, לָקַחְתִּי 칼 완료 3인 남성단수-1인 공성 단수, "나를 떠나게 하시고")를 대부분의 역본들이 "took me out", 혹은 "brought me out"로 번역하였으나 개역개정은 "나를 떠나게 하다"로 번역하였다. 그러나 윤영탁은 창세기 2:15(여호와 하나님이 그 사람을 이끌어 (לָקַח, וַיִּקַּח 와우 계속법-칼 미완 3인 남성 단수, 이끌어-에덴 동산에 두어)을 따라 이 동사를 "이끌어 내시고"라고 번역할 것을 제안한다. 윤영탁, 『아브라함의 하나님』 (수원: 합동신학대학원출판부, 2004), 49.

251) H. L. Ellison, 『언약의 족장들』, 차학순 역 (서울: 무림출판사, 1991), 43.

252) 창세기 12:2; 13:16; 15:5; 16:10; 17:2-6; 18:18; 22:17.

스라엘"(בְּנֵי יִשְׂרָאֵל, "이스라엘 자손들")로 표기하며 "고이"(גּוֹי, 민족)는 나머지 민족을 가리킨다.[253] 하나님께서는 아브라함의 후손들이 하나의 민족(גּוֹי)을 이룰 정도로 크게 번성할 것이라고 말씀하셨다. 이 약속은 "생육하고 번성하라"라고 하신 창조 명령과 상응한다.[254]

내가 너에게 복을 주리라

또한 하나님께서는 아브라함에게 "복을 주리라"라고 약속하셨다. 하나님께서 주시는 복은 신앙생활의 목적이 아니라 동력이다.[255]

내가 너의 이름을 크게 하리라

하나님께서는 아브라함에게 그의 이름을 창대하게 하실 것이라고 약속하셨다. 이것은 분명히 바벨 사건과 의도적으로 대조한 것으로 보인다.[256] 이한영은 다음과 같이 말한다.

> "셈(שֵׁם)의 후손들이 바벨탑을 쌓고 스스로 자신들의 이름(שֵׁם)을 높이려(נָגַּדֵל) 할 때 하나님께서 그들을 폐하신 것과는 대조적으로 아브라함의 이름(שֵׁם)은 하나님께서 크게(נָגַּדֵל) 하실 것이다."[257]

"구약에서 여호와께서 어떤 사람의 이름을 크게 하신다는 표현은 그에게 의도하신 특별한 바가 있어서 그를 부르시고 그에게 신적 구원 계획을

---

253) 하틀리, 『창세기』, 209.
254) 웬함, 『모세오경』, 82.
255) 박정관, 『성서해석학』 (서울: 복있는사람, 2018), 289.
256) 해밀턴, 『NICOT 창세기 I - Genesis 1~17』, 419-20.
257) 이한영, 『역사와 서술에서의 오경 메시지』, 108 참조.

완수케 하기 위한 임무를 맡기신다는 뜻이다(삼하 7:9 참조)."[258] 해밀턴은 "이것은 분명히 왕과 관련된 언어이며 아브라함을 왕적인 인물로 보아야 한다."라고 주장한다.[259]

그래서 너는 복이 되어라

하나님께서는 아브라함에게 복을 주실 뿐 아니라 "그래서 너는 복이 되라"(וֶהְיֵה בְּרָכָה, 베흐예 베라카)라고 명령하신다. "아브라함의 복의 초점은 소유가 아니고 그 자신이 열방의 복이 됨에 있다."[260] 하나님께서는 사람들이 아브라함을 어떻게 대하느냐에 따라 복과 저주가 결정될 것이라고 말씀하신다. 또한 땅의 모든 족속이 아브라함으로 인하여 복을 받을 것이라고 말씀하신다(창 12:3).[261] 하나님께서는 아브라함에게 단순히 복의 중계자가 되는 것이 아니라 온 세상을 위한 복의 근원이 될 것이라고 말씀하신다.[262]

복의 내용이 무엇이며 또한 사람들이 아브라함으로 말미암아 받을 복이 무엇인지 아직 구체적으로 제시되지 않았다.[263] 후에 하나님께서는 모리

---

258) J. Schreiner, "Segen für die Völker in der Verheissung an die Vater," *BZ NF* 6, (1962), 3: 윤영탁, 『아브라함의 하나님』, 94에서 재인용.

259) 해밀턴, 『NICOT 창세기 I - Genesis 1~17』, 420. 해밀턴은 그 근거로 다음 두 가지를 제시한다. 첫째, 아브라함에게 왕들이 그에게서 나올 것이라고 약속한다(창 17:6). 그리고 사라도 "여러 왕"의 어머니로 일컬어진다(창 17:16). 둘째, 창세기 23:6에서 아브라함이 사라를 장사할 땅을 사려고 할 때, 헷 족속이 아브라함을 "왕"(נָשִׂיא, 나쉬)이라고 언급한다.

260) 이한영, 『구약 텍스트에서 윤리까지』, 250.

261) וְנִבְרְכוּ(베니브레쿠, 그들이 복을 받게 될 것이다)는 בָּרַךְ(바라크)의 니팔형으로 본문에서 재귀보다는 수동의 의미를 갖는다.

262) 카일, 델리취, 『카일·델리취 구약주석 1: 창세기』, 213.

263) 그레이다누스는 "아브라함에게 주신 약속들에 대한 최초의 성취는 그 후 이어질 내러티브의 배경으로 기능하게 된다. 즉, 자손에 대한 약속은 이삭의 출생을 통해 실현되고 (창 21:1-7), 땅에 대한 약속은 사라의 장지를 결정하는 장면(창 23:1-20)에서, 지구상 모든 족속을 축복하는 약속은 요셉이 온 세상을 구하는데(창 41:57)에서 실현된다."라고

아 산에서 이 복에 대해 말씀하셨다.

> **창 22:15-18** [15]여호와의 사자가 하늘에서부터 두 번째 아브라함을 불러 [16]이
> 르시되 여호와께서 이르시기를 내가 나를 가리켜 맹세하노니 네가 이같이 행
> 하여 네 아들 네 독자도 아끼지 아니하였은즉 [17]내가 네게 큰 복을 주고 네 씨
> 가 크게 번성하여 하늘의 별과 같고 바닷가의 모래와 같게 하리니 네 씨가 그
> 대적의 성문을 차지하리라 [18]또 네 씨로 말미암아 천하 만민이 복을 받으리니
> 이는 네가 나의 말을 준행하였음이니라 하셨다 하니라

하나님께서는 아브라함에게 "큰 복"을 주셔서 "네 씨가 크게 번성할 것
이고, 네 씨가 그 대적의 성문을 차지할 것이며, 네 씨로 말미암아 천하
만민이 복을 받을 것"이라고 말씀하신다. 이것은 창세기 3:15에서 주어
진 여자의 후손에 대한 약속의 성취이기도 하다.[264] 하나님께서는 원복음
(protoevangelium), 창세기 3:15에서 주신 약속이 아브라함의 자손을 통해서
실현될 것을 약속하신다.[265] 여기에서 씨(단수)[266]는 성육신하신 예수 그리
스도를 가리키며, 이 사실은 사도 바울의 증거를 통해 확인할 수 있다.

> **갈 3:8** 또 하나님이 이방을 믿음으로 말미암아 의로 정하실 것을 성경이 미리
> 알고 먼저 아브라함에게 복음을 전하되 모든 이방인이 너로 말미암아 복을 받
> 으리라 하였느니라

말한다. 그레이다누스, 『창세기 프리칭 예수』, 224-25.

264) 알더스, 『창세기 I』, 315.

265) 알더스, 『창세기 I』, 315.

266) 기동연은 "창세기 22:18에서 이 축복은 아브라함의 씨를 통하여 이루어진다. 이를 감안
한다면, 이 축복은 메시아를 통해 하나님이 인류에게 내리는 구속사적 축복으로 이해
되어야 한다."라고 말한다. 기동연, 『아브라함아! 너는 내 앞에 행하여 완전하라』 (서울:
생명의양식, 2013), 34.

갈 3:16 이 약속들은 아브라함과 그 자손에게 말씀하신 것인데 여럿을 가리켜 그 자손들이라 하지 아니하시고 오직 한 사람을 가리켜 네 자손이라 하셨으니 곧 그리스도라

바울은 하나님께서 아브라함에게 주신 복음, 즉 "네 씨로 말미암아 천하 만민이 복을 받을 것"이라고 하신 약속이 예수 그리스도를 통해 성취되었다고 선포한다. 따라서 아브라함의 부르심은 이 세상을 구원하기 위한 하나님의 구속의 여명과 같다. 창세기는 이러한 하나님의 계획이 아브라함과 그의 후손들을 통해 어떻게 이루어지는가를 보여준다.

⦂ 하나님의 명령과 약속 (Ⅰ)

창세기 12장을 보면 아브라함은 하나님의 부르심을 받아 하란을 떠나
가나안 땅에 도착하였다.

> **창 12:4-9** ⁴이에 아브람이 여호와의 말씀을 따라갔고 롯도 그와 함께 갔으며
> 아브람이 하란을 떠날 때에 칠십오 세였더라 ⁵아브람이 그의 아내 사래와 조
> 카 롯과 하란에서 모은 모든 소유와 얻은 사람들을 이끌고 가나안 땅으로 가려
> 고 떠나서 마침내 가나안 땅에 들어갔더라 ⁶아브람이 그 땅을 지나 세겜 땅 모
> 레 상수리나무에 이르니 그 때에 가나안 사람이 그 땅에 거주하였더라 ⁷여호
> 와께서 아브람에게 나타나 이르시되 내가 이 땅을 네 자손에게 주리라 하신지
> 라 자기에게 나타나신 여호와께 그가 그 곳에서 제단을 쌓고 ⁸거기서 벧엘 동
> 쪽 산으로 옮겨 장막을 치니 서쪽은 벧엘이요 동쪽은 아이라 그가 그 곳에서
> 여호와께 제단을 쌓고 여호와의 이름을 부르더니 ⁹점점 남방으로 옮겨갔더라

아브라함은 "여호와의 말씀을 따라" 하란을 떠났다. "하나님의 말씀을
따라"라는 말은 아브라함이 하나님을 절대적으로 신뢰하며 순종했다는 말
이다. 아브라함은 아내 사라와 조카 롯과 그리고 하란에서 얻은 소유와 사
람들을 데리고 하란을 떠나 가나안을 향해 갔다. 하란에서 얻은 모든 소유
를 가지고 떠난 것은 다시는 돌아오지 않겠다는 강력한 의지의 표현으로
볼 수 있다.[267]

가나안 땅에 도착한 아브라함은 세겜 땅 모레 상수리나무에 이르렀다.
그곳은 저주받은 가나안 사람들이 거주하는 곳이었다(창 9:25). 아브라함이

---

267) Umberto Cassuto, *A Commentary on the Book of Genesis Part 2 From Noah to Abraham
Genesis VI 9-XI 32*, 320.

세겜 땅에 도착했을 때 여호와께서 아브라함에게 나타나셔서 "네 씨(자손)에게 내가 이 땅을 주리라"(לְזַרְעֲךָ אֶתֵּן אֶת־הָאָרֶץ הַזֹּאת, 레자르아카 엘텐 에트-하아에쯔 하조트)라고 말씀하셨다. 하나님께서는 아직 자식도 없고 가나안에서 "발 붙일 만한 땅"(행 7:5)도 없는 아브라함에게 "네 씨(자손)에게" 가나안 땅을 주실 것을 강조하여 약속하신 것이다.[268] 이 말씀은 하나님께서 아브라함에게 선언하신 약속이 아브라함의 시대를 넘어 그의 후손들에게로 확대될 것을 의미한다. 아브라함은 세겜에서 제단을 쌓고 자기에게 나타나신 여호와께 예배드렸다. 제단은 하나님을 예배하는 외적인 형식이다.[269] 그리고 세겜에서 남쪽으로 내려와 벧엘과 아이 사이에 장막을 쳤다. 이곳에서도 아브라함은 제단을 쌓고 여호와의 이름을 불렀다.[270] 여호와의 이름을 부르는 것과 제단을 쌓은 것을 연계해서 사용될 때는 대체적으로 "예배"라는 말에 상응한다.[271] 아브라함은 이후에도 가는 곳마다 하나님을 위하여 제단을 쌓고 여호와의 이름을 부르며 예배드렸다.[272] 아브라함은 하나님의 부르심대로 순종하여 가나안 땅에 와서 장막을 치고[273] 정착하였다.

---

268) 본문은 "네 씨에게"(לְזַרְעֲךָ, 레자르아카)라는 말이 동사 앞에 표기되어 이 약속이 아브라함의 씨(자손)에 의해 이루어질 것을 강조한다.

269) 칼빈, 『칼빈성경주석 1 창세기』, 336.

270) 빅터 해밀턴, 『NICOT 창세기 Ⅰ - Genesis 1~17』, 426. 해밀턴은 "여호와의 이름을 불렀다는 구절이 원시 역사(창 4:26)에서나 족장전승(창 12:8; 13:4; 21:33; 26:25)에서 사용될 때 이 구절은 단순히 예배를 가리키는 전문적인 용어"라고 한다.

271) 김성수, 『내가 너로 큰 민족을 이루게 하리라』, 88.

272) 아브라함으로부터 시작되는 족장들과 이스라엘의 이야기는 예배의 삶으로 요약될 수 있다. 아브라함은 갈대아 우르를 떠나 가나안 땅에 도착하여 세겜과 벧엘 근처와 브엘세바와 모리아 산 등에서, 이삭도 브엘세바에서, 야곱도 벧엘에서 제단을 쌓고 예배를 드렸다. 이스라엘의 출애굽 역시 예배를 위한 출애굽이다(출 3:12, 18; 4:23; 5:1-3; 7:16; 8:20; 9:1; 10:3, 7). 이에 대한 자세한 논의는 이한영 『구약 텍스트에서 윤리까지』, 221-27을 참조하라.

273) "치다"(נטה, 나타)라는 동사는 아브라함이 상당 기간 그곳에 정착했음을 의미한다. 하틀리, 『창세기』, 208.

아브라함이 "하나님께서 지시하신 땅"에 도착하였고, 하나님께서는 "이 땅을 네 자손에게 주리라"라고 하셨으니 이제 창세기 12:1에서 아브라함에 주신 하나님의 말씀이 다 이루어진 것이 아니겠는가! 그러나 "고향 친척 아버지의 집을 떠나라"라고 하신 하나님의 명령은 창세기 13장 끝에 이르기까지 완결되지 않았다.[274]

▌기근을 통한 시험

창세기 12:1을 보면 하나님께서는 아브라함에게 떠나야 할 대상과 해야 할 일을 분명하게 제시하셨다: "너는 너의 고향과 친척과 아버지의 집을 떠나 내가 네게 보여줄 그 땅으로 가라". 따라서 우리는 아브라함의 생애에서 다음 두 가지를 주목할 필요가 있다.

> 그가 어떻게 인간적인 요소를 청산하고 하나님을 의지하게 되었는가?
> 그가 어떻게 하나님의 말씀에 절대 순종하게 되었는가?

하나님께서 아브라함을 부르신 것은 하나님께서 다스리시는 하나님 나라를 건설하시기 위함이다. 이 나라는 인간을 의지하는 것이 아니라 하나님을 의지하고 순종함으로 이루어진다. 우리는 창세기에서 이 부르심의 목적을 이루시기 위해 하나님께서 어떻게 아브라함을 인도하시는가를 살펴보아야 한다.

가나안 땅에서의 삶의 방식

아브라함은 여호와의 말씀을 따라 가나안 땅에 들어와 정착하는 과정에

---

274) 키드너, 『창세기』, 154.

서 큰 어려움을 당하게 된다. 가나안 땅에 기근이 발생한 것이다.[275] 아브라함은 가나안 땅에 더 머물 수 없을 만큼 기근이 심해지자 애굽으로 "우거하기 위하여"(לָגוּר, 라구르)[276] 내려갔다(창 12:10).

가나안 땅은 "젖과 꿀이 흐르는 땅"이라고 말하지만 사실 가나안은 그리 좋은 땅이 아니다. 신명기 11:8-12에서 모세는 가나안 땅과 애굽 땅을 비교해서 설명한다.

> **신 11:8-12** [8]그러므로 너희는 내가 오늘 너희에게 명하는 모든 명령을 지키라 그리하면 너희가 강성할 것이요 너희가 건너가 차지할 땅에 들어가서 그것을 차지할 것이며 [9]또 여호와께서 너희의 조상들에게 맹세하여 그들과 그들의 후손에게 주리라 하신 땅 곧 젖과 꿀이 흐르는 땅에서 너희의 날이 장구하리라 [10]네가 들어가 차지하려 하는 땅은 네가 나온 애굽 땅과 같지 아니하니 거기에서는 너희가 파종한 후에 발로 물 대기를 채소밭에 댐과 같이 하였거니와 [11]너희가 건너가서 차지할 땅은 산과 골짜기가 있어서 하늘에서 내리는 비를 흡수하는 땅이요 [12]네 하나님 여호와께서 돌보아 주시는 땅이라 연초부터 연말까지 네 하나님 여호와의 눈이 항상 그 위에 있느니라

모세는 "네가 들어가 얻으려 하는 땅", 즉 가나안 땅은 "네가 나온 애굽 땅"과 같지 않다고 말한다. 애굽은 나일강 유역에 비옥한 땅이 많이 있다. 또 나일강을 이용한 수리시설이 잘 발달하여 농사짓기에 필요한 물을 쉽게 확보할 수 있다. 그러나 이스라엘 백성들이 건너가 얻을 땅, 즉 가나안 땅은 산과 골짜기가 많은 곳이다. 게다가 비가 내려도 빗물이 저장되지 않

---

275) 아브라함은 장막을 치고, 제단을 쌓고, 하나님의 이름을 부르고 난 후에 점점 남방으로 옮겨 갔다(창 12:8-9). 에프는 "아브라함이 제단을 떠나자마자 그 땅에 기근이라는 시련이 그에게 닥쳐온 것"이라고 말한다. 에프, 『창조의 하나님』, 59.

276) גּוּר(구르)는 나그네로서 잠시 머무는 것을 의미한다. BDB. 157.

고 다 빠져나가는 메마른 땅이다. 어떤 사람들은 가나안은 애굽처럼 힘들게 물을 끌어다 농사짓는 것이 아니라 하늘에서 내리는 비를 이용하여 힘들이지 않고 농사를 지을 수 있다고 해석한다. 산과 골짜기가 천연적인 수리시설 역할을 하므로 애굽처럼 인위적인 노력을 하지 않아도 된다는 것이다. 그러나 본문에서 가나안 땅에 산과 골짜기가 많다는 것은 애굽 땅과는 달리 평야 지대가 별로 없다는 의미이다. 설상가상으로 가나안 땅은 비를 흡수하는 땅이다. 비가 와도 물이 흐르거나 저장할 수 없다. 따라서 가나안 땅에서 농사를 지으려면 하늘을 쳐다 볼 수 밖에 없다. 자연적인 여건으로 볼 때 가나안은 애굽에 비해서 농사를 짓기에 그리 좋은 땅이 아니다. 그럼에도 모세는 가나안 땅을 "젖과 꿀이 흐르는 땅"이라고 말한다.

"젖과 꿀이 흐르는 땅"은 성경에서 비옥한 토지를 가리키는 관용적 표현으로 민수기 16:13에 처음 등장한다. 여기서 "젖과 꿀이 흐르는 땅"은 애굽 땅을 지칭한다.

> **민 16:13** 네가 우리를 젖과 꿀이 흐르는 땅에서 이끌어 내어 광야에서 죽이려 함이 어찌 작은 일이기에 오히려 스스로 우리 위에 왕이 되려 하느냐

그런데 신명기 11:9은 애굽 땅이 아니라 가나안 땅을 "젖과 꿀이 흐르는 땅"이라고 한다. 모세는 왜 비옥한 애굽 땅을 의미하는 "젖과 꿀이 흐르는 땅"을 그와 상반되는 가나안 땅을 지칭하는 말로 사용하는가? 그 이유를 신명기 11:12에서 발견할 수 있다.

> **신 11:12** 네 하나님 여호와께서 돌보아 주시는 땅이라 연초부터 연말까지 네 하나님 여호와의 눈이 항상 그 위에 있느니라

가나안 땅은 "하나님 여호와께서 돌보아 주시는 땅"이다. 연초부터 연말까지, 즉 일 년 내내 하나님께서 항상 지켜보시는 땅이다. 아무리 척박한 땅이라 할지라도 하나님께서 함께 하시고 하나님께서 돌보아 주신다면 그곳이 바로 "젖과 꿀이 흐르는 땅"이 되는 것이다. 하나님께서 지켜보시고 하나님께서 돌보아 주시는데 조건이 있다.

> **신 11:13-15** [13]내가 오늘 너희에게 명하는 내 명령을 너희가 만일 청종하고 너희의 하나님 여호와를 사랑하여 마음을 다하고 뜻을 다하여 섬기면 [14]여호와께서 너희의 땅에 이른 비, 늦은 비를 적당한 때에 내리시리니 너희가 곡식과 포도주와 기름을 얻을 것이요 [15]또 가축을 위하여 들에 풀이 나게 하시리니 네가 먹고 배부를 것이라

모세는 여호와의 명령을 청종하고, 여호와를 사랑하여 섬기면 여호와께서 너희 땅에 이른 비와 늦은 비를 적당한 때에 내리실 것이라고 말한다. 이른 비는 10월-11월 파종기에 내리는 비다. 늦은 비는 3월-4월 추수기 직전에 내리는 비다. 사람들이 염려하고 걱정하지 않아도 파종할 때, 그리고 추수기를 앞둔 적당한 때에 하나님께서 비를 내려 주신다. 이 말이 함축하는 의미는 애굽에서와 같이 사람들이 애쓰고 노력하지 않아도 하나님께서 돌보아 주신다는 것이다. 따라서 가나안 땅에 기근이 있을 때 어떻게 하면 되는가? 하나님을 바라보고 하나님을 의지하면 된다. 가나안 땅은 어느 특정한 계절이 아니라 일 년 내내 건조하고 메마른 땅으로 인해 하나님의 도우심을 간청할 수 밖에 없는 곳이다.[277]

하나님께서 가라고 하신 땅이다. 하나님이 지켜보시고 하나님이 돌보시

---

277) 칼빈, 『칼빈성경주석 2』, 383.

는 땅이다. 가나안 땅은 원래 물이 귀하여 하나님을 바라보고 의지하며 살아야 하는 곳이다. 이 척박한 땅에서 살아가는 방법은 하나님을 사랑하고 하나님을 섬기는 것이다. 하나님의 말씀대로 순종하는 것이 가나안 땅, 즉 하나님 나라의 삶의 방식이다. 그런데 아브라함은 하나님을 의지함으로 이 문제를 해결하려고 한 것이 아니라 가장 쉬운 방법, 즉 애굽으로의 이주를 선택한다.[278]

애굽으로 이주한 아브라함

애굽으로 이주한 아브라함은 어떻게 되었는가? "젖과 꿀이 흐르는 땅"(애굽 땅, 민 16:13)에서 풍요로운 삶을 살았는가? 아브라함은 약속의 땅에서 생존을 위협하는 기근을 피하여 애굽으로 내려왔다. 그러나 애굽으로의 이주가 문제의 해결이 아니다. 아브라함은 애굽에서 또 다른 위기에 봉착하게 된다. 애굽으로 내려가면서 아브라함은 자기의 목숨을 부지하기 위해 아내 사라를 누이라고 속인다.[279] 이에 대하여 조르단은 다음과 같이 말한다.

---

278) 키드너, 『창세기』, 157 참조.
279) 창세기에서 아내를 누이라고 속이는 이야기는 세 번 등장한다(창 12장, 20장, 26장).
　　첫 번째 이야기(아브라함과 바로)는 창세기 12:10-20이다. 하나님의 말씀을 따라 가나안 땅에 당도한 아브라함은 그 땅에 기근이 심해지자 애굽으로 이주하였다. 이때 아브라함은 사라의 아름다움에 반한 애굽 사람들이 자신을 죽이고 그녀를 강탈해 갈 것을 염려하여 아내 사라를 누이라고 거짓말을 하였다. 아브라함이 애굽에 이르렀을 때 애굽 사람들은 사라의 아름다움을 알아보았고, 바로는 아브라함에게 많은 가축과 노비들을 선물로 주고, 사라를 후궁으로 맞이하였다. 그러나 하나님께서는 아브라함의 아내 사라의 일로 바로와 그 집에 큰 재앙을 내리셨다. 바로는 사라를 아브라함에게 돌려보내고, 아브라함에게 애굽에서 얻은 모든 재산을 가지고 애굽을 떠나라고 명하였다.
　　두 번째 이야기(아브라함과 아비멜렉)는 창세기 20:1-16이다. 그랄에서 아브라함은 또다시 아내 사라를 자기의 누이라고 거짓말을 하였다. 그리고 염려했던 대로 그랄 왕 아비멜렉은 사람을 보내어 사라를 데려갔다. 그러나 이때도 하나님께서는 아비멜렉이 사라를 건드리기 전에 개입하셨다. 그리고 아비멜렉은 아브라함을 책망하였다. 아브라함은 사라가 자기의 이복 누이라고 말한다. 아비멜렉은 사라를 아브라함에게로 돌려보내고, 사죄의 뜻으로 가축과 종들을 선물로 주고, 아브라함이 그랄의 어느 곳에나 머물 수 있게 아브라함은 사라의 아름다움에 반한 애굽 사람들이 자신을 죽이고 그녀를 강탈해 갈 것임을 알았다. … 아브라함은 자신이 죽을 경우에 사라를 보호할 수 없을 것이라는 사실을 알았다. … 아브라함은 사라를 보호하기 위해 고대 근동의 상식적이고 일반적인 법에 의지하였다. 왜냐하면 그녀와 결혼하기를 원하는 어떤 구혼자가 있다면 그녀의 형제인 아브라함과 협상을 하려 할 것이기 때문이다. 그렇게 함으로써 사라에게 이미 정혼한 약혼자가 있다며 거절할 수 있었을 것이다.[280]

그러나 알더스는 "아브라함이 사라에게 자기의 아내가 아닌 것처럼 가장하라고 한 것은 상대방을 속이기 위해 의도적으로 거짓말을 하라고 한 것이다. 이것은 명백한 죄이기 때문에 어떤 의미에서도 아브라함의 이러한 처신을 용납하거나 정당화할 수 없었다. … 이러한 아브라함의 행실은 그의 비겁한 생각에서 나온 것임이 분명하다."라고 한다.[281] 이유가 어찌되었든 사라의 아름다움에 대한 소문이 바로에게도 알려지고 바로는 사라를 궁으로 불러들였다(창 12:15). 바로는 아브라함에게 많은 납폐금을 주고 사라를 후궁으로 삼았다.[282]

해 주었다. 아비멜렉은 또한 아브라함에게 사라의 명예회복을 위해 은 천 개를 준다. 아브라함이 아비멜렉을 위하여 기도하자, 하나님께서는 아비멜렉과 그에 속한 여자들을 치료하여 자녀를 낳을 수 있게 해 주셨다.

세 번째 이야기(이삭과 아비멜렉)는 창세기 26:1-33이다. 가나안 땅에 흉년이 들자 이삭은 그랄로 이주하였다. 여호와께서 이삭에게 나타나셔서 애굽으로 내려가지 말고 가나안 땅에 거주하라고 명하셨다. 이삭은 그랄에 거주하면서 그곳 사람들이 리브가로 인하여 자기를 죽일 것을 두려워하며 아내 리브가를 누이라고 거짓말을 하였다. 그러나 이삭이 리브가를 껴안은 것을 아비멜렉이 창으로 보고 이삭을 불러다가 책망하였다. 그리고 아비멜렉은 이삭이나 그의 아내를 범하는 자는 사형에 처할 것이라고 모든 백성에게 선포하였다. 이삭은 그랄에 거하는 동안 창대하고 왕성하여 거부가 되었고 그랄 사람들은 이삭을 시기하고 대적하였다. 이에 아비멜렉은 이삭에게 그랄을 떠나라고 명하였다.

280) 조르단, 『창세기의 족장 이야기』, 112.

281) 알더스, 『창세기 I』, 320.

282) 고대 근동에서는 외래인이 자신과 가족을 보호하기 위하여 딸 중 하나를 그 지역의 통치자에게 제공하는 외교적 정략결혼이 흔히 있었다. 호프마이어는 창세기에 있는 아브라함이나 이삭의 아내-자매 이야기는 그러한 관습을 반영하는 것으로 해석한다. 그는 현지의 통치자에게 제공할 딸 없이 외국 영토를 방문한 아브라함과 이삭은 자기들의

약속의 땅에 기근이 심해지자 아브라함은 생존을 위해 애굽으로 이주하였다. 그런데 애굽에서 아브라함은 자기의 생명을 보존하려고 아내를 바로에게 내어주는 잘못된 일을 저지르고 만다. 이 일은 하나님의 약속과 관련하여 아주 큰 문제를 야기하는 것이다. 하나님께서는 아브라함에게 "씨"를 주겠다고 약속하셨다. 그런데 아브라함은 아내를 애굽의 바로에게 내어주었다. 사라를 잃는 것은 아브라함에게 주신 약속이 이루어질 수 없다는 것을 의미한다.[283]

하나님께서는 아브라함에게 주신 언약의 성취를 위하여 즉각적으로, 그리고 초자연적으로 간섭하셔서 사라를 지켜 주셨다. 하나님께서는 아브라함의 아내 사라의 일로 바로와 그 집에 큰 재앙을 내리셨다(창 12:17). 바로는 자기를 속인 아브라함을 크게 책망하며 사라를 돌려보내고 아브라함 일행을 애굽에서 내보내는 것으로 사태를 수습하였다. 이는 바로가 관대하기 때문이 아니라 재앙을 통해 아브라함의 배후에 하나님이 있다는 것을 깨달았기 때문이다.[284] 하나님께서는 인간의 어리석음과 죄가 하나님의 언약을 위태롭게 할 수 없다는 사실을 보여주셨다.[285]

아내를 잠재적 선물로 제시함으로써 이와 비슷한 외교 관계를 만들려고 시도한 것이라고 주장한다. Hoffmeier, James K. "The Wives' Tales of Genesis 12, 20, & 26 and the Covenants at Beer-Sheba," *Tyndale Bulletin*, Issue 43.1(1992): 92-93.

283) 하나님께서 아직 아브라함에게 사라를 통해 아들을 낳게 될 것이라고 말씀하지 않으셨으므로 아브라함은 사라를 희생시키더라도 자기의 목숨을 보존하면 된다고 생각한 것으로 보인다.

284) 해밀턴, 『NICOT 창세기 Ⅰ - Genesis 1~17』, 434.

285) 말텐스, 『하나님의 계획: 새로운 구약신학』, 45, 125. 말텐스는 "신자의 어리석은 행동까지도 결단코 하나님의 언약을 위험에 빠뜨릴 수 없다."라고 말한다. 특히 말텐스는 아브라함과 이삭의 "아내/누이를 소재로 한 이야기들은(창 12장, 20장, 26장) 마치 자손에 관한 언약이 진행 중이라는 것을 강조라도 하듯이 각각의 속임수 기사 앞에 후손들에 대한 언약이 기록되고 있다(창 12:7; 18:10-15; 26:4)."라고 지적한다.

아브라함은 하나님 앞에 나가서 하나님을 의지함으로 해결해야 할 문제를 인간적인 방법으로 해결하려고 하였다. 게다가 자기의 목숨을 부지하고자 아내의 정절을 보호해야 할 남편의 의무를 저버렸다. 그 결과 하나님을 알지 못하는 이방인들에게 책망받는 수모를 당하였다. 그런데 이 과정에서 잘못은 아브라함이 했는데 하나님께서는 바로와 그의 집에 큰 재앙을 내리셨다. 그 이유는 무엇인가? 아브라함이 하나님을 아직 잘 알지 못했기 때문이다. 하나님께서는 애굽 이주 사건을 통해 아브라함이 하나님을 더욱 깊이 알아가도록 인도하셨다.

아브라함이 아직 하나님을 잘 알지 못하고, 또 아직 하나님을 전적으로 신뢰하지 못하고 있다. 따라서 하나님께서는 자신을 아브라함에게 계시하기 위해 잘못을 책망하기보다는 오히려 교육의 기회로 삼으신 것이다. 애굽 이주 사건으로 아브라함은 하나님이 어떤 분이신가를 깨닫게 된다. 하나님의 주권과 능력은 가나안 땅에 국한되지 않는다. 하나님께서는 사라의 일로 애굽의 바로와 그의 집에 큰 재앙을 내리시므로 하나님의 권능이 이방 영토에까지 미치고 있음을 보여주셨다.[286]

> 가나안의 기근은 아브라함에게 약속의 땅에서도 먹고 입는 것은 여호와와 그가 주시는 복이라는 것을 가르치기 위한 것이고 애굽에서 아브라함은 세상적인 술책은 이 땅의 권세를 가진 자들 앞에서 수치를 당할 뿐이고, 따라서 진정한 도움과 구원은 오직 강한 왕도 멸하시는 하나님에게서만 찾을 수 있으며, 그들은 하나님께서 택하신 자들을 만지거나 해를 끼칠 수 없다(시 105:14, 15)는 사실을 깨닫게 되었다.[287]

아브라함은 이 사건을 통해 하나님이 이 세상을 주관하시는 하나님이심

---

286) 해밀턴, 『NICOT 창세기 Ⅰ - Genesis 1~17』, 444.
287) 카일, 델리취, 『카일·델리취 구약주석 1: 창세기』, 216.

을 알게 되었다. 아브라함이 이 사실을 알고 확신했다면 기근 때문에 애굽으로 이주하지 않았을 것이다. 또한 자기의 안전을 위해 거짓말하는 비겁함을 보이지 않았을 것이다. 아브라함은 이 사건으로 하나님은 약속의 땅뿐만 아니라 애굽도 통치하시는 하나님이시며 그 하나님께서 나를 지키시고 인도하신다는 확신을 얻게 된다. 하나님의 극적인 간섭으로 인해 아브라함은 사라를 돌려받았을 뿐만 아니라 많은 가축과 은금을 얻어서 다시 가나안 땅으로 돌아왔다.

아브라함은 "전에" 장막을 치고 머무르던 벧엘과 아이 사이에 있는 원래의 자리로 돌아왔다(창 13:3). 이곳은 그가 가나안 땅에 도착하여 "처음으로" 제단을 쌓았던 곳이다(창 13:4). 거기에서 아브라함은 여호와의 이름을 부르며 하나님을 예배했다. 성경은 "전에", "처음"이라는 말을 반복 사용하여 회복의 의미를 강조하려는 의도를 분명히 드러낸다. 아브라함은 약속의 땅, 가나안을 떠나 애굽으로 내려갔다가 이방인에게 수모를 당했지만 하나님께서 다시 처음 상태로 회복해 주신 것이다.

⁝ 하나님의 명령과 약속 (II)

> 성경에 나오는 인물들의 결정과 행동이 모두 우리를 위한 규범이 되는 것은 아니다. 화자는 언약에 비추어 언약의 역사를 읽을 수 있을 만큼 우리가 성경을 충분히 알기를 기대한다.[288]

아브라함의 여정을 살펴보면, 아브라함은 갈대아 우르를 떠나 하란을 거쳐 가나안 땅에 도착한 후 기근이 심해지자 잠시 애굽에 갔다가 다시 가나안 땅으로 돌아왔다. 그런데 성경은 이 여정에서 아브라함과 동행했던 한 사람을 집요하게 덧붙이고 있다. 바로 롯이다.

창세기 12:4을 보면 아브라함이 여호와의 말씀을 따라 하란을 떠나 가나안 땅으로 갔다. 그런데 성경은 롯도 아브라함과 함께 갔다고 첨언한다.[289] 그뿐만 아니라 성경은 아브라함이 가나안 땅의 기근을 피해 애굽으로 갈 때도, 또 애굽에서 나올 때도 조카 롯이 함께 했다고 말씀한다(창 13:1). 갈대아 우르에서 하란으로, 하란에서 가나안으로, 가나안에서 애굽으로, 애굽에서 다시 가나안으로 향하는 여정에서 성경은 특별히 롯도 함께 했음을 집요하게 주목하고 있다. 창세기 13:5에서도 롯은 아브라함의 일행으로 소개된다. 아브라함이 롯과 함께 하는 한 아브라함은 여전히 자기 아버지의 집과 밀접한 유대관계를 유지하는 것이다.[290] 롯과의 동행이 고향 친척 아버지의 집을 떠나라는 하나님의 명령에 부합하지 않는데도 불구하고

---

288) 드루치, 『구약, 어떻게 해석할 것인가』, 85.
289) 기동연 역시 아브라함이 롯과 함께 동행한 것은 하나님께서 네 아버지의 집을 떠나라고 하신 명령에 반하는 행동이라고 보았다. 그는 "아버지의 집"은 건물로서의 집이 아니라 아버지 데라의 직계가족들을 의미한다고 주장한다. 기동연, 『아브라함아! 너는 내 앞에 행하여 완전하라』, 35 참조.
290) 알더스, 『창세기 I』, 327.

아브라함이 롯과 함께 하는 이유는 무엇일까?

▌아브라함과 함께 동행하는 롯

요세푸스는 아들이 없는 아브라함이 자기 형제 하란의 아들인 롯을 양자로 삼았다고 보았다.[291] 그러나 그라아프는 롯이 왜 자기 삼촌 아브라함과 함께 가기를 결정했는지 알 수 없다고 하면서 "아마도 그는 하나님의 부르심을 좇아가는 영광의 한 단면을 느꼈을지도 모른다. 그렇지 않으면 아브라함의 고상한 진취적 정신에 끌려 앞으로 닥쳐올 일들이 흥미진진한 모험처럼 보였을지도 모른다. 성경은 롯이 아브라함과 함께 한 이유를 계시하고 있지 않다. 우리가 볼 수 있는 바와 같이 후에 아브라함과 롯 사이 어려운 일들이 발생했다."라고 말한다.[292]

그렇다면 우리는 롯을 어떻게 이해해야 하는가? 롯은 반드시 해결해야 할 세상적인 인연인가? 예수 믿으면 가족도 친척도 다 버려야 하는가? 그렇지 않다. 우리는 롯에 대한 성경의 평가를 주목할 필요가 있다.

성경은 롯을 "의로운 자"라고 평가한다. 베드로후서 2:6-8을 보면 롯은 죄로 인하여 멸망 당할 소돔과 고모라 성에 살면서 고통당하는 의인(의로운 심령을 가진 사람)이라고 한다.[293] 롯은 의로운 사람으로 하나님의 약속을 듣고 믿었으며, 하나님의 은혜를 사모하는 마음을 가지고 아브라함과 동

---

291) 요세푸스, 『1: 유대 고대사』, 68.

292) 그라아프, 『약속과 구원-천지창조에서 가나안 정복까지』, 87.

293) "소돔과 고모라 성을 멸망하기로 정하여 재가 되게 하사 후세에 경건하지 아니할 자들에게 본을 삼으셨으며 무법한 자들의 음란한 행실로 말미암아 고통당하는 의로운 롯을 건지셨으니 이는 이 의인이 그들 중에 거하여 날마다 저 불법한 행실을 보고 들음으로 그 의로운 심령이 상함이라"(벧후 2:6-8)

행한 것으로 볼 수 있다. 그럼에도 성경은 하나님의 약속의 직접적인 대상이 아브라함이라는 사실을 분명히 한다. 하나님께서 가나안 땅으로 부르신 사람은 롯이 아니라 아브라함이었다. 하나님께서는 아브라함을 통해이 땅 위에 하나님 나라를 이루기 원하신다. 이를 위해 하나님께서 아브라함에게 요구하시는 것은 무엇인가? "고향 친척 아버지의 집을 떠나라", 즉"인간적인 요소를 의지하지 말라", "하나님을 전적으로 믿고 의지하고 순종하라"라는 것이다. 그런데 아브라함은 계속해서 롯을 붙들고 있었다.[294]

▍롯과의 결별

하나님께서는 아브라함과 롯 사이의 분쟁으로 롯의 문제를 해결하게 하셨다. 애굽에서 돌아온 아브라함과 롯은 가나안 땅에서 많은 가축을 거느린 거부가 되었다(창 13:2).

> **창 13:5-6** [5]아브람의 일행 롯도 양과 소와 장막이 있으므로 [6]그 땅이 그들이 동거하기에 넉넉하지 못하였으니 이는 그들의 소유가 많아서 동거할 수 없었음이니라

성경은 아브라함의 일행인 "롯 또한"(וְגַם-לְלוֹט, 베감-레롯)[295] 많은 가축과 더불어 여러 개의 "장막들"(אֹהָלִים, 오하림)을 소유하고 있음을 강조하고 있다. 아브라함과 롯이 함께 살기에는 땅이 협소하고 그들의 소유가 많아 함

---

294) 아브라함의 입장에서 보면 낯선 곳에서 자기 무리를 방어하기 위해 어느 정도의 인적자원이 필요하다고 생각한 것으로 추정할 수도 있다. 그래서 거주지를 옮길 때마다 롯과 함께 한다.

295) גַם(감, "또한, 역시")은 "문장의 내용이 앞의 특정한 문장과 논리적으로 이어지는 내용을 담고 있을 때 사용된다. 즉, 아브라함에게 많은 재산이 있었던 것처럼 롯에게도 많은 재산이 있었다는 것을 의미한다." 기동연, 『아브라함아! 너는 내 앞에 행하여 완전하라』, 67.

께 거하기 어려워졌다. 그래서 아브라함과 롯의 목자들 사이에 짐승들이 마실 물을 확보하기 위한 분쟁이 자주 발생했다. 더는 이 둘이 한 지역에서 서로 공존할 수 없는 지경이 되었다(창 13:6-7). 이에 아브라함은 롯에게 "우리는 한 친족이라", "서로 다투게 하지 말자", "나를 떠나가라 네가 좌하면 나는 우하고 네가 우하면 나는 좌하리라"(창 13:8-9)라고 말했다. 아브라함은 관대하게 롯에게 선택의 우선권을 주었다. 그래서 아브라함을 양보의 사람이라고 한다. 많은 사람들이 양보를 통해 분쟁을 해결해 나가는 방법에 주목한다. 그러나 양보가 중요한 것이 아니다. 우리는 이 이야기를 예수 믿는 자들은 모든 것을 포기해야 한다는 의미로 이해해서는 안된다.[296] 선택의 기준이 중요하다. 어떤 일을 선택하고 결정함에 있어 그 사람이 가지고 있는 가치관을 주목해야 한다. 그렇다면 롯은 선택의 기준은 무엇인가?

> **창 13:10-12** [10] 이에 롯이 눈을 들어 요단 지역을 바라본즉 소알까지 온 땅에 물이 넉넉하니 여호와께서 소돔과 고모라를 멸하시기 전이었으므로 여호와의 동산 같고 애굽 땅과 같았더라 [11] 그러므로 롯이 요단 온 지역을 택하고 동으로 옮기니 그들이 서로 떠난지라 [12] 아브람은 가나안 땅에 거주하였고 롯은 그 지역의 도시들에 머무르며 그 장막을 옮겨 소돔까지 이르렀더라

롯은 요단 강가를 택했다. 성경은 그곳에 "물이 넉넉하니 … 여호와의 동산 같고 … 애굽 땅과 같았더라"라고 말씀한다.[297] 롯은 모든 것이 완벽하게 갖추어 있었던 "에덴 동산"과 같고 나일 강으로 인해 풍요로운 "애굽

---

296) 그라아프, 『약속과 구원-천지창조에서 가나안 정복까지』, 94; 세일해머는 아브라함이 롯에게 선택의 우선권을 넘겨 줌으로 롯이 약속의 땅을 차지할 수도 있는 위험한 상황에 놓이게 되었다고 지적한다. 세일해머, 『서술로서의 모세오경』, 273.
297) "여호와의 동산"과 "애굽 땅"이 동의어로 사용되었다.

땅"과 같은 요단 강가의 평야 지대를 선택하였다. 롯의 선택의 기준은 눈에 보이는 외형적인 풍요로움이었다.[298] 롯은 물이 풍부하고 살기 좋은 요단 강가 평지 성읍들을 선택하고 소돔까지 그 지경을 넓혀갔다. 아브라함과 같이 기근을 경험한 롯으로서는 당연한 선택일지 모른다. 그런데 그곳은 어떤 곳인가?

창 13:13 소돔 사람은 여호와 앞에 악하며 큰 죄인이었더라

성경은 롯이 죄악으로 가득 찬 "소돔에 거주하는"(창 14:12) 것과 "롯이 소돔 성문에 앉아"(창 19:1) 소돔 성의 중요한 일을 관리하는 직책에 있었음을 놓치지 않고 기록하고 있다. 결국 롯은 외형적인 풍요로움에 이끌려 죄악이 가득 찬 세상을 선택한 것이다. 노아 홍수의 원인 중 하나가 외형적인 아름다움에 이끌려 자기들 보기에 좋은 대로 행한 것이었음을 고려해 볼 때(창 6:2) 롯의 선택은 문제가 아닐 수 없다.

> 롯은 그의 눈을 통하여 보이는 것들, 곧 그가 감지할 수 있는 것만을 믿었기 때문에, 그것을 통해 그의 영혼을 미혹하고자 공격해 올 수 있는 넓은 문이 열려 있음을 깨닫지 못하였다.[299]

롯은 여호와의 동산 같은 낙원을 기대했지만 그의 선택은 잘못된 선택이었다. 롯이 가나안 땅을 벗어나 동쪽으로 떠나간 것은 아브라함에게 주어진 약속의 땅에서 벗어난 것을 의미한다.[300] 그는 오로지 세상을 보고

---

298) 그라아프는 롯이 하나님께서 아브라함에게 주신 약속을 대수롭지 않게 생각하고 교만하게, 자기를 위해, 기름진 땅을 선택하는 중대하고도 큰 죄를 범하였다고 보았다. 그라아프, 『약속과 구원-천지창조에서 가나안 정복까지』, 91, 93.

299) 에프, 『복의 근원이 된 사람, 아브라함』, 81.

300) 창세기에서 "동방으로 옮기다"라는 표현은 하나님으로부터 더 멀리 떠나는 것을 의미

세속적 이익에 따라 행동했다. 그는 부를 붙잡기 위해 위험을 보고도 못 본 체하였다. 그렇게 하여 그는 자기 자신과 자기 가족을 파멸시켰다.

반면에 아브라함은 어떤 선택을 하는가? 정확히 말하면 선택의 여지 없이 가나안 땅에 남겨졌다.

> **창 13:12 상반절** 아브람은 가나안 땅에 거주하였고 …

그런데 가나안 땅은 어떤 곳인가? 기근으로 인해 애굽으로 내려갈 수밖에 없었던 바로 그 땅이다. 롯을 떠나 보내면서 아브라함의 마음은 롯에 대한 염려와 가나안 땅에서 살아갈 미래에 대한 걱정으로 가득 차 있었을 것이다.

▌ 롯이 아브라함을 떠난 후에

> **창 13:14-17** ¹⁴롯이 아브람을 떠난 후에 여호와께서 아브람에게 이르시되 너는 눈을 들어 너 있는 곳에서 북쪽과 남쪽 그리고 동쪽과 서쪽을 바라보라 ¹⁵보이는 땅을 내가 너와 네 자손에게 주리니 영원히 이르리라 ¹⁶내가 네 자손이 땅의 티끌 같게 하리니 사람이 땅의 티끌을 능히 셀 수 있을진대 네 자손도 세리라 ¹⁷너는 일어나 그 땅을 종과 횡으로 두루 다녀 보라 내가 그것을 네게 주리라

"롯이 아브라함을 떠난 후에" 여호와께서 아브라함을 찾아오셨다. 롯과의 결별은 단순히 분쟁을 해결하기 위한 것이 아니다. 이는 하나님의 섭리 아래 진행된 필연적인 사건이다. 이로써 마침내 아브라함은 너의 고향과

한다. 조르단, 『창세기의 족장 이야기』, 73, 98 참조. 조르단은 동쪽으로 옮겨가는 것(창 4:16; 11:2)은 창세기 전체에서 도덕적으로, 혹은 상징적으로 부정적인 의미를 제공한다고 주장한다.

친척, 아버지의 집을 떠나라는 하나님의 모든 명령을 완전히 이행하게 되었다. 하나님께서는 롯과의 결별을 마치 기다리셨다는 듯이 롯이 아브라함을 떠나자마자 아브라함에게 나타나셨다. 하나님께서는 아브라함에게 사방으로 땅을 바라보라고 하시면서 눈에 보이는 모든 땅을 내가 너와 네 자손에게 영원히 주겠다고 약속하셨다. 이전에 하나님께서는 "이 땅을 네 자손에게 주리라"(창 12:7)라고 말씀하셨지만, 이제는 "너"와 "네 자손"에게 가나안 땅을 주겠다고 선포하신다. 또한 자식이 없는 아브라함에게 네 자손이 땅의 티끌같이 헤아릴 수 없을 만큼 많게 될 것이라고 약속하셨다.[301] 이미 일련의 과정에서 하나님이 어떤 분이신가를 경험한 아브라함은 하나님의 말씀을 그대로 믿고 장막을 가나안 땅으로 옮겼다(창 13:18).

> **창 13:18** 이에 아브람이 장막을 옮겨 헤브론에 있는 마므레 상수리 수풀에 이르러 거주하며 거기서 여호와를 위하여 제단을 쌓았더라

아브라함은 헤브론에 있는 마므레 숲에 이르러 그곳에 거주하였다(יָשַׁב, 야샤브).[302] 하나님께서 약속하신 가나안 땅을 떠나지 않고 그곳에 정착한 것이다. 또한 그는 헤브론에서 여호와를 위하여 제단을 쌓았다(창 13:18). 하나님의 주되심을 인정하고 그 분의 약속을 신뢰하는 표시로 제단을 쌓고 하나님을 예배한 것이다.[303] 이로써 하나님께서 아브라함에게 "너의 고

---

301) 창세기 13장은 창세기 12장보다 진전이 있다. 창세기 12:7에서 하나님께서는 아브라함에게 "내가 이 땅을 네 자손에게 주리라"라고 하셨는데 창세기 13:15에서는 아브라함을 추가하여 "내가 너와 네 자손에게 주리라"라고 말씀하신다. 또한 창세기 12:2에서는 "내가 너로 큰 민족을 이루고 … "라고 하셨는데 창세기 13:16에서는 좀 더 구체적으로 "내가 네 자손으로 땅의 티끌 같게 하리니 … "라고 말씀하신다.

302) יָשַׁב(야샤브, 거주하다)라는 동사는 아브라함이 이 장소를 가나안 거주의 중심지로 삼았음을 나타낸다(창 14:13; 18:1; 23장). 카일, 델리취, 『카일·델리취 구약주석 1: 창세기』, 221.

303) 하틀리, 『창세기』, 223.

향과 친척과 아버지의 집을 떠나 내가 네게 보여 줄 땅으로 가라"라고 하신 명령이 온전히 이루어졌다.

하나님께서는 죄악 된 세상 가운데서 아브라함을 부르시고 그를 통해 하나님 나라를 이루어 가신다. 하나님 나라는 인간이 아니라 하나님을 의지하고 하나님께 순종함으로 이루어지는 나라이다. 이 사실을 우리에게 보여주시기 위해 하나님께서는 아브라함을 부르시고 그의 삶을 인도하신다. 아브라함은 하나님의 부르심을 받아 가나안 땅에 왔으나 아직 하나님을 잘 알지 못하여 여러 가지 시행착오를 범하였다. 아브라함이 가나안 땅에 기근이 들어 애굽으로 이주하였을 때, 하나님께서는 바로 왕에게 재앙을 내리시고 사라를 지켜 주심으로 하나님이 이 세상을 다스리시는 만유의 주재이심을 보여주셨다. 아브라함이 롯과의 분쟁을 해결하고 가나안 땅에 남게 되었을 때, 하나님께서는 그에게 나타나 하나님의 뜻이 이 가나안 땅에 있음을 확인시켜 주셨다. 아브라함은 하나님의 약속이 이루어질 것을 믿고, 가나안 땅으로 나아가 장막을 치고 거기서 여호와를 위하여 제단을 쌓았다.

> 그는 "가는 곳마다 하나님께 제단을 쌓고 여호와의 이름을 부르며 예배함으로써 이 땅이 하나님을 섬기는 땅이요, 그를 예배하는 땅이요, 하나님께서 친히 그의 나라를 세우시는 곳임을 몸으로 확인하고 증거하는 삶을 계속 이어간 것이다."[304]

---

304) 김성수, 『내가 너로 큰 민족을 이루게 하리라』, 107.

⋮ 아브라함의 믿음 (Ⅰ)

하나님께서는 아담과 하와의 범죄로 인해 단절된 하나님과 인간 사이의 관계를 다시 회복시키시고 하나님의 창조 목적을 이루기 위해 아브라함을 택하시고 그를 부르셨다. 하나님께서 아브라함을 통해 이루시는 하나님 나라는 전적으로 하나님이 세우시고, 하나님이 다스리시는, 하나님의 나라이다. 인간적인 측면에서 보면 왕이신 하나님을 믿고 하나님을 의지하며, 하나님께 순종함으로 세워지는 하나님의 나라이다. 이러한 하나님 나라를 세우기 위해 하나님께서는 아브라함을 부르시고 "너의 고향과 친척과 아버지의 집을 떠나 내가 네게 보여 줄 땅으로 가라 네게 복을 주어 내가 너로 큰 민족을 이루고 … 땅의 모든 족속이 너로 말미암아 복을 얻을 것이라"(창 12:1-3)라고 말씀하셨다. 이 말씀을 따라 아브라함이 가나안 땅까지 왔다. 그러나 창세기 12장-13장을 보면 아직 아브라함은 하나님이 어떤 분이신지, 하나님의 부르심이 어떤 의미가 있는지를 잘 알지 못한다. 그래서 아브라함은 많은 시행착오를 겪게 된다. 하나님께서는 이러한 아브라함에게 은혜를 베푸셔서 "기근과 롯과의 분쟁 해결"을 통해 아브라함을 믿음의 사람으로 만들어 가신다. 창세기 13:14-17을 보면 이 두 가지 사건을 거치면서 아브라함을 향하신 하나님의 약속이 더욱 구체화 되는 것을 알 수 있다. 아브라함을 향하신 하나님의 약속은 크게 두 가지, 즉 땅과 자손이다.

> **창 13:15** 보이는 땅을 내가 너와 네 자손에게 주리니 영원히 이르리라

보이는 땅, 가나안 땅을 영원히 주시겠다는 약속은 곧 자손에 대한 약속과 밀접하게 연결된다. 땅을 영원한 기업으로 주신다는 약속은 그 땅에 거

하는 자손에 대한 약속과 일맥상통한다. 이것은 아브라함을 통해 이루어지는 하나님 나라의 영속성에 대한 하나님의 의지를 보여주시는 하나님의 말씀이다. 그런데 가나안 지경에 전운이 감돌기 시작한다.

▌바벨론 연합군의 침략

애굽에서 가나안 땅 벧엘로 돌아온 아브라함은 조카 롯이 소돔으로 떠난 후 헤브론 지역으로 옮겨가 정착하였다. 그곳에서 아브라함은 마므레의 형제들과 동맹을 맺었다(창 14:13). 그런데 당시 롯이 살고 있는 소돔 지역에 큰 전쟁이 발생했다.[305] 소돔 북쪽에 있는 네 왕의 연합군[306]이 소돔과 고모라 왕을 비롯한 다섯 왕들의 성을 공격하여 모든 재물과 양식을 빼앗고 사람들을 사로잡아갔다. 이때 조카 롯과 그의 가족들도 포로로 잡혀갔다. 포로 중 한 사람이 도망쳐와 아브라함에게 롯과 그의 가족이 잡혀갔음을 알려주었다. 이에 아브라함은 자기 집에서 훈련시킨 삼백십팔 명의 사병들을 이끌고 마므레 형제들과 함께 그돌라오멜의 연합군을 쫓아가 야간 기습공격으로 격파하였다. 그리고 사로잡힌 롯의 가족을 비롯하여 모든 포로와 빼앗긴 재물들을 되찾아왔다. 이 전쟁에서 승리하고 돌아오는 길에 아브라함은 소돔 왕 베라(창 14:2, 17)와 살렘 왕 멜기세덱(창 14:18)을 만났다. 하나님에 대한 아브라함의 믿음은 이들과의 만남에서 구체적으로 드러난다.

---

305) Collins, Steven. "Where is Sodom? The Case for Tall el-Hammam," *Biblical Archaeology Review* 39, no. 2 (2013): 32-41. 콜린스 이후 소돔과 고모라는 사해 남쪽이 아니라 요단강 동쪽 사해 북단으로 밝혀졌다.
306) 시날 왕 아므라벨과 엘라살 왕 아리옥과 엘람 왕 그돌라오멜과 고임 왕 디달.

▮ 승리의 영광을 하나님께 돌리는 아브라함

지극히 높으신 하나님의 제사장이며 살렘 왕 멜기세덱은 전쟁에 지친 병사들에게 떡과 포도주를 먹이고 위로를 베풀었다. 멜기세덱은 "천지의 주재이시요 지극히 높으신 하나님"(עֶלְיוֹן קֹנֵה שָׁמַיִם וָאָרֶץ, 엘룐 코네 샤마임 바아레쯔)[307]의 이름으로 아브라함을 축복하였다. 그리고 아브라함에게는 "너희 대적을 네 손에 붙이신 지극히 높으신 하나님을 찬송하라"라고 권면하였다. 멜기세덱으로부터 축복을 받은 아브라함은 전쟁에서 얻은 것의 십분의 일을 멜기세덱에게 주었다. 아브라함은 하나님의 이름으로 자신을 축복한 제사장에게 십분의 일을 드림으로 승리를 주신 하나님께 감사의 예물을 드린 것이다. 이는 전쟁에서 승리한 것이 자기의 작전이 뛰어났다거나 군사력이 막강했기 때문이 아니라 전적으로 하나님의 은혜임을 인정하고 감사드리며 모든 영광을 하나님께 돌리는 것이다. 하나님께 드리는 십일조의 참 의미가 바로 이것이다. 하나님께 십일조를 드리는 것은 하나님을 나의 주님으로 인정하고 내 모든 삶의 주관자가 되심을 믿음으로 고백하는 것이다.[308]

멜기세덱과의 만남으로 아브라함은 하나님에 대한 이해가 한층 더 깊어진다. 특별히 이 만남 이후 아브라함은 담대하게 이 세상을 향하여 "천지의 주재이시요 지극히 높으신 하나님 여호와"(יְהוָה אֵל עֶלְיוֹן קֹנֵה שָׁמַיִם וָאָרֶץ,

---

307) 창세기 14:19, 22에서 "지극히 높으신 하나님"(אֵל עֶלְיוֹן, 엘 엘룐)은 "천지의 주재"(וָאָרֶץ קֹנֵה שָׁמַיִם, 코네 샤마임 바아레쯔)라는 호칭과 함께 등장한다. '주재'로 번역된 קֹנֵה (코네)는 קָנָה(카나, 얻다, 취득하다)의 분사형으로 하나님에 대해서 쓰일 때는 "창조자"(Creator) 혹은 "소유자"(Possessor)라는 의미가 있다. 권오윤, "구약신학에 있어서 창조의 진정한 회복: 폰 라드의 역사적 신앙고백에 대한 비판적 검토를 중심으로", 29-30.

308) 클라인은 십일조의 의미는 여호와, 엘 엘룐 하나님의 주 되심을 인정하고 종주 왕-보호자인 그분에게 충성을 맹세하는 것이라고 말한다. 클라인, 『하나님 나라의 서막』, 387.

아도나이 엘 엘욘 코네 샤마임 바아레쯔)[309]라고 고백한다(창 14:22).[310]

▌세상과 타협하지 않는 아브라함

소돔 왕 베라는 승리하고 돌아온 아브라함에게 "사람은 내게 보내고 물품은 네가 가지라"라고 하였다. 전쟁에서 승리하고 돌아오는 왕이나 개선 장군들이 전리품을 자기 소유로 하는 당시의 관례대로 소돔 왕은 아브라함에게 승리자로서의 권리를 인정해 준 것이다. 그러나 아브라함은 소돔 왕에게 다음과 같이 한마디로 거절하였다.

> **창 14:22-23** [22]아브람이 소돔 왕에게 이르되 천지의 주재이시요 지극히 높으신 하나님 여호와께 내가 손을 들어 맹세하노니 [23]네 말이 내가 아브람으로 치부하게 하였다 할까 하여 네게 속한 것은 실 한 오라기나 들메끈 한 가닥도 내가 가지지 아니하리라

개선장군으로서 당당히 받을 수 있는 권리이고 그 많은 재물이면 지금보다 더 큰 부자가 되어 가나안에서 유력한 족장으로 세력을 펼치며 살 수 있는데 왜 단호하게 거절하였는가? 그 이유는 "하나님의 이름"을 위해서였다. 아브라함은 자기가 전쟁에서 승리를 얻고 부자가 되는 것은 하나님께서 주신 복이라는 것을 온 세상이 알기 원했다. 그런데 소돔 왕이 주는

---

309) 카일은 관사를 가지고 있지 않은 엘욘은 지극히 높으신 하나님, 즉 모든 것 위에 계신 하나님에 대한 고유명칭으로서 그는 천지의 주재이시라는 부가절에 의해 유일하게 참되신 하나님을 지적하는 것이라고 말한다. 카일, 델리취, 『카일·델리취 구약주석 1: 창세기』, 228.

310) 하틀리, 『창세기』, 43. 하틀리는 족장들의 종교와 그들의 하나님에 대한 이해는 그들이 하나님을 지칭한 이름, 그들의 기도, 제단의 종류, 제물, 그들이 한 서약, 하나님과 그들의 언약 관계에 반영되어 있다고 주장한다. 따라서 그는 족장들이 하나님에 대해 사용한 이름은 그들과 하나님의 관계를 이해하는 중요한 자료로 간주한다.

물품을 받는다면 그만큼 하나님의 영광이 가려지게 될 것을 알기에 아브라함은 그의 제안을 거절한 것이다.

또 한 가지 중요한 이유는 아브라함이 소돔 왕의 속셈을 너무나 잘 알고 있기 때문이다. 만일 소돔 왕이 주는 상급을 받게 되면 이 일을 기회로 소돔 왕이 아브라함과 동맹 관계를 맺으려 할 것이고 앞으로 다른 청을 해 올 때마다 거절할 수 없게 될 것이다. 소돔과 고모라는 하나님께 심판받아야 할 만큼 죄악이 가득 찬 곳이었다. 따라서 아브라함이 소돔과 동맹을 맺게 되면 승전을 축하하는 잔치 자리에 앉아 함께 먹고 마시는 것을 비롯하여 그들이 즐기는 음란한 문화와 타락한 종교 풍속에 동참해야 할 것이 뻔한 일이었다. 그래서 아브라함은 소돔 왕의 제안을 단호하게 거절하고 그의 것은 실오라기 하나도 취하지 않겠다고 하나님께 손을 들어 맹세했다. 아브라함은 전쟁에 나간 병사들이 먹은 것과 동맹군으로 참여했던 마므레의 세 형제들의 몫은 제하고 남은 재물을 소돔 왕에게 모두 돌려주었다.

아브라함은 살렘 왕 멜기세덱과 소돔 왕 베라에게 "예"와 "아니오"를 분명히 표명하였고 특히 소돔 왕의 요청은 단호하게 거절하였다.[311] 아브라함은 하나님께 마땅히 드려야 할 것은 기쁨으로 드릴 줄 아는 사람이었으며 동시에 하나님께서 기뻐하지 않으시는 것은 욕심내지 않고 과감히 뿌리칠 줄도 아는 사람이었다.

---

311) 키드너, 『창세기』, 163.

▌ 하나님에 대한 믿음으로 담대한 아브라함

약속의 땅 가나안에 거하면서도 기근을 당하자 애굽으로 이주했던 아브라함이다. 자기의 목숨을 지키려고 아내를 누이라 속였던 아브라함이다. 그러나 그돌라오멜의 연합군과의 전쟁에서는 전혀 다른 아브라함의 모습을 보게 된다. 아브라함은 롯이 사로잡혀갔다는 말을 듣고 감히 대적할 엄두조차 낼 수 없는 강력한 군대와의 결전을 두려워하지 않고 소수의 사병을 이끌고 가서 롯을 구해 왔다. 아브라함이 주저하지 않고 바벨론 연합군과 담대하게 맞서 싸울 수 있었던 이유는 무엇인가?

창세기의 문맥에서 보면 이러한 아브라함의 담대함은 하나님의 권세와 능력에 대한 믿음에서 나온 것이다. 아브라함은 애굽의 바로가 하나님 앞에서 굴복하는 것을 보면서 세상 모든 정사와 권세들이 하나님의 주권 아래 있다는 사실을 깨달았다. 또한 아브라함은 애굽에서 가나안 땅으로 돌아와 그 하나님이 나와 함께 하시며 나를 지키시고 인도하신다는 사실을 몸소 깨달았다. 그래서 아브라함은 함께 하시는 하나님을 믿고 그돌라오멜의 연합군을 쫓아가 그들과 맞서 싸워 승리하였고 포로들과 빼앗겼던 재물들을 다시 찾아왔다. 하나님께서는 이 전쟁에서의 승리를 통하여 아브라함이 가나안 땅에서 확실한 지위를 차지하게 하셨고 또한 하나님께서 아브라함에게 주신 가나안 땅에 대한 약속이 확실하게 이루어져 가고 있음을 보여주셨다. 하나님의 약속은 반드시 이루어진다. 우리에게 어떠한 어려움과 역경이 있더라도 하나님의 약속을 믿고 의지하며 나아갈 때 하나님께서는 능히 감당할 힘과 능력을 주신다.

⋮ 아브라함의 믿음 (II)

창 15:6 아브람이 여호와를 믿으니 여호와께서 이를 그의 의로 여기시고

창세기 15장은 성경에서 가장 중요한 내용 중 하나이다. 루터는 "오직 의인은 믿음으로 말미암아 살리라"(롬 1:17)라는 말씀으로 종교개혁을 시작 하였다. 이 말씀은 하박국 2:4을 인용한 것이다. 그러나 성경에서 이신칭 의가 처음으로 언급되는 곳은 바로 창세기 15:6이다.

아브라함은 하나님의 부르심을 따라 갈대아 우르를 떠나 하란을 거쳐 가나안 땅에 왔다. 그런데 창세기 12장-13장을 보면 아직 그는 하나님이 어떤 분이신지, 하나님의 부르심이 어떤 의미가 있는지를 잘 알지 못했다. 그래서 아브라함은 하나님께서 지시하신 가나안 땅에 거하면서도 기근이 심해지자 애굽으로 이주하기도 하고 조카 롯과의 분쟁으로 인해 어려움을 겪기도 했다. 이러한 과정에서 하나님께서는 아브라함에게 은혜를 베푸시 고 그로 하여금 하나님이 어떤 분이신가를 알게 하시고, 하나님의 부르심 에 대해서도 점진적으로 구체화하여 주셨다.

아브라함을 향하신 하나님의 약속은 두 가지, 즉 땅과 자손이다. 하나님 께서는 롯과의 결별 후 아브라함에게 너와 네 자손에게 가나안 땅을 영원 히 주시겠다고 말씀하셨다(창 13:15). 아브라함을 통해 이루어지는 하나님 나라가 영원히 존속될 것임을 하나님께서 약속하신 것이다. 땅에 대한 하 나님의 약속은 곧 자손에 대한 약속과 밀접하게 연결되어 있다.

"땅이 없으면 자손들은 뿔뿔이 흩어질 것이고 정체성이 상실될 위험을 받을 것이다. 반대로 자손이 없으면 땅은 쓸모없을 것이다."[312]

그래서 땅을 영원한 기업으로 주신다는 약속은 그 땅에 거하는 자손에 대한 약속과 함께 주어진다. 그런데 창세기 14장을 보면 가나안 땅에 전쟁이 발생한다. 땅은 전쟁으로 위협받기도 하고 빼앗기기도 한다. 당시 강대국이라 할 수 있는 바벨론 4개국 왕들이 연합해서 소돔과 고모라를 침공하였다. 이때 아브라함의 조카 롯과 그의 가족들이 포로로 잡혀갔다. 아브라함은 사병 삼백십팔 명을 거느리고 바벨론 연합군을 뒤따라가 한밤중에 그들을 쳐부수고 빼앗겼던 재물과 조카 롯과 포로들을 모두 구출해 왔다. 이러한 아브라함의 모습은 하나님의 권세와 능력에 대한 그의 경험과 믿음에서 나온 것이다. 아브라함은 애굽의 바로까지 하나님 앞에서 굴복하는 것을 경험하면서 세상 모든 정사와 권세들 역시 하나님의 주권 아래 있다는 사실을 확신하였다. 그뿐만 아니라 "내가 가는 곳마다 그 하나님께서 나와 함께 하신다."라는 분명한 확신이 있었다. 그 믿음으로 아브라함은 담대하게 바벨론 연합군과의 전쟁에서 승리하였다. 이 일로 아브라함은 하나님에 대한 이해가 한층 더 깊어진다.

갈대아 우르와 하란에서는 "나를 부르시는 하나님"(창 12:1-3)을, 애굽의 바로 앞에서는 "나를 지켜 주시는 하나님"(창 12:10-20)을 경험한 아브라함은 바벨론 연합군과의 전쟁에서 승리하고 돌아온 후 "천지의 주재이시요 지극히 높으신 하나님 여호와"라고 하나님에 대한 신앙을 고백한다. 아브라함이 하나님을 창조주이시며 지존자로 인식하기 시작한 것이다. 이러한 하나님에 대한 인식을 배경으로 창세기 15장이 시작된다.

---

312) 하틀리, 『창세기』, 235-36.

▌이 일들 후에

창 15:1 이 후에 여호와의 말씀이 환상 중에 아브람에게 임하여 이르시되 아 브람아 두려워하지 말라 나는 네 방패요 너의 지극히 큰 상급이니라

하나님께서는 "이 일들 후에"(אַחַר הַדְּבָרִים הָאֵלֶּה, 아하르 하데바림 하엘레)[313] 아브라함에게 "두려워 말라"라고 말씀하신다. 창세기의 문맥에서 "이 일들" 은 바로 앞 장에 있는 사건들로 보는 것이 자연스럽다.[314] 즉, 바벨론 연합군 과의 전쟁이 있은 후, 살렘 왕 멜기세덱과 소돔 왕 베라를 만난 후, 여호와의 말씀이 환상 중에(בַּמַּחֲזֶה, 바마하제)[315] 아브라함에게 임하여 말씀하셨다[316]: "아브람아 두려워하지 말라 나는 네 방패요 너의 지극히 큰 상급이니라".

방패(מָגֵן, 마겐)는 "너희 대적을 네 손에 붙이신(מִגֵּן, 믹겐) 지극히 높으신 하

---

313) 베스터만은 "이 일들 후에"라는 표현은 "어느 정도 시간이 흐른 후를 뜻하는 것으로 과거에 있었던 일과 앞으로 말하고자 하는 일 사이를 연결하려는 의도를 가지고 있다."라고 말한다. 클라우스 베스터만, 『창세기 주석』, 강성열 역 (서울: 한들, 1998), 185.

314) 아브라함에게 여호와의 말씀이 임한 때는 "이 일들 후에"인데, "이 일들"은 창세기 14장에 기록된 여러 사건들, 시날 왕과 엘라살 왕과 엘람 왕과 고임 왕이 쳐들어와 소돔과 고모라를 약탈하고 사람들을 잡아간 것과 그들에게 사로잡혀간 롯을 아브라함이 구출한 것, 그리고 그 뒤에 살렘 왕 멜기세덱에게 십일조를 바치고 소돔 왕에게 전리품을 돌려 준 일 등을 가리킨다. 따라서 "이 일들 후에"는 창세기 15장에서 하나님이 아브라함에게 약속하신 바를 창세기 14장에서 아브라함이 한 행동에 대한 하나님의 반응으로 이해하게 한다. 이에 대한 자세한 논의는 기동연, 『아브라함아! 너는 내 앞에 행하여 완전하라』, 122-23을 참고하라.

315) 환상은 꿈과는 구별된다. 하나님께서 환상을 통해 사람에게 전달하시는 것은 시각적인 이미지가 아니라 하나님의 말씀이다. 하나님의 말씀이 환상을 통해 선지자들에게 계시 되었다는 사실은 창세기 15:1에서 아브라함을 선지자로 제시한다는 점을 시사한다. 해밀턴, 『NICOT 창세기 I - Genesis 1~17』, 471-72 참조.

316) 이한영은 "환상 중에"(בַּמַּחֲזֶה, 바마하제)라는 말은 구약에서 오직 본문에서만 한번 나타 나지만 이와 유사한 용어인 "이상"(חָזוֹן, 하존)은 선지서 안에서 하나님의 말씀을 대변하는 선지자들과 관련해 23번 이상 등장한다고 한다. 따라서 이한영은 이 표현은 아브라함을 미래 선지자들의 전형으로 소개하고 있는 것이며 창세기 15장은 모두 "이상 중에 밝혀진 하나님의 계시"라고 말한다. 이한영, 『역사와 서술에서의 오경 메시지』, 108.

나님을 찬송할지로다"(창 14:20)라는 멜기세덱의 말과 관련이 있다.[317] 아브라함은 야간 기습작전으로 바벨론 연합군을 쳐부수고 롯과 재물들을 다시 찾아왔다. 그러나 만약 그들이 전열을 가다듬고 다시 쳐들어오면 아브라함으로서는 막아낼 도리가 없었을 것이다. 이러한 것들을 염려하고 두려워하는 아브라함에게 하나님께서는 "두려워 말라 나는 너의 방패요 너의 지극히 큰 상급이니라"라고 말씀하신 것이다.

❙ 나는 너의 방패요

방패는 하나님의 보호를 의미하는 비유적 용어이다.[318] 따라서 하나님께서 "나는 너의 방패"라고 말씀하시는 것은 적의 공격으로부터 지키시고 보호해 주신다는 것을 의미한다. "천지의 주재이시요 지극히 높으신 하나님"께서 아브라함을 돕는 방패(신 33:29; 시 28:7)가 되어 아브라함을 호위해 주시니(시 5:12) 그 어떤 대적도 두려워할 이유가 없다.

❙ 나는 너의 지극히 큰 상급이다

그뿐만 아니라 하나님께서는 아브라함에게 "나는 … 너의 지극히 큰 상급" (אָנֹכִי … שְׂכָרְךָ הַרְבֵּה מְאֹד, 아노키 … 세카르카 하르베 메오드)이라고 말씀하신다. אָנֹכִי … שְׂכָרְךָ הַרְבֵּה מְאֹד를 NIV와 KJV, 그리고 개역개정은 "나는 너의 지극히 큰 상급"이라고 직역하였고, RSV나 NASB는 70인역을 따라 "네 상급이 지극히 크리라", 즉 "내가 너에게 매우 큰 상을 줄 것이다."라는 의미로 번역하였다.

---

317) 하틀리, 『창세기』, 236; 기동연은 아브라함에게 나는 너의 방패(מָגֵן, 마겐)라고 말씀하시는 하나님은 창 14:20에서 대적을 아브라함의 손에 붙이신(מִגֵּן, 믹겐) 바로 그 분이라고 주장한다. 기동연, 『아브라함! 너는 내 앞에 행하여 완전하라』, 124.

318) 해밀턴, 『NICOT 창세기 Ⅰ- Genesis 1~17』, 472.

"나는 너의 지극히 큰 상급이니라"라고 번역할 경우 그 의미는 하나님 자신이 아브라함에게 큰 상급이라는 것이다. 그렇다면 이 말은 "나는 네 것이다. 나는 너의 하나님이다."라는 뜻이 된다. 이것은 바로 셈에게 주신 축복의 핵심이며(창 9:26), "나는 네 하나님이 되고 너는 내 백성이 되리라"라고 하는 언약의 본질을 가리킨다.[319] 그러나 이렇게 해석할 경우 창세기 15장에서 이어지는 하나님과 아브라함의 대화를 이해하기 어렵게 된다. 따라서 "네 상급이 지극히 크리라"라는 번역을 주목할 필요가 있다.

"네 상급이 지극히 크리라"라고 번역할 경우 그 의미는 하나님께서 아브라함에게 지극히 큰 상을 주시겠다는 것이다. 하틀리는 이 구절을 창세기 14장의 전쟁이라는 문맥에서 해석해야 한다고 주장한다. 즉, 상급은 군인들이 받는 전리품과 관련이 있다는 것이다. 아브라함은 바벨론 연합군과의 전쟁에서 승리하였지만 전리품을 취하지 않았기에 하나님께서 아브라함에게 제대로 된 보상을 약속하신다는 것이다.[320] 그렇다면 성경적 문맥에서 생각해 볼 때 하나님께서 인간에게 주시는 "지극히 큰 상급"은 무엇인가?

시 127:3 보라 자식들은 여호와의 기업이요 태의 열매는 그의 상급이로다

성경은 자식들, 곧 태의 열매가 여호와의 기업이요 그의 상급이라고 말씀한다. 따라서 "네 상급이 지극히 크리라"라는 말씀은 여호와께서 아브라함에게 준비하신 상급이 아들이라는 것을 시사한다.[321] 이러한 하나님의 말씀에 대하여 아브라함은 질문한다. "주 여호와여 무엇을 내게 주시려 하나이까?" 이 질문은 단순히 아브라함이 하나님께서 주시는 상급이 무엇인

---

319) 김성수, 『내가 너로 큰 민족을 이루게 하리라』, 121.

320) 하틀리, 『창세기』, 236.

321) 해밀턴, 『NICOT 창세기 I - Genesis 1~17』, 473.

지 궁금하다는 의미가 아니다. 아브라함은 하나님을 "나의 주 여호와여"라고 칭하였다. 이는 만물에 대한 하나님의 주권 및 다스림을 강조하는 이름인 "아도나이"(אֲדֹנָי, 나의 주)와 언약에 대한 신실성을 강조하는 이름인 "여호와"가 합쳐진 칭호이다(삼하 7:28; 겔 11:17 참고). 이를 통해 볼 때 아브라함은 비록 그 성취 방법에 대해서는 알지 못했지만(4절), 천지의 주재이시요 지극히 높으신 하나님께서 자손에 대한 약속을 이루어주시리라 확신하였음을 알 수 있다. 그러나 이제까지 그 약속이 성취되지 않았다. 그래서 아브라함은 하나님께서 태의 열매를 연상케 하는 "지극히 큰 상급"을 말씀할 때 다음과 같이 제안한다: "나는 자식이 없사오니 나의 상속자는 이 다메섹 사람 엘리에셀이니이다". 즉, 아브라함이 바라는 가장 큰 상급은 아들인데 아브라함은 당시의 관습에 따라 엘리에셀을 양자로 입양하여 하나님의 뜻이 이루어지게 하겠다는 것이다.[322]

> 누지 서판에서 알 수 있듯이 자녀가 없는 부부는 상속자가 되는 대가로 노년에 그들을 부양하고 장례를 치루어 줄 사람을 양자로 입양하는 관습이 있었다. 아브라함의 청지기인 다메섹 엘리에셀은 자기의 모든 일을 관장하고 후에 장례까지 치러 줄 양자로 입양된 것으로 보인다. ⋯ 아브라함은 단순히 그 시대의 관습에 따라 처신한 것이다.[323]

이러한 아브라함의 모습에 대해 두 가지 해석이 가능하다. 하나는 아브라함이 하나님의 능력을 믿지 못하고 인간적인 방법으로 대를 이을 것을 제안했다는 해석이다. 예를 들어 하틀리는 아브라함이 고향, 친척, 아버지

---

322) 아브라함 당시에는 아들이 없으면 입양(창 15장)이나 서자(창 16장)를 통해 대를 잇게 하는 관습이 있었다.

323) Edward J. Young, "The Accuracy of Genesis," *His* 17.6 (March 1957): 24-25. Cyrus H. Gordon, "Biblical Customs and the Nuzu Tablets," *The Biblical Archaeologist*, Vol. 3, No. 1 (February, 1940): 2-3.

의 집을 떠나라는 하나님의 명령에 순종했음에도 자손에 대한 약속을 지키지 않으시는 하나님에 대해 원망과 절망과 실망감을 드러내고 있다고 보았다. 그는 아브라함이 하나님께서 씨를 주지 않으셨다고 탄식하며 이미 엘리에셀을 입양했거나 그를 입양해 상속자로 삼을 계획을 세우고 있었다고 주장한다.[324] 아브라함의 입장에서 보면 엘리에셀을 통해 대를 잇는 것이 잘못되었다고 말할 수 있는 근거는 없다. 아직 하나님께서 어떠한 방법으로 대를 잇게 하실 것인지 구체적으로 알려주지 않으셨기 때문이다.

다른 하나는 하나님에 대한 믿음으로 아브라함이 하나님의 뜻을 이루기 위해 자기가 할 수 있는 최선의 방법을 제안했다는 해석이다. 아브라함은 가나안 땅을 "너와 네 자손"에게 주시겠다는 하나님의 뜻이 반드시 이루어지질 것이라고 생각했다. 하나님은 "천지의 주재이시요 지극히 높으신 하나님 여호와"이시기 때문이다. 그런데 아브라함 입장에서 보면 나이는 들어가고 자식은 없으니 그 당시의 관습에 따라 양자를 입양하면 하나님의 뜻이 이루어질 것이라고 생각한 것이다.

그러나 어떤 경우이든 하나님의 뜻은 하나님의 방법으로 이루어지는 것이지 사람의 방법으로 이루어지는 것이 아니다. 그래서 하나님께서는 아브라함에게 다음과 같이 말씀하신다.

> **창 15:4-5** [4]여호와의 말씀이 그에게 임하여 이르시되 그 사람이 네 상속자가 아니라 네 몸에서 날 자가 네 상속자가 되리라 하시고 [5]그를 이끌고 밖으로 나가 이르시되 하늘을 우러러 뭇별을 셀 수 있나 보라 또 그에게 이르시되 네 자손이 이와 같으리라

---

324) 하틀리, 『창세기』, 236-37.

하나님께서는 "그 사람(엘리에셀)이 네 상속자가 아니라 네 몸에서 날 자가 네 상속자가 되리라"(창 15:4)라고 말씀하셨다. "네 몸에서 날 자"란 단순히 육적인 자녀를 말하는 것이 아니다. 아브라함은 인간적인 방법으로 하나님의 뜻을 이루려고 하였다.[325] 필립스의 지적과 같이 "우리는 하나님을 도와 드리기 위해 우리의 지혜대로 우리의 손으로 일을 처리하며 심지어 원하는 결과를 얻기 위해 죄악 된 수단들을 사용하기도 한다."[326] 그러나 하나님께서는 하나님의 방법으로 하나님의 뜻을 이루어 가실 것이다. 더욱이 지금 아브라함에게는 자식이 없는데 하나님께서는 하늘의 별과 같이 많은 자손을 주시겠다고 말씀하신다.

▌아브라함이 여호와를 믿으니

> 창 15:6 아브람이 여호와를 믿으니 여호와께서 이를 그의 의로 여기시고

아브라함은 하늘의 별과 같이 많은 자손을 주시겠다는 하나님의 말씀을 그대로 믿었다. 그리고 성경은 아브라함이 여호와를 믿으니 여호와께서 이를 그의 의로 여기셨다고 말씀한다(창 15:6). 아브라함은 믿음으로 말미암아 의롭다 하심을 얻었다. 카일은 창세기 15:6에서 처음으로 두 개념, 즉 "믿음"과 "의"라는 사상이 함께 어울려 나타난다고 지적한다.

> 믿음(faith)은 단순히 동의하는 것이 아니라 자연스러운 일들의 진행 과정에서 아무런 희망도 없고 기대할 것도 없을지라도 여호와와 그의 말씀을 무조건 신뢰하는 것이다. … 의(righteousness)는 인격과 행동 모두가 하나님의 뜻에 일치하는 것이나 또는 인간을 향하신 하나님의 뜻에 응답하는 것이다.[327]

---

325) 필립스, 『히브리서』, 773.
326) 필립스, 『히브리서』, 773.
327) 델리취, 『카일·델리취 구약주석 1: 창세기』, 234-35.

보스는 "믿다"(אָמַן, 아만)라는 동사의 히필형은 능동 사역의 의미가 있으므로 전치사 "베"(בְּ)와 함께 쓰여 그 확신이 발생한 출처가 바로 여호와이시고, 그분에게서 발생한 확신이 또한 그분에게로 귀착된다고 그 의미를 설명한다.[328] 그렇다면 וְהֶאֱמִן בַּיהוָה(베헤에민 바도나이, 그가 여호와를 믿었다)라는 표현은 아브라함이 여호와의 약속을 믿은 것이 아니라 하나님을 절대적으로 신뢰했다는 의미이다.[329] 더욱이 이 동사의 형태는 하나님을 믿는 그의 믿음이 그때 당시의 순간적인 태도가 아니라 흔들림 없는 지속적인 믿음인 것을 나타낸다.[330]

아브라함이 처음부터 믿음이 좋은 사람은 아니었다. 성경을 보면 하나님께서는 아브라함을 부르시고 그 부르심에 합당한 믿음의 사람으로 만들어 가시는 것을 볼 수 있다.

첫째, 아브라함이 하나님의 부르심을 받아 가나안 땅에 도착했을 때 아브라함은 하나님을 전적으로 신뢰하지 못하고 기근이 들자 애굽으로 피신했다. 이때 아브라함은 몇 가지 잘못을 범하였다. 아브라함은 약속의 땅 가나안에 기근이 심해지자 하나님을 의지하지 않고 인간적인 방법으로 문제를 해결하려 하였다. 기근을 피해 애굽으로 내려가면서 그는 자기의 목숨을 부지하기 위해 아내를 누이라 속이는 거짓말을 했다. 그 결과 이방인들 앞에서 하나님의 택하심을 받은 백성으로서 성결한 모습을 보이지 못

---

328) 보스, 『성경신학』, 114; 카이저 역시 아브라함의 신앙의 근원과 대상은 여호와인 동시에, 그의 신앙의 대상과 내용은 하나님의 약속, 곧 원복음(창 3:15)에서 약속한 메시아라고 역설한다. 그는 또한 하나님을 믿는다는 것은 하나님의 약속과 명령을 믿는다는 것이요, 그를 믿고 그의 인격과 성품을 믿는 것이라고 지적한다. 월터 카이저, 『새롭게 본 구약신학』, 김의원 역 (서울: 엠마오서적, 1989), 153-56.

329) 하틀리, 『창세기』, 238.

330) 알더스, 『창세기 I』, 344.

했다. 그러나 하나님께서는 바로에게 재앙을 내리셔서 사라를 지켜 주셨다. 아브라함은 이 일을 통해 이 세상을 주장하시는 하나님의 권능을 깨닫고 가나안 땅으로 돌아왔다.

둘째, 롯과의 분쟁을 해결하는 과정에서 하나님께서는 아브라함이 고향과 친척, 아버지의 집을 떠나라는 하나님의 부르심에 온전히 순종하게 하시고 그를 향하신 하나님의 뜻을 분명히 밝혀주셨다. 하나님께서는 롯이 떠난 후 가나안 땅에 남겨진 아브라함에게 땅의 티끌같이 헤아릴 수 없는 많은 자손을 약속하시면서 네 눈에 보이는 이 땅을 너와 네 자손에게 영원히 주리라고 말씀하셨다.

셋째, 이방 민족과의 전쟁에서 승리함을 통해 하나님께서는 아브라함에게 약속하신 땅을 친히 지켜 주신다는 사실을 확인시켜 주셨다.

하나님께서는 이러한 과정을 통해 아브라함이 하나님을 점점 더 알아가게 하셨다. 그래서 창세기 14장에서 아브라함은 처음으로 "하나님은 천지의 주재이시요 지극히 높으신 하나님 여호와"라고 하나님에 대한 신앙을 고백하였다. 창세기 15장에서는 "나의 방패"이신 그 하나님께서 다시 한 번 하늘의 별과 같이 많은 자손을 약속하셨다. 아브라함은 나의 삶은 내 생각이나 내 능력을 따라 사는 것보다 하나님을 믿고 의지하고 순종하는 것이 더 나음을 알았기에 하나님의 말씀을 그대로 믿었다. 자기를 주장하지 아니하고 하나님의 뜻이 나의 삶 속에 이루어지도록 받아들이는 것, 이것이 바로 믿음이다. 즉, 믿음은 나의 모든 일이 다 창조주 하나님의 뜻과 섭리 아래 있음을 인정하며 하나님 말씀 앞에서 나를 내려놓고 하나님의 뜻대로 순종하는 것이다.

▎ 언약을 맺으시는 하나님

하나님의 예언은 역사에 대한 주권적 통제를 드러낸다.[331]

하나님께서는 아브라함에게 하늘의 별과 같이 많은 자손을 약속하셨고 아브라함은 하나님을 믿었다. 아브라함이 여호와를 믿으니 여호와께서 이를 그의 의로 여기셨다. 그리고 하나님께서는 아브라함에게 다음과 같이 자기 자신을 소개하셨다.

> **창 15:7** 또 그에게 이르시되 나는 이 땅을 네게 주어 소유를 삼게 하려고 너를 갈대아인의 우르에서 이끌어 낸 여호와니라

하나님께서 "자신의 이름을 밝히시는 것은 자신의 정체를 바르게 상기시켜 주고 자신이 하고자 하는 일을 상대방에게 명확하게 확신시키려는데 있다."[332] 하나님께서는 아브라함에게 자손뿐 아니라 가나안 땅을 주시기 위하여 갈대아 우르에서 이끌어 내셨다고 말씀하신다. 그런데 아브라함은 하나님께 그에 대한 증표를 요구하였다.

> **창 15:8** 그가 이르되 주 여호와여 내가 이 땅을 소유로 받을 것을 무엇으로 알리이까

"이 질문은 아브라함에게 주어진 언약이 정말로 실현될 것이라는 표징이나 징조를 보여 달라고 하는 것이다."[333] 알더스는 "이러한 요구는 불신

---

331) 월키, 프레드릭스, 『창세기 주석』, 436.
332) 기동연, 『아브라함아! 너는 내 앞에 행하여 완전하라』, 124.
333) 알더스, 『창세기 I』, 345.

앙이나 의심을 나타내는 것으로 해석하기보다는 아직 실현되지 않은 하나님의 언약을 소유하고 싶어하는 갈망의 표현으로 보아야 한다."[334]라고 주장한다. 이러한 입장은 느헤미야서에서도 확인된다. 느헤미야는 하나님께서 "그(아브라함)의 마음이 주 앞에 충성됨을 보시고 그와 더불어 언약을 세우셨다."(느 9:8)라고 말하였다. 약속에 대한 증표를 원하는 아브라함의 요구에 부응하여 하나님께서는 그와 더불어 언약을 체결하셨다.

하나님께서는 아브라함에게 삼 년 된 암소와 삼 년 된 암염소와 삼 년 된 숫양과 산비둘기와 집비둘기 새끼를 가져다가 그 중간을 쪼개고 그 쪼갠 것을 마주 대하여 놓게 하셨다(창 15:9-10). 그런데 해가 져서 어두울 때에 연기 나는 풀무가 보이며 타는 횃불이 쪼갠 고기 사이로 지나갔다(창 15:17).[335] 이러한 모습은 언약을 체결하는 의식절차이다. 이는 만약 언약을 어기면 자기들의 몸이 쪼개지는 저주를 받게 됨을 의미한다.[336] 쪼개진 고기 사이로 지나간 횃불은 하나님의 임재를 상징한다.[337] 하나님께서는 이러한 상징적인 행동을 통해 하나님 자신이 아브라함에게 약속하신 것을 준수하지 못할 경우, 자신이 저주받을 것이라고 말씀하셨다. 그런데 이 언약 체결의식에서 아브라함은 쪼개진 짐승 사이로 지나가지 않았다. "하나님께서 홀로 제물 사이로 지나가신 것은 일방적이고 무조건적인 언약을 맺고 계신다는 의미이다."[338]

---

334) 알더스, 『창세기 I』, 345.

335) 예레미야 34:18-20을 보면 언약을 맺는 쌍방이 쪼개진 짐승 사이로 통과하는 것을 볼 수 있다. 차준희는 연기 나는 풀무와 타는 횃불은 하나님을 상징하는 것이라고 말한다. 차준희, 『창세기 다시보기』 (서울: 대한기독교서, 2014), 90.

336) 클라인, 『하나님 나라의 서막』, 369.

337) 알더스, 『창세기 I』, 348.

338) 하틀리, 『창세기』, 245; 해밀턴, 『NICOT 창세기 I - Genesis 1~17』, 491.

아브라함이 희생 제물은 아브라함이 준비했으나 언약의 주체는 하나님 자신이었다.[339] 하나님이 이 언약의 제안자이시다. 하나님께서는 아브라함에게 결단코 그 언약을 깨지 않겠다고 약속하셨다.[340] "하나님께서는 아브라함에게 아무것도 요구하지 않으셨다."[341] 아브라함은 일방적으로 약속을 받았다. 하나님께서는 인간에게 주실 수 있는 최상급의 약속을 언약 체결의식을 통하여 확인해 주셨다.

> 현존하는 고대 근동 지방의 문서들을 보면 죽임을 당한 짐승 사이를 지나가는 것은 언약을 어겼을 경우 당사자에게 저주를 퍼붓는 한 의식이다. 짐승의 시체 사이를 지나가는 것은 언약을 어긴 것에 대한 형벌로 죽임을 당한 짐승과 똑같은 운명을 받아들인다는 것이다. 하나님만이 그 시체들 사이를 지나가신다는 것을 주목하라. 이것은 그 언약이 아브라함의 미래의 행동에 좌우되는 조건적인 언약이 아니라 아브라함의 과거의 신실함에 기반을 둔 무조건적 언약이라는 것을 의미한다.[342]

하나님께서는 말씀하신 대로 약속을 이루시는 신실하신 하나님이시다. 믿음의 주체는 내가 아니라 하나님이심을 우리는 이 사건을 통해서도 분명하게 확인할 수 있다. 창세기 15:13-21을 보면 하나님께서 아브라함에게 주신 언약의 내용이 명시되어 있다.

창 15:13-21 [13]여호와께서 아브람에게 이르시되 너는 반드시 알라 네 자손이 이방에서 객이 되어 그들을 섬기겠고 그들은 사백 년 동안 네 자손을 괴롭히리니 [14]그들이 섬기는 나라를 내가 징벌할지며 그 후에 네 자손이 큰 재물을

---

339) 이러한 배경에서 하나님께서는 창세기 17장에서 아브라함에게 "내 언약"이라고 9번이나 반복해서 강조하신다. 이는 아브라함과 맺은 언약의 주체가 하나님이심을 분명히 한다.

340) 하틀리, 『창세기』, 51.

341) 하틀리, 『창세기』, 241.

342) Bruce K. Waltke, *An Old Testament theology: an exegetical, canonical, and thematic approach* (Grand Rapids, Mich.: Zondervan, 2007), 319.

이끌고 나오리라 ¹⁵너는 장수하다가 평안히 조상에게로 돌아가 장사될 것이
요 ¹⁶네 자손은 사대 만에 이 땅으로 돌아오리니 이는 아모리 족속의 죄악이
아직 가득 차지 아니함이니라³⁴³⁾ 하시더니 ¹⁷해가 져서 어두울 때에 연기 나는
화로가 보이며 타는 횃불이 쪼갠 고기 사이로 지나더라³⁴⁴⁾ ¹⁸그 날에 여호와께
서 아브람과 더불어 언약을 세워 이르시되³⁴⁵⁾ 내가 이 땅을 애굽 강에서부터
그 큰 강 유브라데까지 네 자손에게 주노니 ¹⁹곧 겐 족속과 그니스 족속과 갓
몬 족속과 ²⁰헷 족속과 브리스 족속과 르바 족속과 ²¹아모리 족속과 가나안 족
속과 기르가스 족속과 여부스 족속의 땅이니라 하셨더라

하나님께서는 아브라함에게 많은 자손을 약속하셨고 가나안 땅을 기업
으로 주셨다.³⁴⁶⁾ 그리고 그 증표로 여호와께서 "아브라함과 더불어 언약을
세우셨다"(כָּרַת יְהוָה אֶת־אַבְרָם, 카라트 여호와 에트-아브람). 아브라함의 자
손들이 사백 년 동안 이방의 객이 되겠지만 그 후에 큰 재물을 이끌고 다시
애굽 땅에서부터 그 큰 강 유브라데까지 이르는, 즉 가나안 땅으로 돌아오
게 된다는 것이 아브라함에게 주신 언약의 핵심이다. 출애굽의 의미와 중
요성은 구원으로 한정되지 않는다. 출애굽과 가나안 입성은 땅과 자손에
대한 하나님의 약속이 반드시 이루어질 것을 보증하는 선취적 사건이다.

---

343) 해밀턴은 가나안 토착민들의 부도덕성에 대한 언급은 여호수아의 침략이 부당한 공격이
아니라 정의의 시행이라는 것을 확고히 한다고 주장한다. 해밀턴, 『NICOT 창세기 Ⅰ -
Genesis 1~17』, 491.

344) 해밀턴은 "창세기 15:7을 여호와가 스스로를 저주에 노출시킨 것으로 읽을 필요는
없다. 오히려 창세기 15:17은 여호와가 아브람 자손들에게 땅을 약속한 것을 확증하는
것이다."라고 한다. 해밀턴, 『NICOT 창세기 Ⅰ - Genesis 1~17』, 492.

345) 베스터만은 언약의 의무가 아브라함에게는 부과되지 아니하였으므로 베리트를 언약이
아니라 더 넓은 어감을 지니는 표현으로 번역해야 한다고 제안한다: "그 날에 여호와는
아브람에게 중대한 확신을 주었다." Claus Westermann, Genesis 12~36, A Continental
Commentary, trans. John J. Scullion, (Minneapolis: Fortress Press, 1985), 229.

346) 하나님께서는 아브라함에게 가나안 땅을 네 자손에게 이미 "주었다"(נָתַתִּי, 칼완료 1인칭
공성 단수)라고 말씀하신다. 이는 예언적 완료형으로 "미래의 특정한 일이 반드시 일어
난다는 것을 단정적으로 말할 때 사용하는 표현방식이다." 기동연, 『아브라함아! 너는 내
앞에 행하여 완전하라』, 203.

언약의 성취

창세기 17장에는 "언약"이라는 말이 12번 등장한다.[347] 그중에 9번은 하나님께서 "내 언약"이라고 말씀하신다. 또한 하나님께서는 이 언약을 "영원한 언약"(בְּרִית עוֹלָם, 베리트 올람)이라고 하신다(창 17:7, 13, 19). 영원한 언약은 아브라함과 맺은 언약이 영원히 변하지 않을 것이라는 뜻이 아니다.[348] 영원한 언약은 이 언약이 아브라함뿐만 아니라 아브라함의 후손들, 즉 하나님께서 택하시고 구원하셔서 하나님 나라 거룩한 백성 삼으신 모든 세대의 성도들과 맺으신 언약이라는 뜻이다(창 17:7, 19).[349]

---

347) 창세기 17:2, 4, 7(2), 9, 10, 11, 13(2), 14, 19(2), 21. 창세기 17장에서 언약은 두 가지 의미로 사용되었다. 4절, 7절, 19절(14절 참조)의 언약은 아브라함 언약 전체를 의미한다. 그러나 10절, 13절의 언약은 명시적으로 할례를 의미한다. 할례는 아브라함 언약을 확인하는 표징이다.

348) 베스터만은 "올람은 시간을 넘어선 영원을 의미하지 않고 도리어 헤아릴 수 없는 긴 시간의 흐름을 의미한다."라고 주장한다. 베스터만, 『창세기 주석』, 238.

349) 알더스는 "영원한"이란 말은 … 다가오는 모든 세대 속에서 수행될 것이라는 사실을 보여준다고 말한다. 알더스, 『창세기 I』, 361; 브랜드는 "영원한"이라는 말이 다른 문맥에서는 약속의 시대의 한정적인 기간을 의미한다면서 다음과 같은 두 가지 예를 제시한다: (1) 하나님께서는 창세기 17:3에서 할례가 하나님과 그의 백성 사이의 "영원한 언약"이 될 것이라고 선언하셨다. 그러나 로마서 2:25-29, 갈라디아서 2:3, 5:2-6, 골로새서 2:11-12 등을 보면, "그리스도 예수 안에서는 [표면적] 할례나 [표면적] 무할례는 아무것도 아니며," "할례는 마음에 할지니"라고 하기 때문에 유형(type)으로서의 할례는 새 언약의 대형 (antitype)인 그리스도인들의 세례에 의하여 성취된 것이다. (2) 하나님께서는 출애굽기 12:17에서 유월절을 "영원한 규례"로 삼겠다고 선포하셨다. 그러나 고린도전서 5:7을 보면, 우리는 이제 "그리스도가 우리의 유월절"임을 안다. 브랜드, 90; 기동연은 영원은 시간적 무한성을 의미하지만, 창세기 17:7에서는 언약을 결코 파기하지 않는다는 하나님의 신실성을 강조하는 측면이 더욱 강하다고 한다. 기동연, 『아브라함아! 너는 내 앞에 행하여 완전하라』, 206.

▌언약이 주어진 시기

먼저 창세기 17:1을 보면 이 언약이 주어진 시기에 대하여 언급한다.

> **창 17:1** 아브람이 구십구 세 때에 여호와께서 아브람에게 나타나서 그에게
> 이르시되 나는 전능한 하나님이라 너는 내 앞에서 행하여 완전하라

아브라함이 구십구 세 때에 여호와께서 아브라함에게 나타나셨다. 바로
앞 구절인 창세기 16:16에서도 아브라함의 나이를 언급한다. 하갈이 이스
마엘을 낳았을 때 아브라함은 팔십육 세였다. 성경은 아브라함이 팔십육 세
때부터 구십구 세 때까지 마치 아무 일도 없었던 것처럼 침묵하고 있다.[350]
따라서 우리는 이스마엘이 태어나고 십삼 년이나 지난 후, 아브라함이 구십
구세 때에 여호와께서 아브라함에게 나타나셨다고 언급하는 성경의 의도가
무엇인가를 먼저 살펴볼 필요가 있다. 그 이유는 이스마엘과 관련이 있다.

창세기 15장을 보면 여호와께서 "나는 너의 방패요 너의 지극히 큰 상급
이니라"라고 말씀하시며 아브라함에게 두 가지를 약속하셨다. 첫째, 하나
님께서는 아브라함에게 "네 몸에서 날 자가 네 상속자가 되리라"(창 15:4)라
고 말씀하셨다. 그뿐만 아니라 하나님께서는 하늘의 별과 같이 많은 자손
을 약속하셨다(창 15:5). 둘째, 하나님께서는 아브라함에게 가나안 땅을 기
업으로 주시겠다고 약속하셨다(창 15:7). 그리고 이에 대한 보증으로 하나
님께서는 아브라함과 언약을 맺으시고 약속에 대한 실현 의지를 강하게
표명하셨다(창 15:9-17). 그런데 창세기 16장을 보면 아브라함이 나이가 들

---

350) 월키는 단지 공백으로 처리된 13년의 중요성은 약속의 씨가 그만큼 지연되었다는 의미일
 것이라고 보았다. 월키, 프레드릭스, 『창세기 주석』, 457.

어가고 아내 사라는 임신하지 못하였다.[351] 아브라함은 하나님의 약속이 이루어질 수 있는 시간이 얼마 남지 않았다고 생각하고 당시의 사회적 관례에 따라 후처를 통해서 자녀를 낳으려고 하였다.

> 결혼의 목적이 반려자를 얻기 위한 것이 아니라 출산에 있었기 때문에 누지(Nuzi)의 혼인 서약에서 불임의 아내가 아이를 낳을 수 있는 여종을 남편에게 제공하도록 의무화하고 있는 것은 놀랄만한 일이 아니다. Gilimninu(길림니누, 신부)가 임신을 하지 못하면, Gilimninu는 Shennima(쉔니마, 신랑)를 위하여 "N/Lullu-land(눌루랜드)의 여인"(여종)을 첩으로 제공해야 한다(Tablet No. H V 67:19-21). 이를 통해 우리는 아브라함에게 다음과 같이 말하는 사라의 관점을 이해할 수 있다: "여호와께서 내 출산을 허락하지 아니하셨으니 원하건대 내 여종에게 들어가라 내가 혹 그로 말미암아 자녀를 얻을까 하노라"(창 16:2). 현재 우리의 관점에 비추어 볼 때 부자연스럽게 보일지라도 사라의 행동은 그녀의 사회적 환경과 관습에 부합하며, 두 세대 후 라헬도 같은 이유로 빌하를 야곱에게 주었다(창 30:3).[352]

불임인 사라는 자녀를 얻기 위하여 아브라함에게 자기의 여종인 하갈을 첩으로 내어주었다. 성경은 이때가 아브라함이 가나안 땅에 거주한 지 십 년이 지났음을 밝히고 있다(창 16:2-3). 내가 너로 큰 민족을 이루게 하겠고 하신 하나님의 약속에도 불구하고 팔십오 세가 되도록 자녀가 없었던 아브라함은 사라의 제안을 받아들여 "하나님의 능력이 아니라 자신의 능력으로 후손에 대한 하나님의 약속을 이루려고 시도한다."[353] 그래서 얻은 아들이 바로 이스마엘이다. 이스마엘이 태어나고 십삼 년이 지나는 동안 아브라함은 이스마엘에게 점점 더 애착을 갖게 되었고, 이스마엘을 "약속의 아들"이라고 여겼던 것으로 보인다.[354] 이는 아브라함의 말에서 확인할

---

351) 아브라함이 가나안 땅에 거한지 십 년 후이므로 아브라함의 나이가 팔십오 세 때이다.

352) Gordon, "Biblical Customs and the Nuzu Tablets," 2-3.

353) 브루스 월트키, 『구약신학』, 김귀탁 역 (서울: 부흥과개혁사, 2012), 388.

354) 류폴드는 사라가 아들을 낳을 것이라는 새 약속(창 17:16)이 이스마엘을 완전히 간과하는

수 있다: "이스마엘이나 하나님 앞에 살기를 원하나이다"(창 17:18).

그런데 아브라함이 구십구 세 때 여호와께서 그에게 나타나 말씀하신다.

창 17:1 하반절 나는 전능한 하나님이라 너는 내 앞에서 행하여 완전하라

아브라함은 나이가 들어가고 아내인 사라가 아이를 가질 수 없게 되자 인간적인 방법으로 하나님의 뜻을 이루려고 하였다. 이런 아브라함을 향하여 여호와께서 말씀하신다: "나는 전능한 하나님이라".[355]

> 아브라함이 약속을 성취하기 위하여 그릇된 방법을 의지했다는 것은 하나님의 전능하심을 고려하지 않았기 때문이다. 이 진리는 다음과 같은 훈계가 뒤따른다: "너는 내 앞에서 행하여 완전하라". 그리고 이 훈계는 엄중한 책망을 내포하고 있다. "믿을 수 없는 편법을 더 이상 의지하지 말라. 바른 길로 행하라. 그리고 내가 원하는 때에 내가 원하는 방법으로 약속을 이행하도록 나에게 맡겨라".[356]

여호와께서는 "나는 전능한 하나님이라"라는 말씀으로 아브라함에게 자신이 절대적으로 신뢰를 받을 만하다는 것과 약속한 모든 일을 성취할 절

것을 깨닫고서 하나님께 이스마엘을 위해 호의를 구하는 것으로 해석한다. 류폴드, 『창세기 상』, 455; 아브라함이 노년에 "어찌 출산하리요"(창 17:17)라고 말한 것은 비록 서자일지라도 이스마엘을 상속인으로 간주해 달라는 간청으로 볼 수 있다. 그러나 하나님께서는 사라가 정녕 아들을 낳을 것이라고 다시 한번 강조하시며(창 17:19) "내 언약은 내가 내년 이 시기에 사라가 네게 낳을 이삭과 세우리라"라고 확언하신다 (창 17:21).

355) "전능한 하나님"(אֵל שַׁדַּי, 엘 샤다이)이란 하나님의 속성인 전능을 나타내는 호칭이다. 하나님께서는 아브라함과(창 17:1) 야곱에게(창 35:11; 48:3) 이 이름으로 자기를 나타내셨다. 기동연은 특별히 창세기에서 엘 샤다이는 항상 자손에 대한 약속과 관련하여 사용되고 있다고 말한다. 기동연, 『아브라함아! 너는 내 앞에 행하여 완전하라』, 193.

356) Andrew Fuller, *Expository Discourses on the Book of Genesis* (London, 1836), 128-29.

대적인 능력이 있다는 것을 상기시키셨다. 그리고 아브라함에게 두 가지를 명령하셨다: "너는 내 앞에서 행하여 완전하라"(הִתְהַלֵּךְ לְפָנַי וֶהְיֵה תָמִים).

내 앞에서 행하라

"너는 내 앞에서 행하라"(הִתְהַלֵּךְ לְפָנַי, 히트할레크 레파나이)라는 말씀은 에녹이 하나님과 동행했다(וַיִּתְהַלֵּךְ, 바이트할레크, 창 5:24), 노아가 하나님과 동행했다(הִתְהַלֶּךְ, 히트할레크, 창 6:9)라는 표현과 유사하다. 이 말씀은 현재 아브라함이 하나님 앞에서 하나님과 동행하는 삶을 살지 못하고 있음을 반증한다. "내 앞에서 행하라"라는 것은 하나님 앞에서 그의 존재를 의식하며 살아가는 것을 의미한다.[357]

너는 완전하라

"너는 완전하라"(וֶהְיֵה תָמִים, 베흐예 타밈)라는 말씀도 "당대에 완전한(תָמִים) 자"(창 6:9)라는 노아에 대한 평가와 유사한 표현이다. 이 말씀 역시 아브라함이 하나님 보시기에 불완전한 삶을 살고 있음을 반증한다. "완전한"(תָמִים, 타밈)이라는 말을 제물(짐승)에 사용할 때는 "흠이 없는"이라는 뜻이다. 이 말을 사람에게 적용할 때는 도덕적으로 변함없이 하나님께 헌신하는 자세를 지켜야 한다는 뜻이다.[358] 도덕적 완벽함이 기준이 아니라 하나님께 대한 순전한 헌신이 기준이다.[359] 따라서 "완전하라"라는 두 번째

---

357) 베스터만, 『창세기 주석』, 200.
358) 류폴드는 "완전한"(תָמִים)이라는 말은 "경건한 삶의 어떤 중요한 요소도 결핍하지 않는 것을 뜻한다. 그러나 이 요청은 아브라함이 자신을 하나님의 복을 받기에 적합하도록 만들라고 요구하지 않는다. 오히려 그런 복을 받지 못할 상태에 자신을 방치하지 말도록 경고해 준다."라고 말한다. 류폴드, 『창세기 상』, 444.
359) 하틀리, 『창세기』, 258.

명령은 조건 없이 전적으로 하나님만을 의지하라는 것이다.[360]

하나님께서 아브라함에게 자신을 전능의 하나님으로 소개하며 "내 앞에서 행하여 완전하라"라고 하신 것은 자손에 대한 약속과 관련하여 아브라함이 하나님을 신뢰하지 못하고 인간적인 방법으로 이루고자 한 것에 대한 책망의 의미가 있다.

창세기 17:1은 언약 체결의 조건으로 주어진 말씀이 아니라 이미 주어진 하나님의 언약에 대한 온전한 믿음을 요구하시는 하나님의 명령이다. 김회권도 이 명령을 "하나님의 전능하심과 신실하신 약속을 일편단심으로 믿고 다른 인간적인 자구책을 간구하지 말라."라는 뜻으로 해석한다.[361] 이 명령이 우리에게 주는 교훈은 "우리에게 더 유용하다는 핑계나 하나님의 뜻을 내세우면서 불법적인 수단을 사용하지 말라는 것이다. 우리의 관심은 하나님 앞에서 바른 길로 행하고 하나님의 방법으로 하나님의 뜻을 이루어 가시도록 하나님께 맡겨 드리는 것이 되어야 한다."[362] 이러한 창세기 17:1의 성경적 문맥은 "너는 내 앞에서 행하여 완전하라"라는 하나님의 명령이 언약의 활성화 이전에 아브라함이 준수해야 하는 전제조건을 부과한다는 입장을 지지하지 않는다.[363]

---

360) 베스터만, 『창세기 주석』, 185.

361) 김회권, 『하나님 나라 신학으로 읽는 모세오경』, 216.

362) Fuller, *Expository Discourses on the Book of Genesis*, 128-29.

363) 둠브렐, 『언약과 창조』, 125-126; Rogers, Jr., "The Covenant with Abraham and Its Historical Setting," *BS* 127 (1970): 253 참조.

▌ 내 언약

하나님께서는 아브라함에게 전능하신 하나님과 동행하는 온전한 믿음을 요구하시며 이어서 "내가 내 언약을 나와 너 사이에 두어 너를 크게 번성하게 하리라"라고 말씀하신다(창 17:2).[364] 하나님께서는 이 언약을 1인칭 소유격(בְּרִיתִי, 베리티, "내 언약")으로 말씀하신다.[365] 이는 이 언약이 하나님께 속한 것이며 또한 이를 실행하는 주체 역시 여호와 하나님이심을 나타내는 것이다. "내가 너를 크게 번성하게 하리라"라는 말씀에서도 "번성하게 하시는 분"이 바로 여호와 하나님이심을 분명히 한다.

"내 언약"이란 창세기 15장에서 자손에 대한 약속의 보증으로 하나님께서 아브라함과 맺으신 언약을 말한다. 하나님께서는 "내가 내 언약을 세울 것이다"(וְאֶתְּנָה בְרִיתִי, 베에트나 베리티)라고 말씀하셨다. 여기에 사용된 히브리어 동사 נָתַן(나탄)은 이미 맺은 "언약을 실행하다, 언약의 효력을 발생케 하다"라는 뜻이다.[366] 이에 카일은 נָתַן בְּרִית(나탄 베릿)란 언약을 새로 체결하는 것이 아니라 이미 언약에서 약속한 것을 주거나(to give) 실현하거나(to realize), 실행에 옮기는 것(to set in operation)을 의미한다고 말하였다.[367] 따라서 "내가 내 언약을 세울 것이다."(וְאֶתְּנָה בְרִיתִי)라는 말씀은 창세기 15장에서 체결된 언약에 새로운 것이 추가되는 것이 아니라 하나님께서 아브라함을 심히 번성하게 하신다는 약속을 이제 곧 실행하실 것임을 시사하

---

364) 필립스, 『히브리서』, 774.

365) 창세기 17장에서 하나님께서는 9번에 걸쳐 '내 언약'(2, 4, 7, 9, 10, 13, 14, 19, 21절)이라는 표현을 사용하신다. 그레이다누스는 "이것은 하나님의 언약이며 이 신성한 언약의 주도권이 전적으로 하나님에게 있는 것을 의미한다."라고 말한다. 그레이다누스, 『창세기 프리칭 예수』, 264.

366) 류폴드, 『창세기 상』, 444.

367) 카일, 델리취, 『카일·델리취 구약주석 1: 창세기』, 247.

는 것이다.[368] 하나님께서는 창세기 15장에서 공식적으로 아브라함과 언약을 맺으셨고, 창세기 17장에서는 "전능하신 하나님"으로서 주권적으로 그 언약 이행의 첫걸음을 내딛고 계신 것이다.

┃ 언약의 대상

하나님께서 세우신 이 언약은 하나님과 아브라함 사이에 세워지는 언약이다(창 17:2, 4). 그러나 창세기 17:7에서 이 언약의 상대가 확장된다. 하나님께서는 "내가 내 언약을 나와 너 및 네 대대 후손 사이에 세워서 영원한 언약을 삼을 것"이라고 말씀하신다. 창세기 17장에는 하나님께서 언약을 "세우시겠다"(קוּם, 쿰)라는 표현이 3번 등장한다(창 17:7, 19, 21). קוּם은 "이미 존재하는 언약을 갱신하거나(창 6:18; 9:9, 11), 그 언약에 근거하여 특정한 약속을 더하거나(렘 34:18), 그 언약을 구체화하거나(레 26:9; 겔 16:62), 반복적으로 명확하게 할 때 사용된다(출 6:4; 신 8:18)."[369] 앞에서 살펴본 נָתַן(나탄)과 더불어 קוּם(쿰)은 모두 하나님께서 그 조건을 더 명확하게 규정해 이전 언약을 강화하고 계심을 보여준다.[370]

창세기 17장에서 하나님께서 세우신 이 영원한 언약은 이전에 하나님께서 아브라함에게 주신 명령, 약속, 혹은 언약과 동일하면서도 내용적으로 새로운 진전이 있는 것을 볼 수 있다. 창세기 17장 이전에 나오는 언약은 모두 하나님께서 아브라함 개인에게 주신 약속, 혹은 언약이다. 그런데 창세기 17장에서는 언약의 상대가 아브라함 한 개인에게 국한되지 않고 아

---

368) 풀핏 주석번역위원회, 『창세기 상』, 풀핏성경주석번역위원회 역편 (서울: 보문출판사 1994), 25; 류폴드, 『창세기 상』, 444-45.

369) 기동연, 『아브라함아! 너는 내 앞에 행하여 완전하라』, 196.

370) 하틀리, 『창세기』, 258.

브라함과 대대 후손으로 확장된다. 그렇다면 여기에서 아브라함의 후손은 누구를 지칭하는 것일까?

> 이 언약은 아브라함뿐만 아니라 그의 자손들도 포함시킨다. 더욱이 이 계시가 중요한 것은 아브라함과 그의 자손들뿐 아니라 하나님께서 특별히 하나님의 자녀로 선택하신 모든 사람들에게 이 언약이 적용된다는 사실이다.[371]

"네 대대 후손"이란 직접적으로는 아브라함의 육적인 후손들, 즉 이삭, 야곱 그리고 이스라엘 백성들을 지칭한다. 그러나 구약의 이스라엘은 단순히 혈통적 유대인을 말하는 것이 아니라 하나님 나라, 즉 신약적 표현으로는 교회를 말하는 것이므로 대대 후손은 하나님의 택하심을 입어 하나님 나라의 거룩한 백성이 된 모든 성도들을 가리키는 말로 보는 것이 타당하다. 그러니까 지금 전능하신 하나님께서 아브라함과 그 후손들, 즉 우리를 포함한 모든 성도들과 언약을 맺으신 것이다. 이 언약은 하나님과 아브라함 사이에 맺어진 언약인 동시에 하나님과 아브라함의 자손, 이삭과 야곱, 이스라엘 백성들과 맺으신 언약이며, 또한 하나님과 그리스도 예수 안에서 택하심을 받은 모든 성도들 사이에 맺으신 하나님의 언약이다.

▎ 언약의 내용

창세기 17:4-6에서 하나님께서는 "나와 너 사이에 세울 언약"의 내용을 구체적으로 말씀해 주셨다.

첫째로 하나님께서 아브라함에게 세우시는 언약은 아브라함이 "여러 민족의 아버지"가 되게 하시겠다는 것이다(창 17:4-5). 땅의 티끌같이(창 13:16),

---

371) 알더스, 『창세기 I』, 360.

하늘의 별과 같이(창 15:5) 많은 후손에 대한 약속이 "여러 민족의 아버지"가 될 것이라는 약속으로 구체화된다. 여러 민족은 문자적으로는 아브라함의 혈통을 이어받은 다수의 민족을 의미한다고 볼 수 있다.[372] 그러나 열방이 너로 말미암아 복을 얻으리라고 하신 하나님의 말씀을 고려해 본다면, 아브라함이 여러 민족의 아버지가 되리라는 것은 혈통적 차원에 머무르지 않고 영적, 신앙적 차원까지 포함한다.[373]

> 아브람은 아들을 원했지만 하나님의 의도는 아브람이 모든 구속받은 자의 조상이 되는 것이었다.[374]

하나님께서는 아브람에서 아브라함으로 그의 이름을 바꾸어 주셨다. 아브람(אַבְרָם)은 אָב(아브, 아버지)와 רָם(람, 존귀한, 높은)의 합성어로 "존귀한 아버지"라는 뜻이고, 아브라함(אַבְרָהָם)은 אָב(아브, 아버지)와 רָם(람, 고귀한, 높은)과 הָמוֹן(하몬, 군중, 무리)의 합성어로 "존귀한 무리(열국)의 아버지"라는 뜻이다.[375] 하나님께서는 아브라함이라는 이름대로 그를 "여러 민족의 아버지"가 되게 하겠다고 말씀하신다(창 17:5).

하나님과 아브라함 사이에 세워지는 이 언약의 핵심은 아브라함으로부터 이 땅 위에 새로운 하나님 나라가 이루어지고 아브라함은 믿음의 조상이 된다는 것이다. 이를 위해 하나님께서는 아브라함을 심히 번성하게 하실 것이며, 아브라함에게서 많은 민족들과 왕들이 나오게 하실 것이라고 약

---

372) 기동연, 『아브라함아! 너는 내 앞에 행하여 완전하라』, 201.

373) 빅터 해밀턴, 『NICOT 창세기 Ⅰ - Genesis 1~17』, 455; 기동연, 『아브라함아! 너는 내 앞에 행하여 완전하라』, 201.

374) 필립스, 『히브리서』, 770.

375) Franz Delitzsch, *A New Commentary on Genesis*, Vol. 2. (Edinburgh: T & T Clark, 1889), 33-34.

속하신다(창 17:6).

"왕들이 네게로부터 나오리라"라는 것은 직접적으로는 이스라엘의 왕국 시대를 연상하게 하지만 이는 왕으로 오시는 메시야, 그리스도를 예표하는 하나님의 말씀이다.[376]

둘째로 하나님께서는 내 언약을 나와 너 및 네 대대 후손 사이에 세워서 (וַהֲקִמֹתִי, 바하키모티)[377] 영원한 언약을 삼으실 것이라고 말씀하신다(창 17:7). 이는 하나님께서 아브라함과 새로운 언약을 맺으시는 것이 아니라 과거에 이미 약속한 그 언약을 성취하시겠다는 뜻이며, 아브라함과 그 후손들에게까지 하나님 나라가 영원한 기업으로 주어진다는 것이다.[378] 그리고 하나님께서는 "나는 너와 네 후손의 하나님이 되리라"라고 말씀하신다. 이 말씀은 언약 관계의 핵심이다.[379] 창세기 17:8은 "나는 그들의 하나님이 되리라"라는 말씀을 한 번 더 반복하여 그 의미를 강조한다. 하나님께서는 아브라함과 그의 후손들을 통해 하나님이 다스리시는 영원한 나라를 세우시려는 것이다.

---

376) 월키, 프레드릭스, 『창세기 주석』, 461, 468 참조.

377) 본서의 203, 211을 참고하라.

378) 월키는 영원한 언약의 이 선물(하나님, 씨, 땅)은 바벨론 포로기에 이스라엘을 위한 중대한 확언이 되어 그들로 하여금 미래를 위한 희망을 품을 수 있게 할 것이라고 말한다. 월키, 프레드릭스, 『창세기 주석』, 461.

379) 알더스, 『창세기 Ⅰ』, 361.

┃ 언약의 표징인 할례

> **창 17:9-14** [9]하나님이 또 아브라함에게 이르시되 그런즉 너는 내 언약을 지키고 네 후손도 대대로 지키라 [10]너희 중 남자는 다 할례를 받으라 이것이 나와 너희와 너희 후손 사이에 지킬 내 언약이니라 [11]너희는 포피를 베어라 이것이 나와 너희 사이의 언약의 표징이니라 [12]너희의 대대로 모든 남자는 집에서 난 자나 또는 너희 자손이 아니라 이방 사람에게서 돈으로 산 자를 막론하고 난 지 팔 일 만에 할례를 받을 것이라 [13]너희 집에서 난 자든지 너희 돈으로 산 자든지 할례를 받아야 하리니 이에 내 언약이 너희 살에 있어 영원한 언약이 되려니와 [14]할례를 받지 아니한 남자 곧 그 포피를 베지 아니한 자는 백성 중에서 끊어지리니 그가 내 언약을 배반하였음이니라

하나님께서는 아브라함에게 언약의 내용을 말씀하신 후, 이제 반드시 지켜야 할 것이 있다고 말씀하신다. 그것은 바로 "할례"이다. 하나님께서는 할례가 "나와 너희와 너희 후손 사이에 지킬 내 언약"이라고 말씀하시고, 또한 "이것이 나와 너희 사이의 언약의 표징"이라고 말씀하신다. 아브라함과 그의 후손에게 부과된 특별한 의무 중의 하나가 바로 할례 의식인 것이다. 집에서 난 자나 이방 사람에게서 돈으로 산 자를 막론하고 모든 남자는 난 지 팔 일 만에 할례를 받아야 한다.

> 자식에게 할례를 베푼 것은 하나님이 나의 언약의 하나님이고 나는 그의 언약 백성이라는 사실과 가나안 땅을 유업으로 받은 아브라함의 자손이라는 사실을 고백하는 목적을 가지고 있을 것이다. 그러나 종들의 자식들에게 할례를 행한 것은 하나님께서 많은 민족들의 하나님 되심을 알리고 그들을 하나님의 언약 백성 안에 들어와 그 속에서 살게 하려는 목적을 가지고 있다. 이것은 하나님의 언약 백성 되는 것이 아브라함의 친 핏줄에게만 한정되는 것이 아니라, 아브라함의 신앙을 나의 신앙으로 받아들이는 사람들에게 개방되어 있음을 보여 준다.[380]

---

380) 기동연, 『아브라함아! 너는 내 앞에 행하여 완전하라』, 215. 기동연은 "출애굽기 12:48에서 이방인이 스스로 할례를 받고 언약 공동체에 들어올 수 있게 되는 것은 이와 관련된

"언약의 약속은 믿는 가족의 일원으로 인정된 모든 할례받은 남자들에게 확대 적용된다."[381] 하나님께서는 할례를 받지 아니하면 그는 백성 중에서 끊어질 것이라고 말씀하신다. 할례는 나 자신이 하나님을 믿는다는 것과 나 자신이 하나님께 속했다는 표시로 행하는 의식이다. "할례는 언약의 조건이 아니라 언약의 표징이다."[382] 할례는 하나님께서 아브라함과 그의 후손들에게 세우신 언약을 상기시키는 역할을 한다.[383] 할례를 받음으로 나는 하나님의 언약 백성이라는 사실을 상기하면서 하나님의 말씀대로 순종하며 살아가게 하는 것이 할례의 목적이다.

하나님께서는 이제 후사에 대한 약속을 사라를 통해 이루실 것이라고 말씀하신다.

> **창 17:15-16** [15]하나님이 또 아브라함에게 이르시되 네 아내 사래는 이름을 사래라 하지 말고 사라라 하라 [16]내가 그에게 복을 주어 그가 네게 아들을 낳아 주게 하며 내가 그에게 복을 주어 그를 여러 민족의 어머니가 되게 하리니 민족의 여러 왕이 그에게서 나리라

하나님께서는 아브라함에게 그의 아내의 이름을 "사래"에서 "사라"로 바꾸어 부르게 하셨다. 사라는 "열국의 어머니"라는 뜻이다. "하나님께서 아브라함의 이름처럼 사라의 이름을 바꾸신 것은 두 사람을 동등하게 언약과 약속의 주체로 생각하셨기 때문이다."[384] 하나님께서 아브라함에게 여러

중요한 사례"라고 한다.

381) 월키, 프레드릭스, 『창세기 주석』, 462.
382) 카이저, 『구약성경신학』, 129.
383) 기동연, 『아브라함아! 너는 내 앞에 행하여 완전하라』, 212.
384) 기동연, 『아브라함아! 너는 내 앞에 행하여 완전하라』, 219.

차례 아들에 대한 약속을 주셨지만 사라가 아브라함의 아들을 낳게 될 것이라는 언급은 없었다. 창세기 17장에서 처음으로 사라를 통해 자손을 낳을 것이라는 명시적인 하나님의 선언을 보게 된다.[385] 하나님께서는 창세기 17:16에서 두 번씩이나 "내가 그(사라)에게 복을 주어"라고 강조하시면서 사라가 아들을 낳을 것이며 여러 민족의 어머니가 될 것이라고 말씀하신다.

하나님께서는 지금까지 아브라함에게 여러 차례 자손에 대한 약속의 말씀을 주셨다. 그러나 사라가 임신을 하지 못하고 자기도 나이가 들어가자 사라의 여종 하갈을 통해 인간적인 방법으로 하나님의 약속을 이루려고 하였다. 그러나 하나님께서는 구십구 세의 아브라함에게 "나는 전능한 하나님이라 너는 내 앞에서 행하여 완전하라"라고 말씀하시면서 때와 기한까지 정하여 그의 자손이 사라에게서 태어날 것이라고 알려 주셨다(창 18:10). 성경은 이때 아브라함과 사라가 육체적으로 아들을 낳을 수 없는 노년기임을 분명하게 밝히고 있다(창 18:11). 그러나 여호와께서는 아브라함에게 "여호와께 능하지 못한 일이 있겠느냐 기한이 이를 때에 … 사라에게 아들이 있으리라"(창 18:14)라고 말씀하셨다.

창세기 17장에서 하나님께서는 아브라함과 언약을 세우시면서 그의 이름을 바꾸어 주셨다. 하나님께서는 하나님을 믿는다고 하면서도 인본주의적인 삶을 살아온 아브람의 이름을 아브라함으로 바꾸어 주시고 이전과는 다른 믿음의 삶을 살도록 인도하신다. 믿음의 삶은 무엇인가? 그것은 하나님을 나의 주, 나의 하나님으로 받아들이고 하나님과 동행하며 하나님의 말씀대로 순종하는 것이다. 하나님을 믿으면 전능하신 하나님께서 나의

---

385) 웬함, 『모세오경』, 84. 필립스는 "아브라함의 자손이 사라를 통해 태어날 것이라는 하나님의 말씀은 구원이 오직 은혜로만 이루어진다는 징표"라고 한다. 필립스, 『히브리서』, 778.

삶 속에 들어와 역사하시고 나를 통해 이루기 원하시는 하나님의 뜻을 하나님께서 이루어 가신다. 하나님께서 내 안에 들어와 역사하시면 능치 못할 일이 없다. 창세기 18장에서도 하나님께서는 아브라함에게 이러한 사실을 분명하게 말씀해 주셨다.

> **창 18:17-19** [17]여호와께서 이르시되 내가 하려는 것을 아브라함에게 숨기겠
> 느냐 [18]아브라함은 강대한 나라가 되고 천하 만민은 그로 말미암아 복을 받게
> 될 것이 아니냐 [19]내가 그로 그 자식과 권속에게 명하여 여호와의 도를 지켜
> 의와 공도를 행하게 하려고 그를 택하였나니 이는 나 여호와가 아브라함에게
> 대하여 말한 일을 이루려 함이니라

하나님께서는 아브라함에 대하여 말씀하신 일, 즉 아브라함이 강대한 나라가 되고, 천하 만민이 그로 말미암아 복을 받게 되며, 그의 자손들이 여호와의 도를 지켜 행하게 하시려는 하나님의 뜻을 다 이루실 것이라고 말씀하신다. 하나님은 능치 못할 일이 없으신 전능하신 하나님이시다.

▌선지자 아브라함

> **창 18:20-21** [20]여호와께서 또 이르시되 소돔과 고모라에 대한 부르짖음이 크
> 고 그 죄악이 심히 무거우니 [21]내가 이제 내려가서 그 모든 행한 것이 과연 내
> 게 들린 부르짖음과 같은지 그렇지 않은지 내가 보고 알려 하노라

하나님께서는 소돔과 고모라에 대한 자신의 계획을 아브라함에게 알리시고[386] 그의 선지자적 조언을 듣고자 하셨다.[387] 물론 하나님께서는 아브라함의 조언이 필요하지 않으시지만, 그의 선지자적 사명을 확인시켜 주

---

386) "주 여호와께서는 자기의 비밀을 그 종 선지자들에게 보이지 아니하시고는 결코 행하심이
    없으시리라"(암 3:7)
387) 조르단, 『창세기의 족장 이야기』, 99.

시려는 의도가 엿보인다. 하나님께서는 소돔과 고모라의 죄악이 심히 무거우니 그 진상을 살펴 심판하실 것을 말씀하셨다. 이에 아브라함이 여호와께 가까이 나아가 질문하였다(창 18:22-23).

> "주께서 의인을 악인과 함께 멸하려 하시나이까"
> "만일 그 성 중에 의인 오십 명이 있다면 … "

아브라함은 그 오십 명을 위하여 용서해 달라고 요청한다. 여호와께서는 "내가 만일 소돔 성읍 가운데에서 의인 오십 명을 찾으면 그들을 위하여 온 지역을 용서하리라"(창 18:26)라고 말씀하셨다. 이러한 아브라함의 중재는 그 성 중에 의인이 단 열 명이라도 있으면 멸하지 않겠다(창 18:32)는 하나님의 약속이 주어질 때까지 계속되었다.

> "오십 의인 중에 오 명이 부족하다면…
>   그 오 명이 부족함으로 말미암아 온 성읍을 멸하시리이까?"
> 내가 거기서 사십오 명을 찾으면 멸하지 아니하리라
>   "거기서 사십 명을 찾으시면 어찌 하려 하시나이까?"
> 사십 명으로 말미암아 멸하지 아니하리라
>   "거기서 삼십 명을 찾으시면 어찌 하려 하시나이까?"
> 내가 거기서 삼십 명을 찾으면 그리하지 아니하리라
>   "거기서 이십 명을 찾으시면 어찌 하려 하시나이까?"
> 내가 이십 명으로 말미암아 그리하지 아니하리라
>   "거기서 십 명을 찾으시면 어찌 하려 하시나이까?"
> 내가 십 명으로 말미암아 멸하지 아니하리라

여기에서 하나님과 아브라함의 대화가 종결된다. 아브라함은 적어도 소돔과 고모라에 의인이 열 명 정도는 있으리라고 생각했던 것 같다.[388] 성경은 소돔과 고모라를 위한 기도를 통해 아브라함이 제사장적 역할을 감당하고 있음을 보여준다. 그러나 "그 못지않은 중요한 사실은 공동체의 운명이 그 속에 사는 의인들의 존재에 의해 적지 않게 결정된다는 것이다."[389]

▌거듭된 실패에도 불구하고

> 하나님께서는 결함이 있는 자신의 성도를 버리지 않고
> 그를 회복시켜 자신이 선택한 목적을 그를 통해 달성하고자 하신다.[390]

창세기 20장을 보면 기근으로 인해 애굽으로 이주하였을 때와 같이 그랄에서 아브라함은 또다시 아내 사라를 자기의 누이라고 하였다. 우려했던 대로 그랄 왕 아비멜렉은 사람을 보내어 사라를 후궁으로 삼으려고 데려갔다. 그러나 하나님께서는 아비멜렉이 사라를 가까이하는 것을 용납하지 않으셨다. 그 밤에 하나님께서 아비멜렉에게 현몽하셔서 "네가 데려온 이 여인은 남편이 있는 여인이니 다시 돌려보내라". "그는 선지자라[391] 그가 너를 위하여 기도하게 하라"라고 말씀하셨다(창 20:7).[392] 이에 아비멜렉은 아브라함을 책망하며 은 천 개와 함께 사라를 아브라함에게 돌려보냈다. 아

---

388) 의인 롯의 가정만 해도 여섯 명이다. 예레미야서를 보면 이스라엘은 의인 한 명이 없어서 사함을 받지 못했다(렘 5:1).

389) 말텐스, 『하나님의 계획: 새로운 구약신학』, 47.

390) 월키, 프레드릭스, 『창세기 주석』, 500.

391) 성경에서 "선지자"라는 용어가 창세기 20:7에서 처음으로 등장한다.

392) 이에 대하여 시편 105편은 아브라함이 가나안 땅에서 나그네가 되어 이 족속에게서 저 족속에게로 떠돌아다녔어도 하나님께서는 사람들이 그들 억압하는 것을 용납하지 아니하시고 "나의 기름부은 자를 손대지 말며 나의 선지자들을 해치지 말라"라고 왕들을 꾸짖으셨다고 한다(시 105:12-15).

브라함은 그랄 사람들이 하나님을 두려워하지 않기 때문에 내 아내로 말미암아 나를 죽일 것 같아서 그랬다고 변명을 늘어놓았다. 그러나 진정 하나님을 두려워하지 않은 것은 그랄 사람들이 아니라 아브라함이었다. 아브라함이 사라를 자기의 누이라 한 것은 사실이지만 진실은 아니었다.[393] 아브라함은 하나님이 아니라 사람을 두려워하여 진실을 은폐하고 아내를 누이라 하였다. 성경은 애굽과 그랄에서 거듭된 아브라함의 실패를 적나라하게 드러냄으로써 그를 향하신 하나님의 주권과 권능을 확증한다.[394]

> 구원은 신실치 못한 종들이 아니라 신실하신 여호와께 달려 있다.[395]

하나님께서 아브라함의 아내 사라의 일로 아비멜렉의 집에 저주를 내리셨다. 그러나 하나님께서 말씀하신 대로 아브라함이 아비멜렉과 그의 집을 위하여 기도하자 저주가 그쳤다(창 20:17-18). 아브라함의 중재 기도를 들으신 하나님께서 아비멜렉과 그의 집에 내리신 고통을 치유하여 주신 것이다. 아브라함은 하나님보다 주변 사람들을 의식하여 죄를 범했지만 하나님께서는 그의 기도를 들어주셨다. 아브라함은 그의 한계와 부족함에도 불구하고 치유하시는 하나님의 도구가 될 수 있었다.[396]

---

393) 차준희, 『창세기 다시보기』, 123-24.
394) 윌키, 프레드릭스, 『창세기 주석』, 503.
395) 윌키, 프레드릭스, 『창세기 주석』, 510; 에프는 아브라함이 하나님께 택함을 받고 많은 은혜의 선물을 받게 된 것은 그의 공로 때문이 아니라 전적으로 하나님의 은혜에 의한 것이었다고 한다. 에프, 『복의 근원이 된 사람, 아브라함』, 146.
396) 베스터만, 『창세기 주석』, 228.

▌ 이삭의 출생

사라는 임신하지 못하므로 자식이 없는데(창 11:30), 하나님께서는 아브라함에게 "내가 너로 큰 민족을 이루게 하겠다."라고 말씀하셨다(창 12:2). 성경은 이때 아브라함의 나이가 칠십오 세였다고 밝히고 있다(창 12:4). 이후에도 하나님께서는 여러 차례 아브라함에게 자손에 대한 약속의 말씀을 주셨다(창 13:16; 15:5; 17:2, 6). 하나님께서는 이 약속이 사라를 통해 이루어질 것이라고 말씀하셨고(창 17:16), 아직 태어나지도 않은 아들의 이름까지 지어주셨다(창 17:19). 또한 다 늙은 나이에 아들을 낳는 것이 가당치 않다고 여기는 아브라함과 사라에게 "여호와께 능치 못할 일이 있겠느냐"(창 18:14)라고 반문하시며 "기한이 이를 때에 사라가 아들을 낳을 것"이라고 말씀하셨다.

창세기 21:1-7은 이삭의 출생에 대하여 간략하게 언급한다. 이삭의 출생은 하나님께서 아브라함에게 사라를 통해 아들을 주시겠다고 하신 약속의 성취이다. 이삭은 아브라함이 단순히 노년에 얻은 늦둥이가 아니다. 창세기 21:1-2은 "여호와께서 말씀하신 대로"라는 표현을 세 번씩이나 반복하면서 사라의 출산이 하나님께서 아브라함에게 주신 약속의 성취라는 사실을 강조한다. 특별히 성경은 "노년의 아브라함"(창 21:2), "아브라함의 노경"(창 21:7)이라는 표현과 함께 "이삭이 그에게 태어날 때에 백 세"라고 하면서 아브라함이 자식을 낳을 수 없는 상황임을 강조한다. 창세기 21:3-4은 아브라함이 하나님께서 말씀하신 대로 사라가 낳은 아들의 이름을 이삭이라고 지었으며, 이삭이 태어난 지 팔 일 만에 "하나님이 명령하신 대로" 이삭에게 할례를 행하였다고 하면서 아브라함의 순종을 강조한다.

▌아비멜렉과의 조약

창 21:22 하반절 네가 무슨 일을 하든지 하나님이 너와 함께 계시도다 [397]

아브라함이 그랄 땅에서 살아가는 모습을 오랫동안 지켜본 아비멜렉과 그 군대장관 비골이 아브라함을 찾아와서 "네가 무슨 일을 하든지 하나님이 너와 함께 계시도다"라고 말하며 아브라함에게 불가침조약을 제안한다. 이는 아브라함이 사람들 앞에서 신실하게 하나님을 증거하는 삶을 살았다는 것을 의미한다. 아브라함은 이들의 제안을 받아들이고 양과 소를 가져다가 아비멜렉에게 주고 불가침 조약을 맺었다. 또한 아브라함은 그들에게 일곱 암양 새끼를 따로 내어주며 증인들 앞에서 맹세케 함으로 자기가 판 우물에 대한 권리를 인정받았다.[398] 아브라함은 이를 기념하여 그곳의 이름을 "브엘세바"라고 짓고 "영원하신 여호와"의 이름을 부르며 하나님을 예배하였다. 이후 아브라함은 이곳을 중심으로 블레셋 사람의 땅에 정착하였다(창 21:32-33). "그 일 후에" 하나님께서 아브라함을 시험하셨다.

---

397) 성경을 보면 아브라함뿐만 아니라 이삭, 야곱, 요셉도 주변 사람들로부터 "여호와께서 함께 하시는 자"라고 인정을 받았다. 아비멜렉은 이삭에게 "그들이 이르되 여호와께서 너와 함께 계심을 우리가 분명히 보았으므로 우리의 사이 곧 우리와 너 사이에 맹세하여 너와 계약을 맺으리라 말하였노라"(창 26:28)라고 하였다. 라반은 야곱에게 "라반이 그에게 이르되 여호와께서 너로 말미암아 내게 복 주신 줄을 내가 깨달았노니 네가 나를 사랑스럽게 여기거든 그대로 있으라"(창 30:27)라고 하였다. 그리고 보디발은 요셉에게 "그의 주인이 여호와께서 그와 함께 하심을 보며 또 여호와께서 그의 범사에 형통하게 하심을 보았더라"(창 39:3)라고 하였다. 이는 아브라함, 이삭, 야곱, 요셉이 주변 사람들 앞에서 신실하게 하나님을 증거하는 삶을 살았다는 것을 의미한다.

398) 아브라함 당시 우물을 팠던 자는 누구든지 그 우물 주변의 지역에 대한 권리를 가지게 되어 있었다. 아브라함은 아비멜렉에게 암양 일곱 마리를 주고 그의 종들이 빼앗은 자기의 우물에 대한 소유권을 인정받았다(창 21:25).

모리아 산의 시험

창 22:1-2 [1]그 일 후에 하나님이 아브라함을 시험하시려고[399] 그를 부르시되 아브라함아 하시니 그가 이르되 내가 여기 있나이다 [2]여호와께서 이르시되 네 아들 네 사랑하는 독자 이삭을 데리고 모리아 땅으로 가서 내가 네게 일러 준 한 산 거기서 그를 번제로 드리라

"그리고 그 일들 후에"(וַיְהִי אַחַר הַדְּבָרִים הָאֵלֶּה, 바예히 아하르 하데바림 하엘레) 라는 말을 볼 때 창세기 22장은 독립적인 이야기가 아님을 알 수 있다. 여기서 "그 일들"은 무엇을 말하는 것인가? 창세기의 문맥에서 보면 "그 일들"이란 직접적으로는 창세기 21장에 있었던 일들일 것이다. 월키는 "이삭이 젖을 뗐다."(창 21:8)라는 마지막 연대기적 통보를 특정하고 이제 이삭이 번제에 필요한 한 묶음의 장작을 지기에 충분한 나이가 되었음을 의미하는 것으로 해석한다.[400] 그런가 하면 차준희는 그 일들이란 아브라함이 이스마엘과 부자지간의 정을 끊고 그를 광야로 추방했던 시련의 시간을 말하는 것이라고 주장한다.[401] 그러나 "그 일들"이 복수 형태이며 이 시험의 말미에 하나님께서 "내가 이제야 네가 하나님을 경외하는 줄을 아노라" 라고 말씀하신 것으로 보아 어떤 특정한 일을 언급하기보다는 지금까지의 아브라함의 신앙 여정을 총망라하는 것으로 볼 수 있다.

창세기 22장은 아브라함의 사랑하는 독자 이삭을 중심으로 이야기가 전

---

399) KJV은 "tempt"(유혹)으로 번역하였으나 대부분의 영어 성경(NIV, RSV, NASB, NKJV)은 "test"(시험하다)로, ASV는 "prove"(증명하다)로 번역하였다. 히브리어 נָסָה(나사)는 어떤 사람이나 어떤 물건의 질을 - 종종 역경이나 고난을 통하여 - 시험한다는 개념을 지닌다. 하나님께서는 아브라함의 믿음의 확인 또는 증명을 위하여 그를 시험하셨다.

400) 월키, 프레드릭스, 『창세기 주석』, 539.

401) 차준희, 『창세기 다시보기』, 126-27.

개된다. 하나님께서는 아브라함에게 "네 아들 네 사랑하는 독자 이삭을 데리고 모리아 땅으로 가서 내가 네게 일러 준 한 산 거기서 그를 번제로 드리라"라고 명하신다.[402] 성경은 "네 아들", "네 사랑하는", "독자"라는 말을 반복적으로 표현하면서(창 22:2, 12, 16) 하나님의 시험이 아브라함에게 있어서 참으로 받아들이기 어려운 요구라는 것을 강하게 암시한다. 그러나 이 시험은 그저 사랑하는 독자를 희생 제물로 바치라는 무모한 요구에 아브라함이 어떻게 반응하는가의 문제가 아니다. 아브라함에게 있어서 이삭은 평범한 의미의 아들이 아니라 약속의 아들이다. 즉, 이삭은 하나님께서 아브라함에게 주신 언약을 이루어 갈 미래의 희망이다. 아브라함에게 주어진 시험은 하나님께서 약속하시고 하나님께서 허락하신 미래의 희망을 기꺼이 하나님께 내어놓을 수 있는가 하는 것이다. 아브라함은 창세기 12장에서 자신의 과거를 포기하라는 명령을 받았고, 창세기 22장에서는 자신의 미래를 포기하라는 명령을 받았다.[403] 그런데 아브라함은 이러한 하나님의 명령에 그대로 순종하였다.[404]

> **창 22:3-4** [3]아브라함이 아침에 일찍이 일어나 나귀에 안장을 지우고 두 종과 그의 아들 이삭을 데리고 번제에 쓸 나무를 쪼개어 가지고 떠나 하나님이 자기에게 일러 주신 곳으로 가더니 [4]제삼일에 아브라함이 눈을 들어 그 곳을 멀리 바라본지라

---

402) 하나님께서는 인신 제사에 대하여 "이는 내가 명령하거나 말하거나 뜻한 바가 아니니라"(렘 19:5)라고 말씀하신다. 성경에서 인신 제사는 "여호와께서 꺼리시며 가증히 여기시는 일"(신 12:31)이며 하나님의 이름을 욕되게 하는 일(레 18:21)로 철저하게 금하고 있다.

403) J. W. 로저슨, R. W. L. 모벌리, 『창세기 연구 입문』, 민경진 역 (서울: 기독교문서선교회, 2015), 142.

404) 이한영은 아브라함의 헌신의 절정을 보여주는 이삭의 희생에서 우리는 훗날 독생자를 내어주신 하나님의 모습을 흐리게나마 볼 수 있다고 말한다. 이한영, 『역사와 서술에서의 오경 메시지』, 111.

"아브라함이 아침에 일찍이 일어나"라는 말씀에서 하나님의 명령을 조금도 지체하지 않고 준행하려는 아브라함의 모습을 볼 수 있다. 그러면서도 성경은 "나귀에 안장을 지우고 두 종과 그의 아들 이삭을 데리고 번제에 쓸 나무를 쪼개"는 과정을 상세히 기술함으로 이루 말할 수 없는 아버지의 비통한 심정을 담아내고 있다. 삼 일 길을 가는 동안 아브라함의 마음은 어떠했을까? 아브라함은 아무런 내색도 하지 않고 묵묵히 가야 할 곳을 향해 나아갔다. 그리고 마침내 하나님께서 일러주신 산에 도착하였다.

아브라함은 종들에게 "너희는 나귀와 함께 여기서 기다리라 내가 아이와 함께 거기 가서 예배하고 우리가 너희에게로 돌아오리라"(창 22:5)라고 말하였다. 그는 하나님을 예배한 후에 이삭과 함께 돌아올 것이라고 확신했다. 이삭은 번제에 사용할 나무를 짊어지고, 아브라함은 불과 칼을 손에 들고 비장한 마음으로 하나님께서 일러 주신 곳을 향하여 나아갔다. 이삭이 아브라함에게 물었다: "불과 나무는 있거니와 번제 할 어린 양은 어디에 있나이까". 아브라함은 "내 아들아 번제 할 어린 양은 하나님이 자기를 위하여 친히 준비하시리라"라고 대답하였다.

아브라함은 하나님께서 일러주신 곳에 도착해서 하나님의 말씀대로 번제단을 만들고 아들 이삭을 결박해서 제단 위에 올려놓았다. 성경이 자세히 기록하고 있지는 않지만, 과연 번제에 쓸 나무를 짊어지고 산에 올라갈 정도로 성장한 이삭을 백 세가 훨씬 넘은 아브라함이 결박해서 번제단에 올려놓을 수 있었을까? 요세푸스는 이때 이삭의 나이가 이십오 세였다고 한다.[405] 그리고 이삭은 제물이 되기 위해 스스로 즉시 제단 위로 올라

---

405) 요세푸스, 『1: 유대고대사』, 82; 월키는 이삭의 나이를 "번제에 쓸 충분한 양의 나무를 짊어지고 산에 올라갈 수 있는 십대 후반이 분명하다."라고 말한다. 월키, 프레드릭스,

갔다고 한다.[406] 델리취도 "잠잠히 순종하는 것이 근본적인 특징인 이삭은 장작더미 위에 마치 어린 양과 같이 아무런 저항 없이 누웠다."라고 한다.[407] 어찌 되었든 본문이 주목하는 것은 이삭의 순종이 아니라 아브라함의 믿음이다. 아브라함이 하나님께서 명하신 대로 "손을 내밀어 칼을 잡고 그 아들을 잡으려" 할 때 여호와의 사자가 하늘에서부터 아브라함을 불러 말씀하셨다.

"아브라함아 아브라함아"

이 반복적인 부름은 긴급함을 함축한다.[408] 하나님께서는 다급하게 "그 아이에게 네 손을 대지 말라 그에게 아무 일도 하지 말라"라고 명하시며 또한 "네가 네 아들 네 독자까지도 내게 아끼지 아니하였으니 내가 이제야 네가 하나님을 경외하는 줄을 아노라"라고 말씀하셨다(창 22:12). 이것이 바로 처음부터 정해진 하나님의 뜻이었다.[409] 하나님께서는 독자 이삭을 대신할 희생 제물을 마련해 주셨다. 아브라함이 눈을 들어 본 즉 수풀에 걸려 있는 숫양을 발견하고 그 숫양을 가져다가 이삭을 대신하여 하나님께 번제로 드렸다. 이것은 하나님께서 궁극적으로 인간의 죄를 용서하기 위해 친히 합당한 대속 제물을 마련하신다는 것을 암시한다.[410] 월키는 이것이 "성경에서 한 생명을 위한 다른 생명의 대체적 희생을 최초로 명시적으

───────────────

『창세기 주석』, 546.

406) 요세푸스, 『1: 유대고대사』, 83.

407) Delitzsch, *A New Commentary on Genesis*, Vol. 2., 88.

408) 월키, 프레드릭스, 『창세기 주석』, 547.

409) 베스터만, 『창세기 주석』, 242.

410) 헌터, 웰럼, 『그리스도 중심적 성경 이야기』, 150.

로 언급하는 것"이라고 주장한다.[411] 모리아 산에서 하나님께서 준비하신 양은 하나님께서 희생시키신 예수 그리스도의 모형이다. 하나님의 어린 양이 택한 자를 대신하여 죽음으로써 그들(택한 자)이 살게 될 것이다.[412]

이어서 여호와의 사자가 하늘에서부터 두 번째 아브라함을 불러 하나님의 말씀을 전하였다.

> **창 22:15-18** [15]여호와의 사자가 하늘에서부터 두 번째 아브라함을 불러 [16]이르시되 여호와께서 이르시기를 내가 나를 가리켜 맹세하노니[413] 네가 이같이 행하여 네 아들 네 독자도 아끼지 아니하였은즉 [17]내가 네게 큰 복을 주고 네 씨가 크게 번성하여 하늘의 별과 같고 바닷가의 모래와 같게 하리니 네 씨가 그 대적의 성문을 차지하리라 [18]또 네 씨로 말미암아 천하 만민이 복을 받으리니 이는 네가 나의 말을 준행하였음이니라 하셨다 하니라

"이번에는 단순한 약속이 아니라 엄중한 신적 맹세의 형태로 주어진다."[414] 큰 복과 후손과 땅, 그리고 결정적으로 "네 씨로 말미암아 천하 만

---

411) 월키, 프레드릭스, 『창세기 주석』, 548; 필립스는 "독자"라는 표현의 진정한 목적은 자기의 독생자를 제물로 주신 또 다른 아버지를 우리에게 가리켜 보이려는 것이라고 말한다. 그는 또한 이삭이 제사에 쓸 나무를 자기 등에 지고 간 것도 훗날 자신이 제물로 바쳐질 장소까지 자기 십자가를 지고 가신 예수 그리스도에 대한 예표라고 한다. 필립스, 『히브리서』, 820.

412) 월키, 프레드릭스, 『창세기 주석』, 552.

413) "하나님이 아브라함에게 약속하실 때에 가리켜 맹세할 자가 자기보다 더 큰 이가 없으므로 자기를 가리켜 맹세하여 이르시되 내가 반드시 너에게 복 주고 복 주며 너를 번성하게 하고 번성하게 하리라 하셨더니 그가 이같이 오래 참아 약속을 받았느니라 사람들은 자기보다 더 큰 자를 가리켜 맹세하나니 맹세는 그들이 다투는 모든 일의 최후 확정이니라 하나님은 약속을 기업으로 받는 자들에게 그 뜻이 변하지 아니함을 충분히 나타내시려고 그 일을 맹세로 보증하셨나니 이는 하나님이 거짓말을 하실 수 없는 이 두 가지 변하지 못할 사실로 말미암아 앞에 있는 소망을 얻으려고 피난처를 찾은 우리에게 큰 안위를 받게 하려 하심이라"(히 6:13-18)

414) 웬함, 『모세오경』, 84.

민이 복을 받으리니 이는 네가 나의 말을 준행하였음이니라"라는 약속이 주어진다. 창세기 12장에서 처음 주신 약속이 이제 아브라함의 신실한 순종 때문에 확실한 보장으로 바뀐 것이다.[415]

하나님께서는 아브라함의 믿음과 하나님에 대한 경외를 인정하셨다. 그리고 그에게 다시 한번 하나님의 뜻을 확인시켜 주셨다. 아브라함과 맺으신 언약의 특징은 무조건적인 약속이라는 것이다. 창세기 22:18에서 아브라함이 하나님의 말씀을 순종했기 때문에 복을 받은 것처럼 묘사하고 있으나 복에 대한 약속은 이미 그 이전에 아브라함에게 주어졌다. 복의 내용도 새로운 것이 아니라 이미 주어진 약속이 재확인된 것이다.

> 예전에는 오직 여호와의 의지와 목적에 기초를 두고 있는 약속이 여호와의 의지와 아브라함의 순종 둘 다에 기초를 두고 있는 약속으로 변형된다. 신성한 약속이 아브라함의 순종 여부에 달려 있는 것이 아니라 아브라함의 순종이 신성한 약속에 통합되었다고 보면 된다.[416]

모리아 산은 창세기 22:2 외에 구약에서 단 한 번 등장하는 이름이다. 아브라함이 이삭을 받쳤던 바로 그곳에 여호와의 전이 건축되었다.

> 대하 3:1 솔로몬이 예루살렘 모리아 산에 여호와의 전 건축하기를 시작하니 그 곳은 전에 여호와께서 그의 아버지 다윗에게 나타나신 곳이요 여부스 사람 오르난의 타작 마당에 다윗이 정한 곳이라

---

415) 웬함, 『모세오경』, 84-85.
416) 로저슨, 모벌리, 『창세기 연구 입문』, 178.

하나님께서는 아브라함에게 너와 네 자손에게 가나안 땅을 영원한 기업으로 주겠다고 약속하셨다. 이 언약은 원리적으로 이스라엘의 가나안 정복을 통해 이루어졌으나 그것의 완전한 성취는 예수 그리스도로 말미암아 이루어진다. 예수 그리스도를 통해 하나님 나라가 이 땅에 세워지는 것이 바로 하나님께서 아브라함과 맺으신 언약의 궁극적인 성취이다.

이삭

순종하는 자에게 복을 주시는 하나님

∙
∙

나는 네 아버지 아브라함의 하나님이니 두려워하지 말라
내 종 아브라함을 위하여 내가 너와 함께 있어
네게 복을 주어 네 자손이 번성하게 하리라

(창 26:24)

이삭 이야기는 그의 탄생이 기록된 창세기 21장부터 그의 죽음을 전하는 창세기 35장까지 이어진다. 그러나 성경에서 창세기 26장만이 유일하게 이삭 자신에 관한 내용이고 그 외에 대부분은 아브라함의 아들 아니면 야곱의 아버지로 등장한다.

창세기 21장은 이삭의 출생과 유년기를 간단하게 언급한다. 창세기 21:1-2은 "여호와께서 말씀하신 것과 같이"라는 표현을 세 번씩이나 반복하면서 사라의 출산이 하나님께서 아브라함에게 주신 약속의 성취라는 사실을 강조한다. 아브라함은 여호와께서 말씀하신 대로 사라가 낳은 아들의 이름을 이삭이라 하였고(창 17:19) 태어난 지 팔 일 만에 "하나님이 명령하신 대로"(창 21:4) 할례를 행하였다. 백 세의 아브라함과 구십 세의 사라에게서 태어난 이삭은 하나님의 전능하심과 신실하심을 증거하는 살아있는 증인이다.[417] 이삭의 유년기(창 21:8-21)는 이삭과 이스마엘의 문제로 야기된 사라와 하갈 사이의 갈등을 하나님께서 아브라함을 통해 어떻게 해결하시는가를 주목한다.

창세기 22장에서 이삭은 하나님께서 아브라함을 시험하시는 과정 중 조연으로 등장한다. 이삭은 모리아 산에서 자기 아버지의 믿음의 시험을 목격하였으며 이를 통해 믿음은 순종을 요구한다는 사실을 깨달았다.[418] 창세기 23장은 사라의 죽음이, 창세기 24장은 아브라함이 늙은 종을 고향인 메소포타미아로 보내 이삭의 배우자를 찾는 내용이 이어진다. 창세기 24장이 여러 차례 강조하는 것은 이삭의 배우자를 찾는 과정을 하나님께서 인도하셨다는 것이다.[419] 하나님께서는 리브가를 미리 예비하셔서 이삭의 아내가 되게 하셨다. 하나님께서 주도적으로 하나님의 언약, 즉 하늘의 별과 같은 많은 자손들에 대한 약속이 이삭을 통해 성취되어질 것을 미리 준비하신 것이다. 창세기 25장은 아브라함의 죽음과 에서와 야곱의 출생에 대하여 말씀하고 있다. 에서와 야곱의 출생도 하나님의 섭리 가운데 이루어진다.

창세기 26장은 성경에서 유일하게 이삭을 중심으로 그의 이야기가 전개된다. 성경은 의도적으로 이삭을 아브라함과 비교하며 세 가지로 그의 삶의 특징을 제시하고 있다.[420]

---

417) 김회권, 『하나님 나라 신학으로 읽는 모세오경』, 247.

418) 하우스, 『구약신학』, 134.

419) 창세기 24:14, 21, 40, 42, 44, 48, 50, 56 등을 보라.

420) 이한영은 "아브라함과 이삭에게 있었던 일들은 독립적인 두 개의 사건이지만 아브라함과 약속하신 땅에 대한 성취가 이삭을 통해 계속 유효하다는 것을 암시한다(창 26:1-6)."라고 말한다. 이한영, 『역사와 서술에서의 오경 메시지』, 121.

⁝ 가나안 땅의 기근에 대한 대처

창 26:1-2 ¹아브라함 때에 첫 흉년이 들었더니 그 땅에 또 흉년이 들매 이삭
이 그랄로 가서 블레셋 왕 아비멜렉에게 이르렀더니 ²여호와께서 이삭에게
나타나 이르시되 애굽으로 내려가지 말고 내가 네게 지시하는 땅에 거주하라

아브라함은 여호와의 말씀을 따라 가나안 땅에 도착하였으나 흉년이 들
었을 때 애굽으로 내려갔다(창 12:10). 이삭 역시 가나안 땅에 또 흉년이 들자
그랄로 이주하였다.[421] 아마도 이삭은 가나안 곡창지대인 그랄에 잠시 머무
르다가 상황을 봐서 애굽으로 내려가려고 했던 것 같다. 그런데 여호와께
서 이삭에게 나타나 "애굽으로 내려가지 말고 내가 너에게 지시하는 땅에
거주하라"(창 26:2)라고 말씀하셨다. 상식적으로 생각하면 기근이 발생한 가
나안 땅에 거하는 것보다는 나일 강이 있는 애굽으로 내려가는 것이 더 합
리적인 선택일 것이다. 하지만 하나님께서는 이삭에게 흉년이 들어 식량이
고갈되어가는 가나안 땅에 계속 거주하라고 말씀하신다. 이어서 하나님의
말씀대로 순종하여 이 땅에 거류할 때 얻게 될 복들을 말씀하신다.

창 26:3-5 ³이 땅에 거류하면 내가 너와 함께 있어 네게 복을 주고 내가 이 모
든 땅을 너와 네 자손에게 주리라 내가 네 아버지 아브라함에게 맹세한 것을
이루어 ⁴네 자손을 하늘의 별과 같이 번성하게 하며 이 모든 땅을 네 자손에게
주리니 네 자손으로 말미암아 천하 만민이 복을 받으리라 ⁵이는 아브라함이 내
말을 순종하고 내 명령과 내 계명과 내 율례와 내 법도를 지켰음이라 하시니라

하나님께서는 아브라함에게 약속하셨던 것처럼 이삭에게도 약속하신다.
땅에 대해 약속하시고, 자손에 대해 약속하시고, 복에 대해 약속하신다.

---

421) 그랄은 가나안 땅 남부에 있는 곡창지대로 일찍부터 많은 사람이 모여 살았던 곳이었다.

전에 아브라함에게 하셨던 약속을 이삭에게 다시 말씀하시며 약속을 재확인시켜 주시는 것이다. 창세기 1장-11장과는 달리 아브라함을 향하신 하나님의 계획은 한 세대를 넘어 그다음 세대에도 계속 이어진다.[422] 하나님은 아브라함의 하나님일 뿐만 아니라 이삭의 하나님이시다. 특별히 하나님께서는 이삭에게 복을 주시는 근거가 아브라함의 순종에 있다고 말씀하신다(창 26:5). 실수도 있었지만, 하나님을 향한 아브라함의 삶은 하나님 뜻에 순종하는 하나의 모델이다.[423] 창세기 26:5의 "내 명령, 내 계명, 내 율례, 내 법도"라는 말은 "율법"을 가리키는 말로 창세기의 첫 독자인 이스라엘 백성에게는 매우 친숙한 용어들이다.[424] "율법"은 시내 산에서 출애굽 한 이스라엘 백성들에게 선포되었지만, 하나님께서는 오래전부터 인류에게 율법에 포함된 원리를 부분적으로 계시하셨다. 이미 가인과 아벨의 때에 제사 제도가 존재하였고, 노아 때에 짐승들을 정결한 것과 부정한 것들로 구분했다. 또 아브라함에게는 할례의 규례를 주셨고 이스라엘 백성들에게는 시내 산에 도착하기 전에 안식일 준수를 명하셨다. 훗날 하나님께서는 모세에게 이것들을 포함하여 새로 받은 계시를 기록하게 하셨다. 그것이 바로 모세오경이다.

가나안 땅에 흉년이 들었을 때 하나님께서 이삭에게 나타나 말씀하셨고 이삭은 그 말씀에 순종하여 애굽으로 내려가지 않고 그랄에 그대로 머물

---

422) 창세기 12:1-3, 15장, 17장에서 아브라함에게 주신 약속은 창세기 26:3-6에서 이삭에게 계승되었으며 그 후 창세기 28:13-14에서 야곱에게 계승되었다.

423) 그의 믿음은 하나님으로부터 인정받았고(창 15:6), 훗날 하나님께서는 아브라함을 '나의 벗'이라 부르기도 하셨다(사 41:8).

424) 클라인은 "모세 율법의 언약 규례들을 특징짓는 용어가 여기에서 아브라함의 삶에 적용될 수 있었다는 사실은 언약의 의무가 아브라함 언약의 자연스럽고 필수적인 요소였음을 증명한다."라고 한다. 그는 "여호와의 도를 지켜 의와 공도를 행하게 하려고 그(아브라함)를 택하였다는 창세기 18:19이 그 증거"라고 주장한다. 클라인, 『하나님 나라의 서막』, 386.

렸다. 이삭은 그의 아버지처럼 아직 차지하지 못한 약속의 땅에서 만난 역경의 순간을 회피하지 않았다.

⦂ 아내를 누이라고 속임

그랄에 거주하게 된 이삭에게 아브라함과 비교되는 또 한 가지 사건이 전개된다. 창세기 20장을 보면 아브라함은 그랄에 거류하며 자기 아내 사라를 누이라고 하였다(창 20:1-2). 이삭도 그랄에 거주하면서 그곳 사람들에게 자기 아내 리브가를 누이라고 하였다(창 26:6-7). 아브라함에게 있었던 일이 아들 이삭에게도 그대로 되풀이 되고 있다. 아브라함은 아비멜렉에게 아내 사라를 빼앗겼지만 하나님께서 간섭하셔서 문제를 해결해 주셨다(창 20장). 그러나 이삭의 경우에는 아내를 누이라고 한 거짓말이 우연히 들통났다. 아비멜렉은 거짓말을 한 이삭을 크게 책망하였다.

아브라함과 이삭의 사건에서 유사점은 둘 다 그랄에 있을 때 일어났던 일이고, 아내를 누이라고 거짓말을 했고, 아비멜렉으로부터 책망을 받았다는 것이다.[425] 아브라함과 이삭의 차이점을 살펴보면 아브라함은 아내 사라를 아비멜렉에게 빼앗겼으나 하나님께서 간섭하심으로 사라를 지켜 주셨고, 이삭은 아내 리브가를 빼앗기지 않고 오히려 아비멜렉의 보호를 받으면서 그랄에 거하였다는 것이다.

---

425) 아비멜렉(אֲבִימֶלֶךְ)을 문자 그대로 풀이하면 "나의 아버지는 왕"(אֲבִי+מֶלֶךְ, 아비+멜렉)
이란 뜻인데, 개인의 이름이라기보다 왕을 부르는 호칭이다. 성경에서 애굽의 왕을 모두
"바로"라고 말하는 것처럼 "아비멜렉"도 가나안 지역의 왕에 대한 칭호이다. 성경은
아브라함을 책망한 아비멜렉과 이삭을 책망한 아비멜렉을 동일 인물이라고 주장하거나
암시하지 않는다.

하나님께서는 말씀대로 순종하여 그랄에 거주한 이삭에게 복을 주셨다. 이삭이 그랄에서 농사를 지었는데 흉년이었지만 백 배의 풍성한 결실을 얻었고[426] 블레셋 사람이 시기할 정도로 창대하고 왕성하여 짐승과 종들이 심히 많은 큰 부자가 되었다. 하나님께서는 두려움 중에 낯선 이방인의 땅에서 나그네의 신세로 살아야 했던 이삭과 함께 하시고 그를 지켜 주시며 강성하게 하셨다.

⦂ 브엘세바

그런데 문제가 생겼다. 날이 갈수록 늘어가는 이삭의 재산을 보며 주변 사람들이 시기하기 시작한 것이다. 또한 블레셋 사람들은 나날이 창대하고 왕성해져 가는 이삭을 두려워하였다. 그래서 그들은 이삭이 사용하는 모든 우물을 막고 흙으로 메워버렸다. 아비멜렉은 이삭에게 자기들의 지역에서 떠날 것을 노골적으로 요구하였다(창 26:16).

이삭은 그곳을 떠나 그랄 골짜기에 거주하며 아버지 아브라함의 우물들을 다시 팠다. 그리고 그 우물들을 아브라함이 부르던 이름으로 불렀다. 한번은 이삭의 종들이 골짜기에서 우물을 파다가 "물이 스스로 솟아나는 샘 줄기"(בְּאֵר מַיִם חַיִּים, 베에르 마임 하임)를 찾아냈다.[427] 이처럼 수고하지 않아도 물이 솟아나는 우물을 얻는 것은 흔치 않은 일이다. 이삭의 종들이

---

426) 마가복음 4:8에서와 같이 백배의 결실은 좋은 땅에서 거둘 수 있는 최고의 수확이다.

427) בְּאֵר מַיִם חַיִּים(베에르 마임 하임)을 개역개정은 "샘 근원"이라고 번역하였다. NASB는 "a well of flowing water"(물이 흐르는 우물)로 RSV, ASV는 그와 유사하게 "a well of springing water"(물이 샘솟는 우물)로 번역하였고 NKJV은 "a well of running water"(물이 흘러나오는 우물)로 번역하였다.

판 이 우물을 그 지역의 목자들은 자기들의 것이라고 우겼다. 이삭은 우물의 이름을 "다툼"을 뜻하는 "에섹"이라고 지었다(창 26:20). 이삭은 우물을 내어주고 다른 곳으로 가서 우물을 팠는데 그랄의 목자들은 두 번째 우물에 대해서도 시비를 걸었다. 이삭은 그 우물의 이름을 "대적함"이라는 뜻의 "싯나"라고 지었다(창 26:21). 이삭은 또 다른 곳으로 이주하여 우물을 팠다. 다행히 이번에는 별다른 문제가 없었다. 이삭은 번성할 수 있는 넓은 땅을 찾았다고 기뻐하며 우물의 이름을 "르호봇"이라고 불렀다(창 26:22). 이삭은 기근이 들었지만 하나님께서 말씀하신 대로 가나안 땅에 머물렀고 하나님께서 함께하심으로 가는 곳마다 우물을 파서 쉽게 물을 확보할 수 있었다. 이에 그는 다음과 같이 고백하였다(창 26:22).

"이제는 여호와께서 우리를 위하여 넓게 하셨으니 이 땅에서 우리가 번성하리로다"

이삭은 우물을 얻은 그 지역을 하나님의 복이라고 생각했다. "우리가 번성하리로다"라는 말은 하나님께서 사람을 창조하시고 "생육하고 번성하라"(창 1:28)라고 하신 말씀과 같은 것으로 하나님의 복과 연결되는 말이다. 하나님께서는 이삭이 가는 곳마다 복을 주셨다. 그렇다고 해서 이삭에게 어려움이 없었던 것은 아니다. 주변 사람들의 시기와 다툼이 있었고 여기저기를 떠돌아다녀야 했다. 우리는 하나님의 복이라고 하면 주변의 모든 적대적인 것들이 사라지고 나를 힘들게 하는 사람들이 없어지는 것으로 기대한다. 혹은 그런 어려움이 전혀 없는 환경이 하나님께서 주시는 복이라고 생각한다. 그러나 하나님께서는 어렵고 힘든 우리의 환경을 바꿔 주실 때도 있지만 대부분의 경우 환경은 그대로 두시고 우리가 바뀌게 하신다. 어떤 환경 속에서도 하나님께서 함께 하시는 것이 진정한 복이다.

이삭은 다시 거처를 옮겨 브엘세바로 갔다. 브엘세바는 아버지 아브라함이 아비멜렉과 언약을 맺었던 곳이다. 이삭이 브엘세바에 도착한 "그 밤에" 여호와께서 그에게 나타나 말씀하셨다.

> **창 26:24** 그 밤에 여호와께서 그에게 나타나 이르시되 나는 네 아버지 아브라함의 하나님[428]이니 두려워하지 말라 내 종 아브라함을 위하여 내가 너와 함께 있어 네게 복을 주어 네 자손이 번성하게 하리라 하신지라

하나님께서는 이삭에게 "나는 네 아버지 아브라함의 하나님"이라고 자신을 소개하시면서 "내가 너와 함께 있어 네게 복을 주어 네 자손이 번성하게 하리라"라고 말씀하셨다. 이는 이삭이 아브라함의 계승자임을 확인시켜 주신 것이다. 이삭은 그곳에 제단을 쌓고 여호와의 이름을 불렀다(창 26:25). 이전에 아브라함이 브엘세바에서 하나님께 예배드린 것처럼 이삭도 그곳에서 하나님을 예배했다.

이 일이 있은 후, 아비멜렉이 이삭을 찾아왔다. 아비멜렉은 이삭이 그랄에 거할 때 그의 번성함을 보고 그를 내보냈다. 그러나 시간이 지나고 계속해서 부와 세력이 커져 가는 이삭을 보며 아비멜렉은 그를 경계하지 않을 수 없었다. 그는 자기 선조가 아브라함과 언약을 맺은 것처럼 자신도 이삭과 화친을 맺기 위해 찾아왔다.

---

428) 하나님께서 "나는 너의 아버지의 하나님"(창 26:24)이라고 이삭에게 말씀하셨다. 조상의 하나님이라는 표현이 처음으로 등장한다. 벧엘에서 야곱의 꿈에 나타나신 하나님은 "나는 여호와니 너의 조부 아브라함의 하나님이요 이삭의 하나님이라"(창 28:13)라고 말씀하셨다. 야곱은 에서와의 만남을 앞두고 기도할 때 "나의 조부 아브라함의 하나님, 나의 아버지 이삭의 하나님, 여호와여"(창 32:9)라고 하였다. 창세기에서 이 명칭은 하나님이 아브라함에게 주신 약속의 확실성과 관련이 있다.

창 26:28-29 ²⁸그들이 이르되 여호와께서 너와 함께 계심을 우리가 분명히 보았으므로 우리의 사이 곧 우리와 너 사이에 맹세하여 너와 계약을 맺으리라 말하였노라 ²⁹너는 우리를 해하지 말라 이는 우리가 너를 범하지 아니하고 선한 일만 네게 행하여 네가 평안히 가게 하였음이니라 이제 너는 여호와께 복을 받은 자니라

아비멜렉이 이삭을 두려워하는 것은 그의 세력 때문만이 아니라 여호와께서 그와 함께 계심을 분명히 보았기 때문이다. 아비멜렉은 이삭에게 "당신은 여호와께 복을 받은 자"라고 말한다. 하나님을 믿지 않는 자들도 "여호와께서 너(이삭)와 함께 계심"을 분명히 보았고(창 26:28), 또한 이삭이 "여호와께 복 받은 자"임을 분명히 인정하였다(창 26:29). 이삭은 가나안 사람들이 두려워하고 화친을 맺고 싶어 할 정도로 번성하였다.[429]

이삭은 자신을 찾아온 아비멜렉을 위해 잔치를 베풀었다. 이는 이삭이 아비멜렉보다 더 높은 자, 더 힘이 있는 자로서 그와 동맹을 맺은 것을 의미한다. 이제 이삭은 가나안 땅에서 확고한 기반을 구축하며 거주할 수 있게 된 것이다.

아비멜렉 일행이 돌아간 날, 이삭의 종들이 새 우물을 찾았는데 이삭은 이 일을 기념하기 위해 우물의 이름을 "세바"(שִׁבְעָה, 쉬브아, "맹세")라고 하였다. 이 이름은 아브라함과 아비멜렉의 계약을 기념하기 위한 이름이었다(창 21:31-32). 이삭이 이 우물을 "맹세의 우물"이라고 부른 것은 이미 아버지 때부터 불렀던 이름에 새로운 의미를 부여한 것이다.[430] 이것이 아브라함과

---

429) 웬함, 『모세오경』, 91.

430) 이한영은 이것은 "본문이 독립적인 문서들이나 단편들의 불일치한 결합의 산물이라기보다는 아브라함과 이삭의 사건을 공통적인 어휘, 주제, 그리고 언약 모티브로 연결시켜

이삭의 세 번째 비교이다.

이렇게 이삭의 이야기는 끝이 난다. 창세기 26장 마지막 부분에 에서 이야기가 짧게 등장한다. 에서는 사십 세에 헷 족속의 두 딸을 아내로 맞이했는데 이는 에서가 하나님께서 택하신 믿음의 후손이 아님을 예고하는 것이다.

이삭의 삶에 얼마나 많은 일들이 있었을까? 성경은 그 많은 일들 중에서 가장 중요한 일을 선택하여 이삭을 주연으로 창세기 26장을 기록하였다. 그런데 창세기 26장은 시작부터 끝까지 모두 아브라함과 관련된 이야기로 구성되어 있다. 하나님께서 아브라함에게 하셨던 것처럼 이삭에게도 나타나셔서 명령하시고 약속하셨다. 하나님께서 이삭에게 주신 말씀은 모두 아브라함에게 하셨던 말씀을 떠올릴 수 있는 비슷한 내용들이다. 또한 이삭은 아브라함과 비슷한 실수를 했고 아브라함처럼 아비멜렉에게 책망을 받았다. 그뿐만 아니라 이삭은 하나님으로부터 약속의 말씀을 듣고 아브라함처럼 예배했으며, 아브라함처럼 이방으로부터 인정을 받았다. 이렇듯 창세기 26장은 이삭의 이야기를 아브라함과 병행하여 전개함으로 아브라함에게 주신 하나님의 약속이 이삭에게도 연장되었음을 강조한다. 하나님께서는 말씀대로 순종하는 이삭과 함께 하시며 그를 지켜 주시고, 그에게 약속하신 대로 그의 삶을 복되게 하셨다. 이것이 하나님께서 이삭의 삶을 통해 우리에게 주시는 중요한 교훈이다.

하나님의 신실하심과 미래의 성취를 예고하는 세밀히 의도된 저자의 최종 구성이라고 말할 수 있다."라고 한다. 이한영, 『역사와 서술에서의 오경 메시지』, 121.

야곱

하나님을 위하여 살게 하시는 하나님

:

> 세 족장의 성격 중에서 야곱은 가장 이상적이지 않게 나타난다.
> 이는 하나님의 은혜가 보상이 아니라 고귀한 덕들의 근원임을 보여주는 것이다.
> 은혜는 인간의 죄를 이기고 인간의 본성을 바꾼다는 것이 이 계시의 기조이다.[431]

하나님께서는 우리를 부르시고 그 부르심에 합당한 믿음을 주실 뿐만 아니라 우리를 향하신 하나님의 뜻이 이루어질 때까지 우리와 함께 하시며 우리를 지키시고 우리를 인도하신다. 우리는 이 사실을 야곱의 삶을 통해서 확인할 수 있다. 성경은 늘 "자기를 위하여" 살아가는 이기적이고 자기중심적인 야곱이 어떻게 "하나님을 위하여" 살아가는 믿음의 사람으로 변화되어가는지 잘 보여준다.

---

431) 보스, 『성경신학』, 112.

⦂ 야곱을 택하신 하나님

하나님께서 사람을 창조하기 전에 먼저 계획하신 것처럼(창 1:26), 아브라함을 부르실 때 이미 그를 향한 계획을 갖고 계셨던 것처럼(창 12:1-3), 하나님께서는 야곱이 이 세상에 태어나기도 전에 이미 그를 향한 계획을 갖고 계셨다(렘 1:4-5 참조).

> **창 25:21-23** [21] 이삭이 그의 아내가 임신하지 못하므로 그를 위하여 여호와께 간구하매 여호와께서 그의 간구를 들으셨으므로 그의 아내 리브가가 임신하였더니 [22] 그 아들들이 그의 태 속에서 서로 싸우는지라 그가 이르되 이럴 경우에는 내가 어찌할꼬 하고 가서 여호와께 묻자온대 [23] 여호와께서 그에게 이르시되 두 국민이 네 태중에 있구나 두 민족이 네 복중에서부터 나누이리라 이 족속이 저 족속보다 강하겠고 큰 자가 어린 자를 섬기리라 하셨더라

야곱은 출생부터 특별한 사람이었다. 이삭은 사십 세에 리브가와 결혼했지만 이십 년 동안 아이를 낳지 못하였다(창 25:26). 이삭은 임신하지 못하는 아내를 위하여 여호와께 기도하였고 여호와께서는 그의 간구를 들어주셨다. 리브가는 이삭의 기도에 대한 응답으로 쌍둥이를 임신하였다. 그런데 복 중에 있는 아들들이 서로 다투었고 리브가는 "이런 경우에는 어찌할꼬" 하며 여호와께 기도하였다. 하나님께서는 리브가에게 형 에서가 아니라 동생인 야곱을 택하였다고 말씀하셨다.[432] 왜 에서가 아니라 야곱을 택하셨는가? 하나님께서는 사도 바울을 통해 야곱을 택하신 이유를 다음과 같이 설명해 주셨다.

---

432) 말라기서에서도 여호와께서는 에서가 비록 야곱의 형일지라도 "내가 야곱을 사랑하였고 에서를 미워하였다."라고 말씀하신다(말 1:2-3).

롬 9:10-18 [10]그뿐 아니라 또한 리브가가 우리 조상 이삭 한 사람으로 말미암아 임신하였는데 [11]그 자식들이 아직 나지도 아니하고 무슨 선이나 악을 행하지 아니한 때에 택하심을 따라 되는 하나님의 뜻이 행위로 말미암지 않고 오직 부르시는 이로 말미암아 서게 하려 하사 [12]리브가에게 이르시되 큰 자가 어린 자를 섬기리라 하셨나니 [13]기록된 바 내가 야곱은 사랑하고 에서는 미워하였다 하심과 같으니라 [14]그런즉 우리가 무슨 말을 하리요 하나님께 불의가 있느냐 그럴 수 없느니라 [15]모세에게 이르시되 내가 긍휼히 여길 자를 긍휼히 여기고 불쌍히 여길 자를 불쌍히 여기리라 하셨으니 [16]그런즉 원하는 자로 말미암음도 아니요 달음박질하는 자로 말미암음도 아니요 오직 긍휼히 여기시는 하나님으로 말미암음이니라 [17]성경이 바로에게 이르시되 내가 이 일을 위하여 너를 세웠으니 곧 너로 말미암아 내 능력을 보이고 내 이름이 온 땅에 전파되게 하려 함이라 하셨으니 [18]그런즉 하나님께서 하고자 하시는 자를 긍휼히 여기시고 하고자 하시는 자를 완악하게 하시느니라

바울은 성령의 감동하심으로 "하나님의 뜻이 행위로 말미암지 않고 오직 부르시는 이로 말미암아" 주어지는 것이며, "아직 나지도 아니하고 무슨 선이나 악을 행하지 아니한 때에" 하나님께서는 오직 긍휼하심으로 야곱을 사랑하시고 그를 택하셨다고 말씀한다. 하나님께서는 예레미야에게 하신 말씀과 같이 "야곱을 모태에서 짓기 전에 야곱을 아셨고 야곱이 배에서 나오기 전에 야곱을 성별"하셨다(렘 1:5). 야곱에게는 출생하기 전부터 "택하심을 따라 되는 하나님의 뜻"이 주어졌다. 하나님께서는 리브가에게 "큰 자가 어린 자를 섬기리라"라고 말씀하셨다. 하나님의 능력을 보이시고 하나님의 이름이 온 땅에 전파되게 하시려고 하나님께서 야곱을 택하여 세우신 것이다.

∶ 야곱과 장자권

▌ 에서의 발꿈치를 잡고 태어난 야곱

하나님께서는 쌍둥이 형제가 복 중에 있을 때 "큰 자가 어린 자를 섬기리라"라고 말씀하셨다. 이들은 출산하는 과정에서 서로 먼저 나오려고 엎치락뒤치락하였다. 먼저 나온 자는 붉고 전신이 털옷 같아서 이름을 에서라 하였고, 후에 나온 아우는 손으로 에서의 발꿈치를 잡았으므로 그 이름을 야곱이라 하였다(창 25:25-26). 웬함은 "그들이 태어난 방식은 예언적인 신탁을 생생하게 강조하는 전조인 것 같다."[433]라고 지적하였다. 그러나 성경은 야곱이 복 중에서 에서와 다툰 것과 형의 발꿈치를 잡고 태어난 일을 거론함으로써 인간은 이미 복 중에 있을 때부터 부패한 존재임을 알리고 있다.[434]

▌ 장자권에 대한 갈망

이들이 장성하여 에서는 "익숙한 사냥꾼", "들 사람"이 되었고 야곱은 "조용한 사람"으로 장막에 거주하였다. 야곱은 형 에서가 사냥에서 돌아와 허기져 있을 때 떡과 팥죽을 에서에게 주고 장자의 명분을 샀다.

> 장자권은 첫 번째로 태어나는 자기 종족을 지도하는 자가 되는, 명예와 책임이 있는 자리에 오르는 권리였다.[435]

성경에서 장자는 아버지의 능력의 첫 열매로 여겨졌고(창 49:3) 장자는 하

---

433) 고든 웬함, 『WBC 성경주석 창세기 하 16-50』, 윤상문, 황수철 역 (서울: 솔로몬, 2001), 336.

434) 김성수, 『내가 너로 큰 민족을 이루게 하리라』, 70.

435) 스티븐슨, 『내 이름은 야곱입니다』, 48.

나님께 드려졌다(출 22:29). 신명기 21:17은 아버지의 유산을 분배할 때 장자는 다른 형제가 받는 양의 두 몫을 받는 것을 "장자의 권리"로 규정하고 있다. 이 장자권은 사고 팔 수 있는 것이 아니다. 에서가 음식 한 그릇을 위해 장자의 명분을 팔았지만(히 12:16) 이삭 앞에서 장자인 에서의 지위와 위치는 이러한 거래에도 아무런 영향을 받지 않았다(창 27장).

▌장자의 축복을 가로챈 야곱

"나이가 많아 눈이 어두워 잘 보지 못하는"[436](창 27:1) 이삭은 장자인 에서를 불러서 "이삭이 이르되 내가 이제 늙어 어느 날 죽을는지 알지 못하니 … 들에 가서 나를 위하여 사냥하여 내가 즐기는 별미를 만들어 내게로 가져와서 먹게 하여 내가 죽기 전에 내 마음껏 네게 축복하게 하라"(창 27:2-4)라고 하였다.[437] 이삭은 하나님의 계시를 따르지 않고 자신의 성향에 따른 편견으로 에서에게 장자의 축복을 하려 했다.[438] 에서는 아버지의 말대로 사냥하기 위해 들로 나갔다.

이삭과 에서의 이야기를 엿들은 리브가가 야곱을 불러 이삭을 속일 음모를 획책하였다. 야곱은 아버지 이삭을 속이는 것을 주저했지만(창 27:11-12) 리브가는 모든 책임을 자기에게 돌리라고 하면서 야곱을 에서와 같이

---

436) 눈이 어두워 잘 보지 못한다는 것은 이삭이 영적 분별력을 상실했음을 암시한다.
437) 폴 스티븐슨, 『내 이름은 야곱입니다』, 33. 스티븐슨은 "성경은 에서와 야곱의 출생이 이삭과 리브가의 성숙에 어떻게 영향을 끼쳤는지에 대해 우리에게 별로 알려 주지 않는다. 다만 그들은 살아 계신 하나님보다는 쌍둥이 중 한 명에게서 위안과 영적인 중심점을 찾으며 살아가는 안타까운 모습을 보일 뿐이다. 그들은 중독적이고 맹목적으로 각자 편애하는 자녀와 일체가 되었다."라고 말한다.
438) 박형용, 『히브리서: 한국성경주석 총서』, 342. 하나님께서는 이미 이삭과 리브가의 성향, 즉 이삭은 에서를 사랑하고 리브가는 야곱을 사랑하는 것을 알고 계셨다(창 25:28).

구며 에서가 받아야 할 장자의 축복을 받게 한다(창 27:25-29).[439] 하나님께서는 인간의 모든 죄와 잘못에도 자신의 목적을 한치의 어김도 없이 그대로 성취하는 분이시다. 이에 월키는 "이삭과 그의 잘못은 하찮은 것이 되고 하나님과 그분의 선하심이 결국 승리한다."[440]라고 말한다.

속임수와 거짓으로 형 에서에게서 장자의 축복을 가로챈 야곱은 자기 힘으로 하나님의 뜻을 이룰 수 있다고 생각하는 세속적인 인물이었다. 그런데 성경은 야곱이 이삭과 에서를 속인 것을 꾸짖거나 책망하지 않는다. 성경은 오히려 에서가 장자의 명분을 가볍게 여기고(창 25:34) 한 그릇 음식을 위해 장자의 명분을 팔아넘긴 망령된 자라고 한다(히 12:16). 하나님은 장자의 명분이 야곱에게 있다고 이미 말씀하셨다. 그런데 야곱은 자신이 태어나기도 전에 약속받은 복을 하나님께서 하나님의 때에 주실 것을 신뢰하지 못하고 자신이 통제하려고 했다.[441] 그가 두 번씩이나 형을 속이지 않았어도 그를 향하신 하나님의 뜻은 반드시 성취되었을 것이다.

야곱은 복의 근원이 되기보다는 자기만 복을 차지하려는 이기적인 사람이었다. 뒤늦게 사냥에서 돌아온 에서는 야곱이 장자의 축복을 가로챈 것을 알고 그를 미워하여 죽이려고 하였다. 리브가는 야곱에게 에서의 노가 풀릴 때까지 "몇 날 동안" 하란에 있는 외삼촌 라반의 집에 가 있으라고 하였다(창 27:43-44). 이 일로 리브가는 야곱을 다시는 보지 못하게 된다.

---

439) 이에 대해 조르단은 "하나님의 언약을 위해 죽음까지도 마다하지 않은 리브가의 헌신은 바로 예수님 그분의 그림자"라고 말한다. 조르단, 『창세기의 족장 이야기』, 120. 그러나 어떤 이유에서도 목적을 위해 수단과 방법을 가리지 않는 것을 정당화할 수는 없다.

440) B. K. Waltke, "Reflections on Retirement form the Life of Isaac," *Crux* 32 (12. 1996): 13. 스티븐슨, 『내 이름은 야곱입니다』, 71에서 재인용.

441) 스티븐슨, 『내 이름은 야곱입니다』, 50.

: 벧엘의 하나님

우리가 아브라함의 삶을 통해 살펴보았듯이 하나님의 뜻은 하나님의 방법으로 이루어진다. "택하심을 따라 되는 하나님의 뜻"(롬 9:11)은 인간적인 노력으로 성취할 수 있는 것이 아니다. 하나님의 뜻을 이루기 위해 우리가 더할 것은 아무것도 없다. 하나님께서 부르시고, 하나님께서 함께 하셔서, 부르심에 합당한 믿음을 주시고 그를 통하여 하나님의 뜻을 이루어 가신다. 야곱도 마찬가지다. 야곱이 가나안 땅을 떠나 하란을 향해 가던 중 한 곳에서 돌 베개를 베고 잘 때 하나님이 그에게 나타나 말씀하셨다.

> **창 28:13-15** [13]또 본즉 여호와께서 그 위에 서서 이르시되 나는 여호와니 너의 조부 아브라함의 하나님이요 이삭의 하나님이라 네가 누워 있는 땅을 내가 너와 네 자손에게 주리니 [14]네 자손이 땅의 티끌 같이 되어 네가 서쪽과 동쪽과 북쪽과 남쪽으로 퍼져나갈지며 땅의 모든 족속이 너와 네 자손으로 말미암아 복을 받으리라 [15]내가 너와 함께 있어 네가 어디로 가든지 너를 지키며 너를 이끌어 이 땅으로 돌아오게 할지라 내가 네게 허락한 것을 다 이루기까지 너를 떠나지 아니하리라 하신지라

하나님께서는 먼저 아브라함에게 자신을 소개하셨다: "나는 여호와니 너의 조부 아브라함의 하나님이요 이삭의 하나님이라". 이는 야곱이 아브라함과 이삭에게 주신 언약의 계승자임을 의미한다. 이어서 하나님께서는 야곱에게 **첫째**, 네가 누워 있는 땅 곧 가나안 땅을 너와 네 자손에게 줄 것이며 **둘째**, 네 자손이 크게 번성하여 땅에 충만하게 될 것이며 **셋째**, 땅의 모든 족속이 너와 네 자손으로 말미암아 복을 받으리라고 약속하셨다. 이는 아브라함과 이삭에게 주신 약속과 같다. 여기에 한 가지 말씀이 더 부가된다. 하나님께서는 "내가 네게 허락한 것을 다 이루기까지 너를 떠나지

아니하리라", "내가 너와 함께 있어 네가 어디로 가든지 너를 지키며 너를 이끌어 이 땅으로 돌아오게 할지라"라고 약속하셨다. 하나님의 뜻은 내가 내 힘과 내 지혜로 이룰 수 있는 것이 아니라 하나님께서 함께하셔서 하나님께서 이루게 해 주신다. 우리에게 요구되는 것은 믿음과 순종이다. 이러한 하나님의 말씀 앞에 야곱은 다음과 같이 서원하였다.

> **창 28:20-22** [20]야곱이 서원하여 이르되 하나님이 나와 함께 계셔서 내가 가는 이 길에서 나를 지키시고 먹을 떡과 입을 옷을 주시어 [21]내가 평안히 아버지 집으로 돌아가게 하시오면 여호와께서 나의 하나님이 되실 것이요 [22]내가 기둥으로 세운 이 돌이 하나님의 집이 될 것이요 하나님께서 내게 주신 모든 것에서 십분의 일을 내가 반드시 하나님께 드리겠나이다 하였더라

야곱은 만약 하나님께서 나와 함께 계셔서 내가 평안히 아버지의 집으로 돌아가게 하시면 **첫째**, 여호와께서 나의 하나님이 되실 것이며 **둘째**, 하나님의 전을 건축할 것이며 **셋째**, 하나님께서 내게 주신 모든 것에서 십분의 일을 반드시 하나님께 드리겠다고 서원하였다. 야곱의 서원은 성경에 기록된 최초의 서원이다. 서원은 하나님께 무언가를 요구하고 그 응답에 대한 대가를 지불하겠다고 약속하는 것이 아니다. 즉, 서원은 흥정이 아니다. 서원은 내가 바라고 원하는 일들을 이루어주시는 하나님의 은혜에 대한 보상이 아니라 나를 향하신 하나님의 뜻이 온전히 이루어질 것을 기대하며 드리는 "믿음과 감사의 고백"이다.[442]

---

442) 김성수, 『내가 너로 큰 민족을 이루게 하리라』, 288-90을 참조하라.

⋮ 그러나 야곱은!

　하나님께서는 벧엘에서 꿈으로 야곱에게 하나님의 뜻을 보여 주셨다. 또한 하나님께서는 이 꿈을 통해 야곱과 함께 하시며 그를 지키시고 인도 하시겠다고 약속하셨다. 그러나 야곱은 하나님께서 함께 하심에도 여전히 자기 꾀와 자기 힘으로 살아간다. 그리고 주변 사람들 역시 야곱과 마찬가 지로 속고 속이면서 서로를 이용한다. 이것이 세상을 살아가는 죄인들의 일상적인 모습이다. 야곱은 형 에서와 아버지 이삭을 속였던 것처럼 외삼 촌 라반의 집에서 보낸 이십 년 동안 외삼촌 라반과 레아, 라헬에게 속고 속이는 삶을 살아간다.[443)]

　하란에서 야곱은 외삼촌 라반의 두 딸 중 동생인 라헬을 사랑하였다. 야 곱은 라헬과 결혼하기 위해 외삼촌 집에서 칠 년 동안 종살이를 하였다. 그는 라헬을 사랑하는 까닭에 칠 년을 며칠 같이 여기며 라반을 섬겼다(창 29:18-20). 드디어 칠 년이 지나 라헬과 결혼을 하고 첫날 밤을 보냈는데 아 침에 보니 옆에 있는 신부는 라헬이 아니라 레아였다. 리브가가 아들 야곱 과 함께 눈이 어두워 잘 보지 못하는 이삭을 속인 것처럼, 라반은 그의 두 딸과 함께 결혼식 날 밤 어두움을 틈타 야곱을 속였다. 라반은 언니보다 아우가 먼저 결혼하는 것은 관례가 아니라고 변명하며 라헬과 결혼하려면 칠 년을 더 종으로 섬길 것을 요구하였다. 야곱이 레아보다 라헬을 더 사 랑하여 또다시 칠 년 동안 라반을 섬겼다(창 29:25-30). 야곱은 "라헬을 위하 여" 십사 년 동안이나 종살이를 한 것이다. 이 기간 동안 야곱은 레아와 라

---

443) "내가 외삼촌의 집에 있는 이 이십 년 동안 외삼촌의 두 딸을 위하여 십사 년, 외삼촌의 양 떼를 위하여 육 년을 외삼촌에게 봉사하였거니와 외삼촌께서 내 품삯을 열 번이나 바꾸셨으며"(창 31:41)

헬, 그리고 라헬의 시녀인 빌하와 레아의 시녀인 실바에게서 열한 아들을 낳았다. 여기서 놀라운 사실은 라반의 속임수를 하나님께서는 약속의 가족을 일으키는 수단으로 사용하셨다는 것이다.[444] 하나님께서는 후에 라헬이 낳은 막내아들 베냐민을 포함하여 네 여인이 낳은 아들들이 이스라엘을 구성하는 열두 지파가 되게 하셨다.

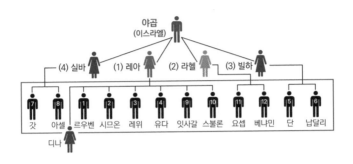

야곱은 그다음 육 년을 "외삼촌의 양 떼를 위하여"(창 31:41) 종살이하였다. 그러나 엄격하게 말하면 외삼촌을 위해서가 아니라 잔꾀를 부려서 양 떼 중에 약한 것은 라반의 것으로, 실한 것은 자기 것으로 만들기 위해 보낸 육 년이었다. 하나님께서는 야곱이 하란에서 보낸 이십 년의 종살이를 "아내를 얻기 위하여" 사람을 섬기며, "아내를 얻기 위하여" 양을 쳤다고 평가하셨다(호 12:12). 야곱은 라반의 집에서 라반과 레아, 라헬에게 기만당하고, 자녀를 얻으려고 애쓰는 두 여인 사이에서 가족의 분열을 겪으며 노동력을 착취당하였다(창 31:7 참조). 그러는 중에도 야곱은 잔꾀로 많은 부를 축적하였다.

444) 스티븐슨, 『내 이름은 야곱입니다』, 143.

한마디로 야곱의 삶은 자기의 유익을 위해 남을 속이고 목적을 위해 수단과 방법을 가리지 않는 삶이었다. 하나님께서 늘 함께 하시지만 그는 여전히 하나님의 사람으로 변하지 않았다. 야곱은 그의 소유가 점점 늘어 가면서 라반과 사이가 불편해지기 시작하였다. 여호와께서는 야곱에게 "나는 벧엘의 하나님이라"라고 말씀하시면서 벧엘에서 했던 서원을 상기시키셨다(창 31:31).[445]

그리고 야곱에게 "네 조상의 땅 네 족속에게로 돌아가라"라고 명하시며 "내가 너와 함께 있으리라"라는 약속의 말씀을 주셨다(창 31:3). 이에 야곱은 라반에게 알리지도 않고 서둘러 그의 모든 소유와 모든 식구들을 데리고 하란을 떠났다. 라반은 삼 일이 지나서야 야곱이 도망간 것을 알고 칠일간 뒤쫓아 길르앗 산에서 야곱을 따라잡았다. 라반은 야곱을 해하려 했으나 하나님께서 밤에 나타나셔서 그의 분노를 진정시키셨다(창 31:29). 하나님께서는 야곱의 교활한 성품에도 불구하고 그와 함께 하시며 그를 지키시고 인도하셨다.

---

445) "나는 벧엘의 하나님이라 네가 거기서 기둥에 기름을 붓고 거기서 내게 서원하였으니 지금 일어나 이 곳을 떠나서 네 출생지로 돌아가라 하셨느니라"(창 31:13)

⦂ 야곱의 귀향길

이십 년 전에 에서가 장자의 축복을 가로챈 야곱을 죽이려고 하자 리브
가는 야곱을 밧단아람에 있는 외삼촌 라반에게 잠시 피신하도록 하였다.
그런데 리브가가 "네 형의 노가 풀리기까지 몇 날 동안 그와 함께 거주하
라. 에서의 분노가 풀리면 사람을 보내겠다."(창 27:44-45)라고 했는데 이십
년이 지나도록 야곱에게 아무런 기별도 하지 않았다. 에서의 분노가 풀리
지 않은 것이다. 20년 만에 고향으로 돌아오는 야곱은 "내가 너와 함께 있
으리라"(창 31:3)라고 하나님께서 약속하셨고, 또 "하나님의 사자들", "하나
님의 군대"가 그를 호위하고 있었지만(창 32:1-2) 에서와의 대면을 두려워했
다. 야곱은 에서의 근황을 살펴보기 위해 자기보다 앞서 정탐꾼을 보냈다
(창 32:3-5).

정탐꾼의 보고 후 두 진영으로 분리(창 32:6-8)

야곱은 에서가 사백 명을 거느리고 온다는 정탐꾼의 말을 듣고 "심히 두
려워했다." 에서가 아직도 자기를 미워하고 죽이려 한다고 생각한 야곱은
에서의 공격에 대비해 가족들을 분산시켰다. 야곱은 자기와 함께 한 사람
들과 모든 소유를 둘로 나누어 에서가 와서 한 떼를 치면 남은 한 떼는 피
할 수 있도록 하였다.

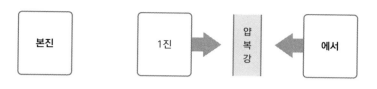

야곱의 기도(창 32:9-12)

야곱은 에서와의 결전을 앞두고 하나님께 "내 형의 손에서, 에서의 손에서 나를 건져내시옵소서"라고 기도한다. 이는 벧엘에서의 서원을 제외하면 성경에 기록된 야곱의 첫 번째 기도이다. 야곱은 하나님의 은혜를 간구하며 하나님께 기도하였지만 여전히 마음이 편치 않았다.

네 진영으로 재편(창 32:13-21)

다음 날 아침 야곱은 에서의 상한 마음을 풀기 위해 엄청난 양의 예물[446]을 택해 다음과 같이 세 개의 진영으로 나누고 각각 종들에게 맡겨 본진보다 앞서 행하도록 하였다. 그러나 야곱은 이러한 선물 공세에도 여전히 에서를 향한 두려움을 떨쳐내지 못하였다.

---

446) 야곱이 형 에서에게 보낸 예물은 암염소 이백, 숫염소 이십, 암양 이백, 숫양 이십, 낙타 삼십과 그 새끼, 암소 사십, 황소 열, 암나귀 이십과 새끼 나귀 열 마리로 모두 오백오십 마리나 된다(창 32:14-15). 웬함은 이것은 야곱이 에서에게서 훔쳤던 축복을 상징적으로 에서에게 돌려주는 것일 수 있다고 말한다. 웬함, 『창세기 16-50』, 윤상문, 황수철 역 (서울: 솔로몬, 2001), 520.

얍복 나루에서(창 32:22-31)

얍복 나루에 도착한 야곱은 자기의 가족과 모든 소유를 다 강 건너편으로 보냈다. 그러나 야곱은 형 에서를 두려워하여 얍복 나루를 건너지 못하고 홀로 남았다.

야곱의 전략은 무엇인가? 야곱은 자기만 강을 건너가 "배수의 진"[447]을 치고 죽기 살기로 가족들을 지켜야 했다. 그러나 그는 손자병법 제6장 36계를 택하였다: "여의치 않으면 피하라". 야곱은 자기의 모든 소유를 잃는 한이 있어도, 심지어는 자기의 모든 가족이 다 희생되어도 나만은 살아야겠다는 비겁한 선택을 한 것이다.

그런데 한밤중에 어떤 사람이 얍복 나루에 홀로 남은 야곱을 치고 들어와 엎치락뒤치락하였다. 그 어떤 사람은 다름 아닌 하나님이셨다(창 32:30; 호 12:3). 하나님께서는 야곱에게 나타나 늘 자기 꾀와 자기의 힘으로 살려고 하는 그를 깨우치시며 그의 이름을 야곱에서 "이스라엘"로 바꾸어 주셨다. 이스라엘이란 "하나님과 겨루어 이겼다."[448]라는 뜻이다. 그러나 사실은

---

447) "배수의 진"은 한나라 명장 한신이 조나라와의 전투에서 사용한 전략이다. 이는 "강물을 등지고 친 진지"라는 뜻으로 목숨을 걸고 어떤 일에 대처하는 것을 비유한다.

448) 김성수는 "이겼다"로 번역되는 יָכֹל(야콜)이라는 단어는 야곱이 천사와 겨루되 끝까지 굴복하지 않고 버티었다는 뜻으로 이해하는 것이 자연스럽다고 주장한다. 그는 창세기 32:26의 לוֹ יָכֹל וְלֹא(로 야콜 로, "하나님께서 그를 이기지 못하셨다")라는 표현이 이러한 사실을 암시하고 있다고 한다. 김성수, 『내가 너로 큰 민족을 이루게 하리라』, 324.

하나님께서 야곱을 쳐서 그를 굴복시키셨다. 하나님께서 야곱에게 "그래, 네가 이겼다."라고 말씀하셨지만, 야곱은 실제로 승리자가 아니라 패배자였다.[449] 하나님께서 야곱의 허벅지 관절을 치셨고(창 32:25) 이로 인해 야곱은 제대로 걷지도 못하였다. 36계는 고사하고 제대로 걷지도 못하는 신세가 된 것이다. 이제 야곱이 할 수 있는 것은 하나님을 붙잡는 것 밖에 없었다. 이제 더는 자기의 힘으로 아무것도 할 수 없음을 깨달은 야곱은 울며 하나님의 도우심을 간구하였다(호 12:4 참조): "당신이 내게 축복하지 아니하면 가게 하지 아니하겠나이다"(창 32:26). 하나님을 만난 후 "브니엘의 새 아침"을 맞이한 야곱은 형 에서와 축복된 재회를 할 수 있게 된다.

얍복 나루를 건넌 후(창 33:1-11)

얍복 나루를 건넌 야곱은 에서가 사백 명의 장정을 거느리고 오는 것을 보고 다음과 같이 진영을 재편성했다.

선두에는 두 여종(실바와 빌하)과 자식들을, 그다음에는 레아와 자식들을, 그리고 제일 뒤에는 사랑하는 라헬과 요셉을 배치하고 자기는 맨 앞에 나아가서 에서와 대면하였다. 그런데 뜻밖에도 에서는 야곱을 끌어안고 울면서 그를 환대했다(창 33:4). 에서의 호의적인 반응은 하나님의 은혜와 도

---

449) 김성수, 『내가 너로 큰 민족을 이루게 하리라』, 323.

우심의 결과였다.[450) 외삼촌 라반의 분노를 진정시키셨던 것처럼(창 31:23-29), 야곱과 함께 하시는 하나님께서는 에서의 마음을 극적으로 돌이키셔서 야곱을 용서하고 그를 반갑게 맞이하도록 하신 것이다.

엘 엘로헤 이스라엘(창 33:17-20)

야곱은 하나님의 은혜로 에서와 화해하고 무사히 귀향하였지만 여전히 자기중심적인 삶을 살았다. 야곱은 곧바로 가나안 땅으로 가지 않고 숙곳에서 "자기를 위하여" 집을 짓고(창 33:17), "짐승을 위하여" 우릿간을 지었다(창 33:17). 이는 야곱이 상당히 오랜 기간 숙곳에 머물기로 작정한 것으로 보인다. 또한 그는 "평안히 가나안 땅 세겜 성읍에 이르러"(창 33:18)[451) 아예 정착하기 위하여 장막을 짓고 땅을 샀다. 그리고 거기에 제단을 쌓고 그 이름을 "엘 엘로헤 이스라엘"(אל אלהי ישראל)이라고 불렀다(창 33:20). 이 말은 "하나님, 이스라엘(나)의 하나님"이라는 뜻이다. 야곱은 "자기를 위하여", "짐승을 위하여" 살면서도 여전히 하나님이 "자기편"이라고 착각하고 있는 것이다. 야곱은 아버지 이삭의 집에서도, 하란에서도, 가나안으로 돌아오는 길에서도, 가나안에 돌아와서도 마치 하나님이 없는 것처럼 자기중심적인 삶을 살고 있었다.

---

450) 엘렌 로스, 『창세기』, 강성렬 역 (서울: 두란노, 2011), 206.

451) 이십 년 전 야곱은 벧엘에서 "내가 평안히 아버지 집으로 돌아가게 하시오면 여호와께서 나의 하나님이 되실 것이요 내가 기둥으로 세운 이 돌이 하나님의 집이 될 것이요 하나님께서 내게 주신 모든 것에서 십분의 일을 내가 반드시 하나님께 드리겠나이다"(창 28:21-22)라고 서원하였다. 그러나 그가 벧엘이 아니라 세겜에서 제단을 쌓고 "엘 엘로헤 이스라엘"이라고 한 사실을 주목할 필요가 있다.

⫶ 일어나 벧엘로 올라가라

> 주님은 이 선택된 자를 조금 조금씩 깨닫도록 하시고 때로는 무정하리만큼 냉혹하
> 게 연단하셔서 믿음의 사람으로 만드신다.[452]

하나님께서는 하나님의 은혜로 가나안 땅으로 돌아왔으나 여전히 자기만을 위해 사는 야곱에게 극단적인 조치를 행하셨다. 그것이 바로 세겜 성 디나 사건이다(창 34장).

하루는 야곱의 딸 디나가 세겜 성의 여인들을 보러 갔다가 그 성의 추장 세겜에게 겁탈을 당하는 불상사가 발생하였다.[453] 이 일로 인해 야곱의 두 아들 시므온과 레위가 세겜 성의 모든 남자를 살육하였고 다른 형제들은 그 성을 약탈하였다(창 34:24-27). 이 사건으로 야곱은 더는 세겜 땅에 머무르지 못하게 되었다. 디나 사건은 야곱이 자기중심적인 삶에서 하나님 중심적인 삶으로 전환하는 중요한 계기가 되었다. 하나님께서는 야곱에게 "일어나 벧엘로 올라가서 거기 거주하며 거기서 하나님께 제단을 쌓으라"[454]라고 말씀하신다(창 35:1). 야곱이 거주할 곳은 세겜이 아니라 벧엘이다. 하나님께서는 디나 사건을 통해 야곱이 하나님과의 약속, 벧엘에서의 서원을 기억하고 하나님만을 예배하며 섬기는 새 삶을 시작하게 하셨다.

---

452) 하우스, 『구약신학』, 137.

453) 월키도 "야곱이 땅을 사서 거기에 제단을 세우는 대신 만일 벧엘에서 자신의 서원을 이행하고 거기에 제단을 세우려 했다면 이 비극은 발생하지 않았을 것"이라고 본다. 그는 "야곱과 그의 가족은 벧엘에서 그의 서원을 성취하지 않은데 대해 큰 대가를 치른 것으로 보인다."라고 첨언한다. 월키, 프레드릭스, 『창세기 주석』, 829.

454) 월키는 이것이 "하나님께서 족장에게 제단을 쌓으라고 직접 지시하신 유일한 사례"라고 말한다(창 12:7-8; 13:18; 22:9; 26:5; 33:20). 월키, 프레드릭스, 『창세기 주석』, 853.

창 35:2-5 ²야곱이 이에 자기 집안 사람과 자기와 함께 한 모든 자에게 이르되 너희 중에 있는 이방 신상들을 버리고 자신을 정결하게 하고 너희들의 의복을 바꾸어 입으라 ³우리가 일어나 벧엘로 올라가자 내 환난 날에 내게 응답하시며 내가 가는 길에서 나와 함께 하신 하나님께 내가 거기서 제단을 쌓으려 하노라 하매 ⁴그들이 자기 손에 있는 모든 이방 신상들과 자기 귀에 있는 귀고리들을 야곱에게 주는지라 야곱이 그것들을 세겜 근처 상수리나무 아래에 묻고 ⁵그들이 떠났으나 하나님이 그 사면 고을들로 크게 두려워하게 하셨으므로 야곱의 아들들을 추격하는 자가 없었더라

야곱은 벧엘에서의 서원을 기억하고 온 가족을 이끌고 벧엘로 올라간다. 그런데 야곱이 벧엘로 올라가기 전에 먼저 정리해야 할 것이 있다. 야곱은 자기 집안사람과 자기와 함께 한 모든 자에게 "너희 중에 있는 이방 신상들을 버리라"라고 말하였다. 하나님께 나아가려면 우상을 버리고 하나님만 섬겨야 한다. "이 말은 라헬이 라반의 드라빔을 훔친 사건을 연상케 한다. 라반이 이 드라빔을 찾아 나섰지만 라헬은 그것을 감추고 돌려주지 않았다."⁴⁵⁵⁾ 야곱과 함께 한 모든 자가 자기 손에 있는 모든 이방 신상과 자기 귀에 있는 귀고리⁴⁵⁶⁾들을 야곱에게 주었고, 야곱은 그것들을 세겜 근처 상수리나무 아래에 묻었다. "회개는 하나님께 드리는 예배를 방해하거나 얼룩지게 하는 것은 무엇이든지 내버리는 결단을 수반한다."⁴⁵⁷⁾ 또한 야곱은 후일에 이스라엘 백성들이 하나님을 만나기 위해 자신들을 성결케 하고 옷을 빨아 입은 것과 같이(출 19:10-11) 자기와 함께 한 모든 자들에게 "자신을 정결하게 하고 의복을 바꾸어 입으라"라고 말하였다. 하나님을 만나기

---

455) 박철현, 『야곱-우리와 성정이 같은 사람』 (서울: 킹덤북스, 2010), 246.

456) 구약에서 "귀고리"는 17회 나오며, 코나 귀에 거는 장식품의 하나인 고리(대개 금고리, 겔 16:12)를 가리킨다(욥 42:11; 사 3:21). 이 고리들은 사치의 표시였으며, 개인 소유로서 때로 하나님께 바쳐졌다(출 32:2; 35:22; 삿 8:24).

457) 월키, 프레드릭스, 『창세기 주석』, 854.

위해서는 우상숭배와 각종 부정으로부터 자신을 정결케 해야 한다.[458]

야곱이 하나님께서 명령하신 대로 가족들과 벧엘로 갈 때 하나님께서 그들과 함께 하시니 주변의 다른 부족들 중에 감히 야곱을 추격하는 자가 없었다. 야곱은 벧엘에 이르러 거기서 제단을 쌓고 그곳을 "엘벧엘"이라고 칭하였다(창 35:6-7).

야곱이 밧단아람에서 벧엘로 돌아오자 하나님께서 다시 야곱에게 나타나셨다. 하나님께서는 그에게 복을 주시고 얍복강 가에서 말씀하신 대로 거짓과 속임수로 살아온 야곱이라는 이름 대신에 이스라엘이라고 부르셨다. 이어서 하나님께서는 "나는 전능한 하나님이라 생육하며 번성하라 한 백성과 백성들의 총회가 네게서 나오고 왕들이 네 허리에서 나오리라 내가 아브라함과 이삭에게 준 땅을 네게 주고 내가 네 후손에게도 그 땅을 주리라"라고 말씀하셨다. 아브라함과 이삭에게 하신 약속을 야곱에게 반복하심으로 아브라함에게 주신 언약의 진정한 계승자가 야곱임을 확증해 주셨다. 이 말씀을 마치시고 하나님께서는 "그를 떠나 올라가셨다"(창 35:13). 이는 하나님께서 벧엘에서 말씀하신 대로 야곱에게 허락하신 하나님의 뜻이 온전히 다 이루어졌음을 의미한다.

야곱은 삼십 년 전 벧엘에서 "하나님이 나와 함께 계셔서" "나를 지키시고" "내가 평안히 아버지 집으로 돌아가게 하시오면 여호와께서 나의 하나님이 되실 것이요" "내가 기둥으로 세운 이 돌이 하나님의 집이 될 것이

---

458) 정결케 하는 방법으로는 부정한 것을 멀리하거나(레 11장) 옷을 빨고 물로 몸을 씻어야 한다(레 15장). 참조; "맑은 물로 너희에게 뿌려서 너희로 정결케 하되 곧 너희 모든 더러운 것에서와 모든 우상을 섬김에서 너희를 정결케 할 것이며"(겔 36:25)

요"라고 서원한 대로 하나님이 자기와 말씀하시던 곳에 돌기둥으로 제단을 쌓고 그 이름을 "엘벧엘"(אֵל בֵּית־אֵל, 벧엘의 하나님)이라 불렀다(창 28:22; 35:7, 14-15). 야곱은 후에 하나님에 대해 다음과 같이 언급한다.

> 창 48:15-16 ¹⁵··· 나의 출생으로부터 지금까지 나를 기르신 하나님, ¹⁶나를 모든 환난에서 건지신 여호와 ···

장자의 축복을 위하여 형과 아버지를 속이고, "여자를 위하여", "자기를 위하여", "짐승을 위하여" 살면서도 "엘 엘로헤 이스라엘"(אֵל אֱלֹהֵי יִשְׂרָאֵל, 하나님 나의 하나님)이라고 생각했던 자기중심적인 신앙에서 "내"가 사라지고, "나의 출생으로부터 지금까지" 나와 함께 하시고 나를 인도하신 분이 여호와 하나님이심을 고백하며 하나님 중심의 신앙으로 변모한 것을 볼 수 있다.

하나님의 약속, 즉 땅을 얻고 많은 후손을 얻고 복의 근원이 되는 것은 인간적인 노력이나 꾀로 되는 것이 아니다. 우상을 버리고 자신을 정결케 하고 옷을 갈아입어야 한다. 함께 하시는 하나님을 믿고 전적으로 그분을 의지해야 한다. 우리는 야곱의 삶을 통해 하나님께서 우리와 함께 하시며, 우리를 지키시고 인도하셔서 우리를 향하신 하나님의 뜻을 하나님께서 이루게 하시는 것을 알 수 있다.

하나님께서는 아브라함, 이삭, 야곱을 통하여 죄악 된 이 세상 가운데서 새로운 하나님 나라를 이루어 가시려는 하나님의 계획을 보여주셨다.

아브라함은 이러한 하나님의 계획이 이루어지는 과정에서 믿음의 중요성을 우리에게 보여준다. 그런데 그 믿음은 아브라함의 선택과 의지의 결과가 아니다. 믿음의 주체는 하나님이시다. 하나님께서는 아브라함을 택하시고 부르셔서 그 부르심에 합당한 믿음의 사람으로 만들어 가신다.

이삭은 하나님의 말씀에 대한 순종의 중요성을 우리에게 보여준다. 하나님께서는 하나님의 말씀대로 순종하는 이삭과 함께 하시고 그를 지키시고 그에게 복을 주셨다.

야곱은 나를 향하신 하나님의 뜻은 내가 내 힘과 내 능력으로 쟁취하는 것이 아니라 "함께 하시는 하나님"께서 나를 지키시고 인도하셔서 그 뜻을 이루게 하신다는 것을 보여준다. 하나님께서는 야곱과 함께 하셔서 "자기를 위해서" 살아온 야곱을 "하나님을 위하여" 사는 믿음의 사람으로 변화시켜 주셨다.[459]

---

459) 하우스는 이와 같은 야곱의 삶은 우리에게 "택하시며 보호하시는 하나님"을 보여준다고 한다. 하우스, 『구약신학』, 104.

요셉
왕 같은 제사장으로 살게 하시는 하나님

·
·

> 여러 조상이 요셉을 시기하여 애굽에 팔았더니
> 하나님이 그와 함께 계셔 그 모든 환난에서 건져내사
> 애굽 왕 바로 앞에서 은총과 지혜를 주시매
> 바로가 그를 애굽과 자기 온 집의 통치자로 세웠느니라
> (행 7:9-10)

　　요셉 이야기는 창세기에서 가장 많은 분량을 차지하고 있다. 아브라함 (창 12장-25장)은 이삭 이야기를 제외하면 열 장 정도이다. 이삭 이야기(창 21 장-35장)는 아브라함과 야곱에 중첩되어 실제로 다섯 장 정도에 걸쳐 전개 된다. 야곱(창 25장-35장)은 에서 이야기를 제외하면 아홉 장 정도이다. 이 에 비해 요셉 이야기(창 37장-50장)는 유다와 다말 이야기를 제외해도 열 세 장이나 된다. 분량이 많다고 더 중요한 것은 아니지만 아브라함이나 이삭, 야곱에 비해 상대적으로 요셉은 별로 주목받지 못하고 있다. 성경은 하나 님께서 이스라엘의 열조와 맺으신 언약을 언급할 때 항상 아브라함, 이삭, 야곱을 함께 거론한다.[460] 성경 어디에서도 요셉은 이 세 사람과 동일 선

---

460) 김성수는 히브리서 11:9은 이 세 인물을 동일한 약속의 공동 상속자로 묶음으로써 이들의

상에서 언급되지 않는다. 단순히 이스라엘이 어떻게 가나안에서 애굽으로 이주하게 되었는가를 설명하기 위해 많은 지면을 요셉에게 할애한 것은 아닐 것이다. 과연 하나님께서 요셉 이야기를 통해 우리에게 주시는 메시지는 무엇인가? 특별히 창세기에서 아브라함, 이삭, 야곱, 요셉의 삶은 하나님의 구원 계획, 즉 죄악 된 이 세상에서 새로운 하나님 나라를 이루어 가시려는 하나님의 뜻과 관련하여 어떤 의미가 있는가?

먼저 하나님께서 아브라함을 부르시고 이삭, 야곱을 통해 이루기 원하시는 하나님의 뜻이 무엇인가를 상기할 필요가 있다. 하나님께서는 죄악 된 이 세상에서 **왕 같은 제사장**이 되게 하시려고 이들을 택하시고 구원하셨다. 하나님께서는 이들이 이 세상에서 하나님의 선하신 뜻대로 정복하고 다스리는 **왕 같은** 역할을 감당하기 원하신다. 동시에 하나님께서는 이들이 하나님과 이 세상 사이에서 **제사장과 같은** 역할을 감당하기 원하신다. 이 역할을 감당함에 있어서 아브라함을 통해서는 믿음의 중요성을, 이삭을 통해서는 순종의 중요성을, 야곱을 통해서는 하나님께서 함께하셔서 하나님의 뜻을 이루어 주신다는 것을 보여주셨다. 그렇다면 하나님께서는 요셉의 삶을 통해 우리에게 무엇을 말씀하시는가?

역사는 한 마디로 동일한 약속을 상속받은 자들의 역사, 동일한 약속이 대대로 이어져 온 역사임을 암시하고 있다고 한다. 김성수, 『내가 너로 큰 민족을 이루게 하리라』, 409; 사르나는 오경에서 세 족장(아브라함, 이삭, 야곱)의 묶음은 언제나 하나님께서 이스라엘 백성에게 땅을 주신다는 약속과 함께 언급될 때 사용된다고 한다. Nahum M. Sarna, *The JPS Torah Commentary: Genesis* (Philadelphia: Jewish Publication Society, 1989), 351.

요셉 자료에 대한 또 다른 특징은 바로 아브라함이나 야곱과는 달리 텍스트에서 요셉이 이스라엘 민족을 상징하거나 이를 구현하고 있음을 내비치는 곳이 전혀 없다는 것이다. 요셉은 항상 오직 개인으로서 존재한다. 추정컨대, 그의 모범적인 인격은 다른 개인들에게 한 모델로 제시하려는 의도가 담겨 있다.[461]

요셉은 모든 세대의 모든 성도에게 거룩함과 신실함의 모범이다.[462] 요셉은 애굽에 종으로 팔려 갔다. 성경에서 애굽은 죄악 된 세상과 비유된다. 죄악 된 세상에서 어떻게 하나님의 뜻대로 다스리는 **왕 같은 권세**를 누리며 살 수 있는가? 죄악 된 세상에서 어떻게 하나님의 은혜와 구원을 선포하며 복의 근원으로서 **제사장과 같은 역할**을 감당하며 살 수 있는가? 요셉의 이야기는 바로 이러한 질문의 해답을 우리에게 보여준다. 즉, 성경은 하나님께서 택하시고 구원하신 성도들이 죄악 된 세상에서 어떻게 부르심의 사명을 감당하며 살 수 있는가를 알려 주는 모범으로서 요셉을 우리에게 제시하고 있다.

성경에서 요셉의 삶은 가나안에서 보낸 십 대 시절[463]과 종으로 팔려가서 총리가 된 애굽의 삶으로 나누어 생각해 볼 수 있다.

---

461) 로저슨, 모벌리, 『창세기 연구 입문』, 156-57.

462) Bill T. Arnold, *Encountering the Book of Genesis* (Grand Rapids, MI: Baker, 2003), 157.

463) 요셉은 그의 생애의 첫 십칠 년을 야곱과 함께 살았다(창 37:2). 그리고 야곱은 그의 생애 마지막 십칠 년을 요셉과 함께 살았다(창 47:28).

⁘ 가나안에서의 요셉

▍채색옷을 입은 소년 시절

> **창 37:2-4** ²야곱의 족보는 이러하니라 요셉이 십칠 세의 소년으로서 그의 형
> 들과 함께 양을 칠 때에 그의 아버지의 아내들 빌하와 실바의 아들들과 더불
> 어 함께 있었더니 그가 그들의 잘못을 아버지에게 말하더라 ³요셉은 노년에
> 얻은 아들이므로 이스라엘이 여러 아들들보다 그를 더 사랑하므로 그를 위하
> 여 채색옷을 지었더니 ⁴그의 형들이 아버지가 형들보다 그를 더 사랑함을 보
> 고 그를 미워하여 그에게 편안하게 말할 수 없었더라

창세기 37:2은 가나안 땅에 거할 때 요셉의 모습을 세 가지로 소개한다.
즉, 그가 "십칠 세의 소년"이라는 것과 그가 "빌하와 실바의 아들들과 더
불어 함께 양을 치고" 있었고, 그가 "자기 형제들의 잘못(דִּבָּתָם רָעָה, 딥바탐
라아, "나쁜 보고")⁴⁶⁴)을 아버지에게" 일러바치는 고자질쟁이라는 것이다. 한
마디로 성경은 십 대의 요셉을 아버지에게 형제들의 험담을 늘어놓는 철
부지 소년으로 묘사하고 있다.

야곱은 노년에 라헬이 낳은 요셉을 다른 아들들보다 더 사랑하여 그에
게 "채색옷"(כְּתֹנֶת פַּסִּים, 케토네트 팟심)을 입혔다.⁴⁶⁵) 개역개정이나 ASV 등은
כְּתֹנֶת פַּסִּים을 χιτῶνα ποικίλον(키토나 포이킬론)으로 번역한 70인역을 따라
"채색옷"이라고 번역하였다.⁴⁶⁶) 그러나 성경이 요셉의 옷에서 주목하는 것

---

464) דִּבָּה(딥바)는 남에게 해를 입히기 위한 험담을 의미한다. 월키, 프레드릭스, 『창세기 주석』,
900 참조.

465) 요셉의 이 옷은 창세기에서 8번 언급된다: 창 37:3, 23(2), 31(2), 32(2), 33.

466) "채색옷"이라는 말은 כְּתֹנֶת פַּסִּים(케토네트 파심)을 "χιτῶνα ποικίλον"(키토나 포이킬론)
으로 번역한 70인역에서 유래하였다. ASV는 "a coat of many colors"(다양한 색상의 외투),
NIV는 "a richy ornamented robe"(많은 장식이 달린 길고 품이 넓은 옷), NKJV은 "a tunic

은 옷의 색감이 아니라 그의 옷이 마치 출가하지 않은 공주가 입는 것처럼 "화려하게 장식된 겉옷"[467]이라는 것이다. 이는 양을 치는 목동의 복장으로는 어울리지 않는 것이다.[468] 그래서 월키는 야곱이 요셉을 가족의 통치자로 지명하고 왕실 복장으로 간주할 수 있는 כְּתֹנֶת פַּסִּים을 지어 입혔다고 주장한다.[469]

요셉의 형제들은 요셉이 야곱에게 자기들에 대한 험담을 늘어놓고, 또 야곱은 요셉 만을 편애하며 자기들을 차별대우한다고 생각하여 요셉을 시기하고 미워하였다. 설상가상으로 요셉은 꿈 이야기로 인하여 더욱 곤경에 빠지게 된다.[470]

▎Dreams – 꿈꾸는 자, 요셉

하나님께서는 두 가지 꿈을 통해 요셉을 향하신 하나님의 뜻을 보여주셨다(창 37:5-11). 하나는 형들의 곡식단이 요셉의 곡식단을 둘러서서 절하는 꿈이고 또 하나는 해와 달과 열 한 별이 요셉에게 절하는 꿈이다.

---

of many colors"(다양한 색상의 긴 옷), RSV는 "a long robe with sleeves"(소매가 있는 긴 옷)으로 각기 번역하였다. כְּתֹנֶת פַּסִּים은 "발목까지 내려오는 긴 소매 외투"를 말한다. 요셉의 경우를 제외하면 성경에서 כְּתֹנֶת פַּסִּים은 사무엘하 13:18-19에 두 번 사용되었다. 다말이 כְּתֹנֶת פַּסִּים을 입었는데 성경은 이것을 출가하지 아니한 공주가 입는 옷이라고 부연해서 설명한다.

467) 월키, 프레드릭스, 『창세기 주석』, 901.
468) 폰 라드는 이 옷이 육체노동을 하기에 부적합하게 만들어진 옷이라고 한다. Von Rad, *Genesis: A Commentary*, 351.
469) 월키, 프레드릭스, 『창세기 주석』, 901.
470) 야곱의 삶이 "큰 자가 작은 자를 섬기리라"(창 25:23)라는 하나님의 말씀을 토대로 전개된 것과 같이 요셉의 삶 또한 그의 형제들이 그에게 절할 것이라는 그의 꿈들을 토대로 전개된다.

구약시대에 하나님은 종종 꿈을 통해 자기의 뜻을 계시하셨다.[471] 하나님께서는 아브라함에게(창 15:12-16), 야곱에게(창 28:10-16) 장차 그들을 통해 이루어 가실 계획을 꿈으로 보여주셨다. 그런데 이들의 경우 하나님께서 꿈을 꾼 자에게 하나님의 뜻을 분명하게 말씀해 주신 것과는 달리 요셉에게는 아무런 말씀도 하지 않으셨다.[472] 우리는 단지 하나님께서 그의 삶에 대한 계획을 갖고 계시며 그 계획에는 일종의 지도력을 포함하는 것임을 알 수 있을 뿐이다. 이는 요셉에게 꿈 이야기를 들은 형들의 반문에서도 확인된다(창 37:8).

"네가 참으로 우리의 왕이 되겠느냐 참으로 우리를 다스리게 되겠느냐"

가뜩이나 요셉의 악한 험담과 야곱의 편애로 형제들에게 미움을 받던 요셉은 "그의 꿈과 그의 말로 말미암아" 더욱 미움을 받게 되었다(창 37:3-8). 그러던 어느 날 형들이 세겜에서 양 떼를 칠 때 야곱은 요셉에게 형들과 양 떼가 다 잘 있는지 살펴보고 오라고 하였다(창 37:12-14).[473] 요셉의 형제들은 멀리서 다가오는 요셉을 보고 그를 죽이기로 모의하였다. 그들은 요셉을 향한 큰 미움과 시기심으로 요셉의 채색옷을 벗기고 구덩이에 던져 죽이려고 하였다. 그러나 유다의 제안으로 때마침 그곳을 지나가던 미디안 상인들에게 요셉을 팔아 버렸다(창 37:28). 형제들은 자기들의 악행을

---

471) 월키, 프레드릭스, 『창세기 주석』, 949.

472) "이는 성경에서 하나님께서 아무 말씀도 하지 않으시는 최초의 꿈이다." 월키, 프레드릭스, 『창세기 주석』, 901; 말텐스는 아브라함, 이삭, 야곱, 이 세 족장에게는 하나님께서 여러 차례 직접 나타나서 말씀하신 것에 비추어 볼 때 요셉에게는 중요한 꿈에 대한 기록은 있어도 신현에 대한 기록이 없다는 사실이 이상하다고 한다. 말텐스, 『하나님의 계획: 새로운 구약신학』, 47.

473) 세겜은 디나 사건이 발생했던 곳이다.

은폐하고자 요셉의 채색옷에 숫염소의 피를 묻혀 야곱에게 보이며 들짐승이 요셉을 잡아먹은 것으로 위장하였다(창 37:31-32). 야곱은 피 묻은 옷이 요셉의 것임을 알아보고 애통해하였다(창 37:33). 야곱은 "염소 가죽과 에서의 의복"으로 자기 아버지 이삭을 속였던 것 같이 자기 아들들에게 "염소 피와 요셉의 겉옷"으로 똑같이 속임을 당했다.

미디안 상인들이 요셉을 "애굽에서 바로의 신하 친위대장 보디발에게 팔았더라"(창 37:36)라는 말로 가나안 땅에서 십 대 요셉의 이야기는 마무리된다.

⦂ 애굽에서의 요셉

아버지의 사랑을 독차지하면서 호사스럽게 생활하던 요셉은 죽을 뻔한 위기를 모면하고 애굽에 종으로 팔려왔다. 요셉이 형들에게 자기의 꿈을 있는 그대로 이야기한 것은 어리석은 행동이었을지 모른다. 그러나 분명한 것은 하나님께서 그 꿈들을 통해 앞으로 일어날 일들을 미리 알려주셨다는 것이다. "하나님께서는 요셉 형들의 악한 행동들을 사용하셔서 요셉의 꿈을 통해 드러났던 하나님의 계획, 요셉을 통치자로 만드시고자 하는 하나님의 계획을 성취하기 시작하신다."[474]

애굽에서 요셉의 삶은 세 부분으로 구분된다: 보디발의 집의 가정 총무, 감옥의 책임을 맡은 자, 바로의 궁에서 애굽 총리.

---

474) 그레이다누스, 『창세기 프리칭 예수』, 527.

▌보디발의 집에서 - 왕 같은 제사장

창 39:1-6 ¹요셉이 이끌려 애굽에 내려가매 바로의 신하 친위대장 애굽 사람 보디발이 그를 그리로 데려간 이스마엘 사람의 손에서 요셉을 사니라 ²여호 와께서 요셉과 함께 하시므로 그가 형통한 자가 되어 그의 주인 애굽 사람의 집에 있으니 ³그의 주인이 여호와께서 그와 함께 하심을 보며 또 여호와께서 그의 범사에 형통하게 하심을 보았더라 ⁴요셉이 그의 주인에게 은혜를 입어 섬기매 그가 요셉을 가정 총무로 삼고 자기의 소유를 다 그의 손에 위탁하니 ⁵그가 요셉에게 자기의 집과 그의 모든 소유물을 주관하게 한 때부터 여호와 께서 요셉을 위하여 그 애굽 사람의 집에 복을 내리시므로 여호와의 복이 그 의 집과 밭에 있는 모든 소유에 미친지라 ⁶주인이 그의 소유를 다 요셉의 손에 위탁하고 자기가 먹는 음식 외에는 간섭하지 아니하였더라 요셉은 용모가 빼 어나고 아름다웠더라

미디안 상인⁴⁷⁵⁾들은 요셉을 바로의 신하 친위대장 보디발에게 종으로 팔 아넘겼다. 그러나 보디발의 집에서 요셉은 가정 총무가 되어 그의 집과 그의 모든 소유물을 관리하는 책임을 맡게 되었다(왕 같은). 하나님께서는 요셉으 로 인하여 보디발의 집에 복을 내리시고 그의 집을 창대하게 하셨다(제사장).

▌감옥에서 - 왕 같은 제사장

창 39:20-23 ²⁰이에 요셉의 주인이 그를 잡아 옥에 가두니 그 옥은 왕의 죄 수를 가두는 곳이었더라 요셉이 옥에 갇혔으나 ²¹여호와께서 요셉과 함께 하 시고 그에게 인자를 더하사 간수장에게 은혜를 받게 하시매 ²²간수장이 옥중 죄수를 다 요셉의 손에 맡기므로 그 제반 사무를 요셉이 처리하고 ²³간수장은 그의 손에 맡긴 것을 무엇이든지 살펴보지 아니하였으니 이는 여호와께서 요 셉과 함께 하심이라 여호와께서 그를 범사에 형통하게 하셨더라

---

475) 이스마엘 사람들(창 37:27-28; 39:1)과 미디안 사람들(창 7:28, 36)은 동일한 무역상에 대해 번갈아 사용되는 호칭이다. 월키, 프레드릭스, 『창세기 주석』, 906.

요셉은 보디발의 아내의 유혹을 거절하다가 억울한 누명을 쓰고 감옥에 갇히게 되었다. 그러나 요셉은 감옥에서도 옥중 죄수를 다 맡아 관리하고 또 그 제반 사무를 처리하는 일을 하였다. 요셉은 죄수가 되어 옥에 갇혔으나 사실 옥중 통치자였다(왕 같은).[476] 하나님께서는 요셉으로 인하여 감옥에서의 모든 일을 형통하게 하셨다(제사장).

▌ 바로의 궁에서 – 왕 같은 제사장

"왕 같은"

창 41:38-43 [38]바로가 그의 신하들에게 이르되 이와 같이 하나님의 영에 감동된 사람을 우리가 어찌 찾을 수 있으리요 하고 [39]요셉에게 이르되 하나님이 이 모든 것을 네게 보이셨으니 너와 같이 명철하고 지혜 있는 자가 없도다 [40]너는 내 집을 다스리라 내 백성이 다 네 명령에 복종하리니 내가 너보다 높은 것은 내 왕좌뿐이니라 [41]바로가 또 요셉에게 이르되 내가 너를 애굽 온 땅의 총리가 되게 하노라 하고 [42]자기의 인장 반지를 빼어 요셉의 손에 끼우고 그에게 세마포 옷을 입히고 금 사슬을 목에 걸고 [43]자기에게 있는 버금 수레에 그를 태우매 무리가 그의 앞에서 소리 지르기를 엎드리라 하더라 바로가 그에게 애굽 전국을 총리로 다스리게 하였더라

"제사장"

창 41:46-49 [46]요셉이 애굽 왕 바로 앞에 설 때에 삼십 세라 그가 바로 앞을 떠나 애굽 온 땅을 순찰하니 [47]일곱 해 풍년에 토지 소출이 심히 많은지라 [48]요셉이 애굽 땅에 있는 그 칠 년 곡물을 거두어 각 성에 저장하되 각 성읍 주위의 밭의 곡물을 그 성읍 중에 쌓아 두매 [49]쌓아 둔 곡식이 바다 모래 같이 심히 많아 세기를 그쳤으니 그 수가 한이 없음이었더라

---

476) 조르단, 『창세기의 족장 이야기』, 147.

창 41:53-57 [53]애굽 땅에 일곱 해 풍년이 그치고 [54]요셉의 말과 같이 일곱 해 흉년이 들기 시작하매 각국에는 기근이 있으나 애굽 온 땅에는 먹을 것이 있더니 [55]애굽 온 땅이 굶주리매 백성이 바로에게 부르짖어 양식을 구하는지라 바로가 애굽 모든 백성에게 이르되 요셉에게 가서 그가 너희에게 이르는 대로 하라 하니라 [56]온 지면에 기근이 있으매 요셉이 모든 창고를 열고 애굽 백성에게 팔새 애굽 땅에 기근이 심하며 [57]각국 백성도 양식을 사려고 애굽으로 들어와 요셉에게 이르렀으니 기근이 온 세상에 심함이었더라

요셉은 감옥에서 나와 삼십 세에 애굽의 총리가 되어 바로의 궁에서 세마포 옷을 입고, 금 사슬을 목에 걸고, 왕의 인장 반지를 끼고, 왕궁과 애굽 온 땅을 다스렸다(창41:40-43)(왕 같은). 요셉은 애굽 총리로 있는 동안 칠년 풍년 때 곡식을 비축하여(창 41:46-49), 칠 년 흉년 때 애굽은 물론 주변 각국 백성들에게까지 식량을 공급하였다(창 41:53-57). 요셉은 애굽과 온 세상을 기근에서 구원하였다(제사장).

| Dreams come true!

애굽으로 식량을 구하러 온 자들 중에는 요셉의 형제들도 있었다(창 42:5). 그들은 세 번이나 요셉 앞에 엎드려 절을 하였다. 그들이 처음 애굽에 왔을 때 요셉 앞에서 땅에 엎드려 절하였다(창 42:6). 두 번째 애굽을 방문했을 때도 예물을 요셉에게 드리며 땅에 엎드려 절하였고(창 43:26), 요셉의 질문에 대답하면서 또다시 머리 숙여 절하였다(창 43:28). 마지막으로 야곱이 죽은 후에 형제들은 친히 요셉 앞에 엎드려 "우리는 당신의 종들이니이다"라고 말하였다(창 50:18).

요셉의 두 가지 꿈은 문자적으로 실현되었다. 해와 달과 별들이 그에게 절하는 꿈은 총리로서 요셉의 역할과 좀 더 직접적으로 연결되고, 곡식단들이 그에게 절하는 꿈은 보다 구체적으로 양식 공급자로서 그의 역할을 가리킨다. 형들은 요셉이 오래전 꾸었던 꿈 그대로 그에게 절한다.[477]

요셉이 가나안에 있을 때 하나님께서 보여주셨던 꿈이 그대로 이루어졌다.[478] 요셉은 보디발의 집에서 종으로 있을 때 모든 권한을 위임받아 그의 집을 주관하고 다스렸다. 요셉으로 인해 보디발의 집이 형통하고 창대해졌다. 억울한 누명을 쓰고 감옥에 갇혔으나 감옥의 제반 사무를 관장하였고 그로 인해 옥 중의 모든 일이 형통했다. 또한 이방인이자 종의 신분이었으나 애굽의 총리가 되어 **"왕 같은 권세"**를 가지고 온 애굽을 통치하였다. 그뿐만 아니라 애굽의 기근을 잘 대비하여 애굽 사람들과 각국 백성들은 물론 가나안 땅에 거하는 자기의 가족까지 구원하여 **"제사장과 같은 역할"**을 감당하였다.

---

477) Robert Alter, *The art of biblical narrative* (New York: Basic Books, 2011), 202-03.

478) 창세기 42:9은 요셉의 형제들이 요셉 앞에서 엎드려 절할 때 "요셉이 그들에게 대하여 꾼 꿈을 생각하였다."(רַיִּזְכֹּר יוֹסֵף אֵת הַחֲלֹמוֹת אֲשֶׁר חָלַם לָהֶם, 바이쯔코르 요세프 에트 하할로모트 아쉐르 할람 라헴, 사역: "요셉이 그들에게 대하여 꾼 그 꿈을 기억하였다")라고 말한다.

⦙ 하나님께서 함께 하시는 요셉

애굽의 입장에서 보면 요셉은 한갓 노예에 불과하다. 그런 요셉이 어떻게 보디발의 집에서도, 감옥에서도, 바로의 궁에서도 "왕 같은 제사장"의 사명을 감당할 수 있었을까? 성경은 요셉이 그 사명을 감당할 수 있었던 이유를 분명하게 보여준다.

▌하나님께서 함께 하시므로

하나님께서는 자신을 "요셉의 하나님"으로 칭하지 않으셨다. 그러나 요셉의 삶은 하나님께서 한 사람의 성도와 함께 어떻게 일하시는가를 더 많은 계시로 우리에게 말해 준다. 성경은 애굽에서 요셉의 삶을 하나님께서 친히 주장하시고 인도하셨다는 사실을 반복하여 강조하고 있다. 요셉은 하나님께서 함께 하셔서 가는 곳마다 형통한 자가 되었고 그의 주변에 있는 사람들도 복을 받았다.

보디발의 집에서

> **창 39:2-5** ² 여호와께서 요셉과 함께 하시므로 그가 형통한 자가 되어 그의 주인 애굽 사람의 집에 있으니 ³ 그의 주인이 여호와께서 그와 함께 하심을 보며 또 여호와께서 그의 범사에 형통하게 하심을 보았더라 ⁴ 요셉이 그의 주인에게 은혜를 입어 섬기매 그가 요셉을 가정 총무로 삼고 자기의 소유를 다 그의 손에 위탁하니 ⁵ 그가 요셉에게 자기의 집과 그의 모든 소유물을 주관하게 한 때부터 여호와께서 요셉을 위하여 그 애굽 사람의 집에 복을 내리시므로 여호와의 복이 그의 집과 밭에 있는 모든 소유에 미친지라

보디발의 집에 종으로 팔려왔으나 여호와께서 요셉과 함께 하심으로 그가 하는 모든 일을 형통하게 하셨다. 요셉의 주인인 보디발도 여호와께서

요셉과 함께 하심을 보았고 또 여호와께서 요셉의 범사에 형통하게 하심을 목도하였다.[479] 요셉은 그의 주인에게 은혜를 입어 섬겼고, 보디발은 요셉을 가정 총무로 삼고 자기의 집과 그의 모든 소유물을 주관하게 하였다. 보디발은 요셉을 절대적으로 신임하여 자기가 먹는 음식 외에는 간섭하지 아니하고 모든 것을 요셉에게 일임하였다. 여호와 하나님께서는 요셉을 위하여 보디발의 집에 복을 내리셨다.

> 보디발의 집에서 하나님께서는 요셉을 위하여 그와 함께 하시며, 형통하게 하시고, 복을 주셨다. 요셉은 하나님께서 함께 하심으로 보디발의 집에서 "왕 같은 제사장"으로서의 사명을 감당하였다.

감옥에서

창 39:21-23 [21]여호와께서 요셉과 함께 하시고 그에게 인자를 더하사 간수장에게 은혜를 받게 하시매 [22]간수장이 옥중 죄수를 다 요셉의 손에 맡기므로 그 제반 사무를 요셉이 처리하고 [23]간수장은 그의 손에 맡긴 것을 무엇이든지 살펴보지 아니하였으니 이는 여호와께서 요셉과 함께 하심이라 여호와께서 그를 범사에 형통하게 하셨더라

요셉은 용모가 빼어나고 아름다웠다(창 39:6). 그를 눈여겨본 보디발의 아내가 요셉을 유혹하고 동침하기를 청하였으나 요셉은 이를 뿌리쳤다. 요셉은 이 일로 억울한 누명을 쓰고 친위대장인 보디발의 집 안 감옥에 갇혔다. 이는 보디발이 여전히 요셉을 신뢰하고 있다는 반증일 수 있다.[480] 이

---

479) 이는 요셉이 진실로 보디발이 보는 앞에서 하나님을 증거하는 삶을 살았다는 것을 보여준다.

480) 조르단, 『창세기의 족장 이야기』, 147 fn. 2; 참고: H. C. 류폴드, 『창세기 하』, 최종태 역 (서울: 크리스챤서적, 1993), 880. 류폴드는 "그 당시 간통에 대한 통상적인 처벌은 사형이었다. 요셉을 감옥에 넣는 정도는 비교적 경한 처벌이었다."라고 한다.

곳은 왕에게 반역한 죄수들을 가두는 곳으로 경비가 철저하게 이루어지는 곳이다. 보디발이 요셉을 극형에 처하지 않고 이곳에 가둔 것은 그를 보호하기 위한 조치로 볼 수 있다.

여호와께서는 감옥에서도 요셉과 함께 하시고 그에게 인자[481]를 더하사 간수장에게 은혜를 받게 하셨다. 그런데 마침 애굽 왕의 술 맡은 자와 떡 굽는 자가 애굽 왕에게 죄를 짓고 요셉이 갇혀 있는 보디발의 감옥에 갇혔다(창 40:1-3). 보디발은 요셉에게 그들을 수종들게 하였다(창 40:4). 두 사람은 하룻밤에 각기 다른 꿈을 꾸었는데[482] 요셉이 그 두 사람의 꿈을 해석해 주었다(창 40:7-20). 요셉의 해석대로 술 맡은 관원장은 전직을 회복하였으나(창 40:21) 떡 굽는 관원장은 나무에 매달려 죽임을 당하였다(창 40:22). 요셉은 술 맡은 관원장에게 자신은 감옥에 갇힐만한 죄를 짓지 않았다고 호소하며 감옥에서 나갈 수 있도록 자기의 억울한 사정을 바로에게 전해 달라고 부탁하였다(창 40:14-15). 그러나 술 맡은 관원장은 전직을 회복한 후에 요셉을 기억하지 못하고 잊어버렸다(창 40:23). 이후 요셉은 만 이 년 동안 잊혀진 존재가 되었다(창 41:1). 시편 105편에서는 바로 이 시기의 요셉에 대하여 다음과 같이 증거한다.

> **시 105:17-19** [17]그가 한 사람을 앞서 보내셨음이여 요셉이 종으로 팔렸도다 [18]그의 발은 차꼬를 차고 그의 몸은 쇠사슬에 매였으니 [19]곧 여호와의 말씀이 응할 때까지라 그의 말씀이 그를 단련하였도다

---

481) 김회권은 "인자라고 번역된 헤세드(חֶסֶד)는 계약 당사자가 서로에 대하여 보여주는 신실한 의무 수행을 가리킨다. 하나님은 아브라함과 맺은 언약에 근거하여 요셉과 함께 하시고 그의 범사를 형통하게 하시는 것"이라고 한다. 김회권, 『하나님 나라 신학으로 읽는 모세오경』, 380.

482) 월키는 성경에서 꿈들은 하나님께서 주권적으로 미래의 운명을 통제하신다는 것을 보여주는 계시의 수단이라고 한다. 월키, 프레드릭스, 『창세기 주석』, 949.

시편 105:19

עַד־עֵת בֹּא־דְבָרֹו אִמְרַת יְהוָה צְרָפָתְהוּ

곧 여호와의 말씀이 응할 때까지라 그의 말씀이 그를 단련하였도다

사역 그의 말이 이루어질 때까지라 여호와의 말씀이 그를 단련하였다.

시편 105:18-19을 보면 "그의 말이 이루어질 때까지"(עַד עֵת בֹּא־דְבָרֹו, 에트 보 데바로) 요셉은 쇠사슬에 묶인 채 옥살이를 했다. 개역개정은 "그의 말"(דְבָרֹו, 데바로)을 "여호와의 말씀"으로 번역하였으나 알렌은 3인칭 접미사 (ֹו, 우)는 "여호와"가 아니라 "요셉"을 가리킨다고 주장한다.[483] 그렇다면 "그의 말"은 술 맡은 관원장에게 한 말, 즉 바로에게 자기의 억울함을 전해 달라고 한 요셉의 말로 볼 수 있다. 술 맡은 관원장에게 한 그의 말이 이루어질 때까지 여호와의 말씀이 그를 단련하신 것이다. 여호와께서는 옥 중에서도 요셉과 함께 하시고 그에게 인자를 더하사 간수장에게 은혜를 받게 하셨다(창 39:21). 간수장은 옥중 죄수를 다 요셉의 손에 맡겼고 요셉은 옥중의 제반 사무를 다 처리하였다. 여호와께서 요셉과 함께 하시고 여호와께서 그를 범사에 형통하게 하셨다고 성경은 다시 한번 반복하며 강조한다(창 39:23). 하나님께서는 요셉에게서 고난을 없애지 않으시고 고난 가운데서 함께 하시며 그의 뜻을 이루어 가셨다.

> 감옥에서도 하나님께서는 요셉과 함께 하시고 그를 범사에 형통하게 하셨다. 요셉은 하나님께서 함께 하심으로 감옥에서도 "왕 같은 제사장"의 사명을 감당하였다.

---

483) 알렌은 "그의 말"은 "요셉 자신의 예언적인 꿈"(창 37:5-11)이거나 "옥에 갇혔던 관원들의 꿈에 대한 요셉의 해석"이라고 본다. 레슬리 알렌, 『WBC 주석-시편 하』, 손석태 역 (서울: 솔로몬, 2001), 82.

▌성령의 감동으로 지혜를 주심

바로의 궁에서

> **창 41:1-8** [1]만 이 년 후에 바로가 꿈을 꾼즉 자기가 나일 강 가에 서 있는데
> [2]보니 아름답고 살진 일곱 암소가 강 가에서 올라와 갈밭에서 뜯어먹고 [3]그
> 뒤에 또 흉하고 파리한 다른 일곱 암소가 나일 강 가에서 올라와 그 소와 함께
> 나일 강 가에 서 있더니 [4]그 흉하고 파리한 소가 그 아름답고 살진 일곱 소를
> 먹은지라 바로가 곧 깨었다가 [5]다시 잠이 들어 꿈을 꾸니 한 줄기에 무성하고
> 충실한 일곱 이삭이 나오고 [6]그 후에 또 가늘고 동풍에 마른 일곱 이삭이 나오
> 더니 [7]그 가는 일곱 이삭이 무성하고 충실한 일곱 이삭을 삼킨지라 바로가 깬
> 즉 꿈이라 [8]아침에 그의 마음이 번민하여 사람을 보내어 애굽의 점술가와 현
> 인들을 모두 불러 그들에게 그의 꿈을 말하였으나 그것을 바로에게 해석하는
> 자가 없었더라

만 이 년이 지난 어느 날 바로는 연속으로 두 개의 꿈을 꾸었다. 첫 번째
꿈은 아름답고 살진 일곱 암소가 강 가에서 올라와 갈밭에서 뜯어먹은 후
그 뒤에 올라온 흉하고 파리한 다른 일곱 암소에 의해 잡아 먹히는 꿈이었
다(창 41:2-4). 두 번째 꿈은 한 줄기에서 나온 무성하고 충실한 일곱 이삭을
그 후에 나온 가늘고 동풍에 마른 일곱 이삭이 삼키는 꿈이었다. 잠에서
깨어나 번민하던 바로는 애굽의 점술가와 현인들을 불러 꿈 이야기를 들
려주었지만 아무도 그 꿈을 해석하지 못하였다. 이때 술 맡은 관원장이 자
기가 감옥에 갇혔을 때 꿈을 해석해 준 요셉을 추천하니 바로가 감옥에 갇
혀 있는 요셉을 왕궁으로 불러들였다. 아무도 자기의 꿈을 해석하지 못하
였다고 푸념하는 바로에게 요셉은 하나님께서 그 꿈을 해석해 주실 것이
라고 담대하게 말했다.

바로는 요셉에게 두 가지 꿈을 말해 주었다. 요셉은 바로에게 이 꿈은

하나님께서 장차 애굽에 행하실 일을 보여주신 것이며, 동일한 내용의 꿈을 두 번 겹쳐 꾼 것은 하나님께서 정하신 일을 속히 행하실 것을 의미한다고 말했다. 요셉은 바로에게 하나님께서 애굽 온 땅에 칠 년 동안 풍년이 들게 하시고, 그 후 칠 년 동안 흉년이 들게 하실 것이라고 그 꿈을 해석해 주었다. 그리고 "명철하고 지혜 있는 사람"을 택하여 장차 임할 환난을 대비하라고 권면하였다.

바로는 요셉을 하나님의 영에 감동된 사람으로 인정하고, 장차 임할 기근을 대비할 "명철하고 지혜있는 사람"(창 41:33, 39)으로 요셉만한 자가 없음을 공개적으로 선언하였다. 그리고 요셉을 그의 집과 애굽 온 땅을 다스리는 총리로 임명하였다. 십칠 세에 애굽에 종으로 팔려온 요셉은(창 37:2) 삼십 세에 총리가 되어(창 41:46) 왕의 인장 반지[484]를 끼고, 세마포 옷을 입고, 금 사슬을 목에 걸고, 왕의 수레를 타고, 애굽 온 땅을 순찰하며 통치하였다(창 41:41-43).

웬함은 "바로의 궁에서는 하나님이 함께 하셨다는 말이 언급되지 않지만, 그가 감옥에서 석방되고 바로의 꿈을 해석하여 애굽의 총리가 되는 과정을 보면 하나님께서 함께 하신 것이 분명하다."[485]라고 단언한다.

바로의 궁에서 요셉과 함께 하시는 하나님께서는 성령으로 감동하여 요셉에게 바로의 꿈을 해석할 수 있는 지혜를 주셨다. 바로는 이러한 요셉을 보면서 공개적으로 하나님의 역사하심과 권능을 인정하고, 요셉을 총리대신으로 임명하여 애굽 온 땅을 다스리게 하였다.

---

484) 이 인장 반지는 "요셉에게 왕의 이름으로 문서를 유효하게 만들 수 있는 권위를 부여한다." 윌키, 프레드릭스, 『창세기 주석』, 965.

485) 웬함, 『모세오경』, 100.

하나님 앞에서 사는 요셉

> **벧전 5:6** 그러므로 하나님의 능하신 손 아래에서 겸손하라 때가 되면 너희를 높이시리라

하나님 앞에서(Coram Deo!)의 삶

> **창 39:7-9** [7]그 후에 그의 주인의 아내가 요셉에게 눈짓하다가 동침하기를 청하니 [8]요셉이 거절하며 자기 주인의 아내에게 이르되 내 주인이 집안의 모든 소유를 간섭하지 아니하고 다 내 손에 위탁하였으니 [9]이 집에는 나보다 큰 이가 없으며 주인이 아무것도 내게 금하지 아니하였어도 금한 것은 당신뿐이니 당신은 그의 아내임이라 그런즉 내가 어찌 이 큰 악을 행하여 하나님께 죄를 지으리이까

보디발의 아내가 집 안에 아무도 없는 틈을 타서 요셉에게 동침하기를 청하였으나 요셉은 "내가 어찌 이 큰 악을 행하여 하나님께 죄를 지으리이까"라고 말하며 유혹을 뿌리쳤다. 요셉은 보디발의 신임을 배반하지도 않았고 하나님을 향한 믿음도 버리지 않았다. 요셉의 형제들은 죄를 범하여도 사람의 눈만 피할 수 있으면 벌을 면할 수 있다고 생각하여 요셉을 죽이려 하다가 미디안 상인들에게 종으로 팔아 버렸지만, 애굽에서의 요셉은 사람이 보든지 아니 보든지 늘 함께 하시는 하나님을 의식하며 "하나님 앞에서", "사람 앞에서" 바르고 정직하게 행하였다. 요셉이 유혹을 이길 수 있었던 가장 큰 이유는 바로 하나님의 편재하심을 믿었기 때문이다.[486]

---

486) 박형용, 『히브리서』, 357. 편재하심(All-Present)은 "하나님께서 어디든 계신다."라는 의미이다.

❙ 하나님의 주권과 섭리를 믿은 요셉

> **창 45:4-8** ⁴요셉이 형들에게 이르되 내게로 가까이 오소서 그들이 가까이 가니 이르되 나는 당신들의 아우 요셉이니 당신들이 애굽에 판 자라 ⁵당신들이 나를 이 곳에 팔았다고 해서 근심하지 마소서 한탄하지 마소서 하나님이 생명을 구원하시려고 나를 당신들보다 먼저 보내셨나이다 ⁶이 땅에 이 년 동안 흉년이 들었으나 아직 오 년은 밭갈이도 못하고 추수도 못할지라 ⁷하나님이 큰 구원으로 당신들의 생명을 보존하고 당신들의 후손을 세상에 두시려고 나를 당신들보다 먼저 보내셨나니 ⁸그런즉 나를 이리로 보낸 이는 당신들이 아니요 하나님이시라 하나님이 나를 바로에게 아버지로 삼으시고 그 온 집의 주로 삼으시며 애굽 온 땅의 통치자로 삼으셨나이다

하나님을 향한 믿음은 요셉이 형제들을 대하는 모습에서 잘 드러난다. 요셉은 자기를 미워하고(창 37:4, 5, 8), 자기를 죽이려고 하고(창 37:18), 또 애굽에 종으로 팔아버린(창 37:28) 형들에게 "당신들이 나를 이 곳에 팔았다고 해서 근심하지 마소서 한탄하지 마소서 하나님이 큰 구원으로 생명을 구원하시려고 나를 당신들보다 먼저 보내셨나이다"(창 45:5, 7) "나를 이리로 보낸 이는 당신들이 아니요 하나님이시라"(창 45:8)라고 말하였다(시 105:16-17 참고).[487] 요셉은 하나님께서 자기 가족을 보존하시고 그의 섭리를 이루는 도구로 쓰시려고 자기를 애굽으로 보내셔서 애굽 온 땅의 통치자로 삼으셨다고 했다. 우리의 삶은 우연의 연속이 아니다. **하나님께서는 인간이 자유롭게 택한 행동을 통해 하나님께서 계획하신 대로 그 뜻을 이루어 가신다.** 이것이 바로 성경이 요셉 이야기를 통해 우리에게 말하고자 하는 본질이요 주제이다.[488]

---

487) "그가 또 그 땅에 기근이 들게 하사 그들이 의지하고 있는 양식을 다 끊으셨도다 그가 한 사람을 앞서 보내셨음이여 요셉이 종으로 팔렸도다"(시 105:16-17)

488) 웬함, 『창세기 16-50』, 745.

성숙한 신앙의 가장 현저한 특징은 용서이다.[489] 요셉은 자기에게 있었던 모든 일이 다 하나님의 주권적 섭리였음을 고백하며 자기 형제들을 용서했다. 그러나 그의 형제들은 요셉을 믿지 못하고 아버지 야곱이 죽은 후에도 여전히 요셉의 보복을 두려워했다. 그들은 요셉에게 아버지의 유언을 빙자해서 자기들이 악을 행했을지라도 용서해 달라고 또다시 그 앞에 엎드려 절하며 간청했다. 요셉은 형들을 미워하거나 원망하지 않고 많은 백성의 생명을 구원하시기 위한 하나님의 주권적 섭리였음을 고백하며 형들과 형들의 자녀들까지 기르겠다고 하면서 오히려 형들을 간곡한 말로 위로하였다.

> **창 50:15-21** [15]요셉의 형제들이 그들의 아버지가 죽었음을 보고 말하되 요셉이 혹시 우리를 미워하여 우리가 그에게 행한 모든 악을 다 갚지나 아니할까 하고 [16]요셉에게 말을 전하여 이르되 당신의 아버지가 돌아가시기 전에 명령하여 이르시기를 [17]너희는 이같이 요셉에게 이르라 네 형들이 네게 악을 행하였을지라도 이제 바라건대 그들의 허물과 죄를 용서하라 하셨나니 당신 아버지의 하나님의 종들인 우리 죄를 이제 용서하소서 하매 요셉이 그들이 그에게 하는 말을 들을 때에 울었더라 [18]그의 형들이 또 친히 와서 요셉의 앞에 엎드려 이르되 우리는 당신의 종들이니이다 [19]요셉이 그들에게 이르되 두려워하지 마소서 내가 하나님을 대신하리이까 [20]당신들은 나를 해하려 하였으나 하나님은 그것을 선으로 바꾸사 오늘과 같이 많은 백성의 생명을 구원하게 하시려 하셨나니 [21]당신들은 두려워하지 마소서 내가 당신들과 당신들의 자녀를 기르리이다 하고 그들을 간곡한 말로 위로하였더라

가나안 땅에서 요셉은 야곱의 편애를 받으며 귀공자처럼 행세하고 형제들을 험담하는 등 성숙하지 못한 모습이었다. 그러나 애굽에 종으로 팔려온 요셉은 보디발의 집에서, 감옥에서, 바로의 궁에서 고귀한 성품을 갖춘 "왕 같은 제사장"의 모습이 되었다. 이는 전적으로 하나님의 은혜이다. 하

---

489) 하우스, 『구약신학』, 147.

나님께서는 요셉을 향한 계획을 갖고 계셨고, 비록 애굽에 종으로 팔려 갔으나 하나님께서 그와 함께 하셔서 그를 형통하게 하셨다. 그리고 여호와의 말씀으로 그를 단련하셨고, 성령으로 감동하여 하나님의 뜻에 합당한 삶을 살게 하셨다. 요셉은 함께 하시는 하나님 앞에서 바르고 정직하게 행하며 자기에게 있었던 모든 일이 하나님의 주권적 섭리로 이루어진 것임을 알았고 또 고백했다. 하나님께서는 이러한 요셉을 통하여 애굽과 주변 나라 사람들은 물론 아버지 야곱과 형제들을 기근으로부터 구원하셨고 애굽 땅에서 왕 같은 제사장으로 살게 하셨다. 하나님께서는 요셉에게 일어난 모든 사건들을 간섭하시고 섭리하셔서 하나님의 뜻을 주권적으로 이루어 가신다는 사실을 분명히 보여주셨다.[490] 요셉 이야기가 우리에게 주는 의미를 이승구는 다음과 같이 설명한다.

> 그러므로 요셉 기사의 특성은 아브라함의 하나님, 이삭의 하나님, 야곱의 하나님께서 어떻게 당신님께서 약속하신 대로 요셉과 그 후대 백성의 하나님이 되셔서 그들에게 주신 언약에 충실하게 그들을 이 땅에서 하나님 백성으로 유지 시키시고, 어떻게 인도해 가시는지의 한 단면을, 특히 그들의 역사에 있어서 매우 중요한 (critical) 상황 속에서 어떻게 그들의 하나님으로서 그들을 통치해 가셨는지를 아주 생생하게 보여주는 데에 있다고 할 수 있다.[491]

지금까지 아브라함과 이삭, 야곱, 그리고 요셉의 삶에서 보았듯이, 하나님께서는 우리를 택하시고, 부르시고, 그 부르심에 합당한 믿음을 주시고, 또한 그 부르심에 합당하게 살 수 있도록 우리와 함께 하시고, 우리를 지키시고 인도하신다. 그래서 우리가 왕 같은 제사장으로서 하나님의 영광을 드러내며 복음 전도의 삶을 살도록 인도하신다.

---

490) Arnold, *Encountering the Book of Genesis*, 147.
491) 이승구, "요셉 기사의 구속사적 의미", 「교회와 문화」 제10호 (2003.2): 75.

제4부

결 론

하나님께서는
우리를 택하시고 부르셔서
그 부르심에 합당한 믿음을 주시고
또한 그 부르심에 합당하게 살 수 있도록
우리를 지키시고 인도하신다.
그래서 우리가 "왕 같은 제사장"으로서
하나님의 영광을 드러내며
예수 그리스도, 십자가와 도를 전하는
복음 전파의 삶을 살게 하신다.

기독교인의 사명
왕 같은 제사장

:

그러나 너희는 택하신 족속이요 왕 같은 제사장들이요
거룩한 나라요 그의 소유가 된 백성이니
이는 너희를 어두운 데서 불러 내어 그의 기이한 빛에 들어가게 하신 이의
아름다운 덕을 선포하게 하려 하심이라

(벧전 2:9)

　　베드로전서 2:9은 우리가 이 세상을 살면서 어떠한 모습으로, 무엇을 위해서, 어떻게 살아야 하는가를 생각하게 한다. 긍휼이 풍성하신 하나님께서 허물과 죄로 죽었던 우리를 예수 그리스도의 피로 구원하셨다(엡 2:1, 4-5). 구원은 전적으로 하나님의 은혜이며 값없이 거저 주시는 하나님의 선물이다(엡 2:8). 그런데 구원이 끝이 아니고 구원이 전부가 아니다. 하나님께서는 예수 믿고 구원받은 우리들이 "하나님의 택하신 족속이요, 왕 같은 제사장들이요, 거룩한 나라요, 그의 소유가 된 백성으로서 이 세상과 구별되는 거룩한 삶을 통하여 우리를 구원하신 하나님과 예수 그리스도, 십자가와 도를 전하는 복음 증거의 삶을 살기를 원하신다."(벧전 2:9) 이것이 우리를 택하시고 구원하신 하나님의 뜻이요, 예수 믿고 구원받은 성도들이 하나님 앞에서 감당해야 할 사명이다.

하나님께서는 시내 산에서 출애굽 한 이스라엘 백성들에게 어떻게 하면 이 사명을 감당할 수 있는가를 알려 주셨다. 그것은 하나님의 말씀을 듣고 하나님의 언약을 지키는 것이다(출 19:5). 하나님께서 이스라엘 백성들에게 듣고 지켜야 할 하나님의 말씀으로 주신 것이 바로 **"십계명과 율례들"**(출 20장-23장)이다. 우리가 하나님 앞에서 왕 같은 제사장으로서의 사명을 감당하는 방법은 **"십계명과 율례들"**을 듣고 지켜 행하는 것이다.

하나님께서는 모세를 통해 십계명과 율례들을 주시면서 먼저 하나님이 어떤 분이신가를 소개해 주시고 이어서 이스라엘 백성들을 택하시고 구원하신 이유와 목적과 이스라엘을 향하신 하나님의 뜻이 어떻게 이루어지는가를 말씀해 주셨다. 그것이 바로 창세기의 주된 내용이다.

창세기는 제일 먼저 "태초에 하나님이 천지를 창조하시니라"(창 1:1)라고 선포한다. 이스라엘을 택하시고 구원하신 하나님은 천지를 창조하신 전능하신 하나님이시다. 하나님께서 천지를 창조하셨다는 것은 하나님이 바로 "이 세상의 주인"이시며 "이 세상을 다스리시는 주님"이심을 의미한다.

이 세상의 왕이신 하나님께서는 창조의 절정에 자기 형상, 곧 하나님의 형상대로 사람을 창조하셨다. 그리고 사람들에게 복을 주시며 "생육하고 번성하여 땅에 충만하라, 땅을 정복하라, 바다의 물고기와 하늘의 새와 땅에 움직이는 모든 생물을 다스리라"(창 1:28)라고 말씀하셨다. 사람은 하나님을 닮은 하나님의 대리적 통치자로서 하나님의 선하신 뜻을 좇아 하나님께서 창조하신 천지 만물을 정복하고 다스리며 하나님의 영광을 드러내는 삶을 살도록 지음 받았다. 사람이 이 세상에서 하나님 같은(왕 같은) 권세를 가지고 모든 피조물을 정복하고 다스릴 수 있다고 해서 사람이 이 세상의 주인은 아니다. 사람 역시 하나님께 지음 받은 피조물에 불과하다. 하나님께서는 이 사실을 잊지 않도록 하시려고 아담과 하와에게 선악을 알게 하는 나무의 열매를 먹지 말라고 명하셨다. 그러나 아담과 하와는 그 열매를 먹으면 하나님과 같아진다는 사단의 유혹에 넘어가 그 나무의 열매를 따 먹었다. 아담과 하와가 그 나무의 열매를 따 먹은 것은 하나님을 거부하고 스스로 하나님이 되려는 욕심에서 비롯된 것이다. 성경은 이것을 "죄"라고 말한다.

사람은 하나님과 같아지려는 욕심으로 죄를 범하였고 그 결과 이 세상은 모든 것이 달라졌다. 그들은 예전과 같이 하나님을 대면하지 못하게 되었고, 그들에게 하나님은 두려워하며 숨어야 할 공포의 대상이 되었다(창 3:10). 하나님 보시기에 좋았던 땅은 범죄 한 인간으로 인해 황폐하게 되었으며, 인간은 그 황무지에서 한평생 일용할 양식을 구하기 위해 땀 흘려 살다가 한 줌 흙으로 돌아가야 하는 가련한 신세가 되었다. 인간은 이제 이 세상을 정복하고 다스리는 존재가 아니라 이 세상에 종속되어 세상의 지배를 당하는 존재가 되었다. 그리고 하나님의 동산, 에덴 동산에서 추방당했다. 죄로 인하여 사람뿐만 아니라 땅까지도 사단의 권세 아래 놓이게 되었다. 그러나 하나님께서는 "여자의 후손은 뱀의 머리를 상하게 할 것이고 뱀은 여자의 후손의 발꿈치를 상하게 할 것"(창 3:15)이라고 말씀하신다. 여자의 후손은 동정녀 마리아에게서 태어나실 메시아, 즉 예수 그리스도를 예표한다. 하나님께서는 십자가에 못 박혀 죽으시고 부활하신 예수 그리스도를 통해 사단의 궤계를 멸하시고 하나님의 대리적 통치자로서 인간 본연의 모습을 다시 회복시켜 주실 것을 예고하셨다.

에덴 동산에서 쫓겨난 이후 인류의 역사는 크게 두 족보로 구분된다. 아벨을 죽이고 하나님 앞을 떠나간 가인의 족보와 죽임을 당한 아벨 대신에 주신 셋의 족보이다. 가인의 족보는 하나님을 믿지 않고 인본주의에 도취하여 자기의 힘과 능력을 과시하는 것이 특징이다. 뎀프스터의 말과 같이 가인의 족보는 살인의 은닉에서 유혈의 자랑으로 발전한 인류의 죄악상과 몰락을 적나라하게 보여준다.[492] 이와는 달리 셋의 족보는 세속적인 문명의 발전에 대한 언급이 전혀 없다. 셋의 족보는 여호와의 이름을 부르고(창 4:26), 하나님과 동행하며(창 5:24), 하나님의 위로를 바라는(창 5:29) 경건한 사람들로 소개되고 있다. 그런데 노아의 때에 사람들이 차츰 땅 위에 번성해가면서 경건한 셋의 자손들도 가인의 자손들에게 동화되어 하나님께서 보시기에 이 세상은 죄악이 가득하고 사람의 악함이 극에 달하였다. 이에 하나님께서는 땅 위에 사람 지으셨음을 한탄하시고(창 6:6), 경건하지 아니한 자들의 세상을 물로 심판하셨다(창 6:5).

홍수 심판 후 하나님께서는 노아와 언약을 세우셨다. 이 언약은 아담과 하와에게 주셨던 창조 언약과 본질적으로 동일하다. 하나님께서는 새 인류의 조상인 노아에게 "생육하고 번성하여 땅에 충만하라"(창 9:1, 7)라고 두 번씩이나 강조하여 말씀하신다. 또한 "땅의 모든 짐승과 공중의 모든 새와 땅에 기는 모든 것과 바다의 모든 물고기를 너희 손에 붙였다."(창 9:2)라고 말씀하신다. 하나님께서는 노아에게 아담과 하와에게 주셨던 "왕 같은 제사장"의 사명을 다시 부여해 주셨다. 홍수 심판 후 새 인류는 창조 때와 마찬가지로 하나님께서 창조하신 천지 만물을 정복하고 다스리는 "왕 같은 제사장"의 사명을 감당해야 한다. 이어서 하나님께서는 노아에게 다시는 사람으로 말미암아 땅을 저주하지 아니할 것이며, 다시는 모든 생물

---

492) Dempster, *Dominion and dynasty: a biblical theology of the Hebrew Bible*, 70.

을 홍수로 멸하지 아니할 것이라고 말씀하셨다(창 8:21-22; 9:11, 15). 이것은 홍수 심판의 근본 원인이었던 "사람의 악함"이 홍수 후에도 없어지지 않는 것을 아시는 하나님께서 잠정적으로 주신 약속이다.

홍수 심판 후 새 인류 역시 그 근본이 악함으로 하나님의 심판을 두려워하고 멸망을 염려할 수 밖에 없는 존재였다. 홍수 심판 후, 사람들은 시날 평지에서 그 꼭대기가 하늘에 닿을 만큼 높은 "성읍과 탑"을 쌓기 시작했다. 죄악을 해결하기 위하여 하나님을 찾고 하나님과의 관계를 회복하려는 것이 아니라 하나님의 심판이 다시 주어지더라도 스스로의 힘으로 막아보겠다는 악한 생각이 이 성읍과 탑을 건설하는 동기였다. 하나님을 하나님으로 인정하지 않고, 하나님의 약속도 믿지 않았으며, 오히려 하나님을 대적하려는 인간의 죄성이 집단적으로 표출된 것이다. 이들은 왕 같은 제사장의 본분을 망각하고 오히려 하나님을 대적하였다. 하나님께서는 이들을 심판하시고 온 지면에 흩으셨다. 그리고 이제 새로운 방법으로 하나님께서 주도적으로 죄인 된 인간과의 관계를 회복시켜 나가신다.

하나님께서는 죄악 된 이 세상 가운데서 아브라함을 택하시고 부르시고 그를 통하여 새로운 하나님 나라를 이루어 가신다.

아브라함은 이러한 하나님의 계획이 이루어지는 과정에서 **믿음의 중요성**을 우리에게 보여준다. 그런데 그 믿음은 하나님의 부르심에 대한 아브라함의 선택과 결단의 결과가 아니다. 믿음의 주체는 하나님이시다. 하나님께서 아브라함을 택하시고 부르셔서 그 부르심에 합당한 믿음의 사람으로 만들어 가신다.

이삭은 하나님의 말씀에 대한 **순종의 중요성**을 우리에게 보여준다. 하나님께서는 하나님의 말씀대로 순종하는 이삭과 함께하시고, 그를 지키시고, 그에게 복을 주셨다.

야곱은 나를 향하신 하나님의 뜻은 내가 내 힘과 내 능력으로 쟁취하는 것이 아니라 **함께 하시는 하나님께서 그 뜻을 이루어 가신다는 것**을 보여준다. 하나님께서는 야곱과 함께하시어 "장자권을 위하여", "아내를 위하여", "자기를 위하여", "짐승을 위하여" 살아온 야곱을 "하나님을 위하여" 사는 믿음의 사람으로 변화시켜 주셨다.

우리를 택하시고 부르신 하나님께서는 우리가 하나님의 선하시고 기뻐하시고 온전하신 뜻이 무엇인지 분별하지 못하고 갈팡질팡할 때도, 우리의 연약하여 넘어질 때도, 우리와 함께하시며 지키시고 인도하셔서 내게 두신 하나님의 뜻을 이루어 가신다. 하나님께서는 우리가 이 땅에 살아가는 동안 "왕 같은 제사장"의 사명을 감당할 수 있도록 주권적으로 간섭하시고 인도하신다.

요셉은 왕 같은 제사장으로 살아가야 할 성도의 본이 된다. 애굽에서 요셉은 하나님 앞에서 정직과 성실로 자기에게 주어진 일들을 감당해 나갔고, 하나님께서는 요셉을 위하여 그와 함께하시고 범사에 형통하게 하셨다. 하나님께서는 말씀으로 그를 단련시키시고 성령의 감동으로 지혜를 주셔서 보디발의 집에서도, 감옥에 갇혀서도, 바로의 궁에서도 "왕 같은 제사장"으로 살게 하셨다.

하나님께서는 창조 이래 언제나 사람들을 택하시고 부르셔서 하나님의 뜻을 이루어 가신다. 사람과 함께 일하시는 하나님의 섭리는 어느 시대에나 동일하다. 수천 년 전 사람들을 다루신 모든 방법은 오늘날 우리를 다루시는 하나님의 방법을 예시해 준다.[493] 아브라함, 이삭, 야곱, 그리고 요셉을 통해서 역사하신 하나님께서는 우리와도 함께 하셔서 "왕 같은 제사장"의 사명을 감당하게 하실 것이다.

이제 창세기는 아브라함의 후손들로 이루어진 큰 민족의 형성을 바라보며 대단원의 막을 내린다. 애굽으로 이주한 야곱의 자손들은 아모리 족속의 죄악이 가나안 땅에 가득 찰 때까지 사백여 년 동안 애굽에 거주하면서 땅의 티끌과 같이, 하늘의 별과 같이 번성할 것이다. 그리고 하나님께서는 때가 되면 아브라함, 이삭, 야곱에게 주신 약속대로 이스라엘 백성들을 애굽 땅, 종 되었던 집에서 구원하시고 이들을 **"왕 같은 제사장"**으로 삼으셔서 세계 모든 만민의 구원을 위한 하나님의 큰 역사를 이루어 가실 것이다.

---

493) 에프, 『복의 근원이 된 사람, 아브라함』, 149.

참고문헌

Alter, Robert. *The art of biblical narrative*. New York: Basic Books, 2011. 『성서의 이야기 기술』. 황규홍, 박영희, 정미연 역. 서울: 아모르문디, 2011.

Archer, Gleason L. *Encyclopaedia of Bible Difficulties*. Grand Rapids, Mich.: Zondervan, 1982.

Arnold, Bill T. *Encountering the Book of Genesis*. Grand Rapids, MI: Baker, 2003.

_____. *Genesis*. Cambridge: Cambridge University, 2008.

Berkhof, Louis. *Systematic Theology*. Grand Rapids: W. B. Eerdmans, 1996. 『벌코프 조직신학』. 이상원, 권수경 역. 서울: CH북스, 2020.

Brown, Francis, Driver S. and Briggs, C. A. *The Brown-Driver-Briggs Hebrew and English Lexicon With an Appendix Containing the Biblical Aramaic*. Peabody: Hendrickson Publishers, 1999.

Cassuto, Umberto. *A Commentary on the Book of Genesis, Part 2: From Noah to Abraham, Genesis VI 9-XI 32*. Skokie, Ill.: Varda Books, 2005.

_____. *A Commentary on the Book of Genesis, Part I: From Adam to Noah*. trans. Israel Abrahams. Jerusalem: Magnes Press, Hebrew University, 1972.

Chalmers, Aaron. "The importance of the Noahic covenant to biblical theology." *Tyndale Bulletin* 60.2 (2009).

Childs, B. S. *Memory and Tradition in Israel*. London: S.C.M. Press, 1962.

Collins, Steven. "Where is Sodom? The Case for Tall el-Hammam." *Biblical Archaeology Review* 39.2 (2013).

Delitzsch, Franz. *A New Commentary on Genesis, Vol. 2*. Edinburgh: T & T Clark, 1889.

Dempster. Stephen G. *Dominion and dynasty: a biblical theology of the Hebrew Bible*. Downers Grove, IL: Apollos, 2003. 『하나님 나라 관점에서 읽는 구약신학』. 박성창 역. 서울: 부흥과개혁사, 2012.

Drazin, Israel., Wagner, Stanley M. *Onkelos On The Torah; Understanding the Bible Text Exodus*. Jerusalrem: Gefen Publishing House, 2006.

Erickson, Millard J. *Christian Theology*. Grand Rapids: Baker, 1983.

Fuller, Andrew. *Expository Discourses on the Book of Genesis*. London: Thomas Tegg and Son, 1836.

Goldsworthy, Graeme. *Christ-centered biblical theology : hermeneutical foundations and principles* Downers Grove, Ill.: IVP Academic, 2012. 『그리스도 중심 성경 신학』. 윤석인 역. 서울: 부흥과개혁사, 2013.

Gonzales, Jr., Robert. "The Covenantal Context Of The Fall: Did God Make a Primeval Covenant with Adam?." *Reformed Baptist Theological Review* 04.2 (2007).

Gordon, Cyrus H. "Biblical Customs and the Nuzu Tablets." *The Biblical Archaeologist* Vol. 3.1 (1940).

Greidanus, Sidney. "Preaching Christ from the Narrative of the Fall." *Bibliotheca sacra* 161/643 (Jul-Sep 2004).

Gunkel, Hermann. *Genesis übersetzt und erklärt*. Göttingen: Vandenhoeck &Ruprecht, 1922.

Hamilton, James. "The Seed Of The Woman And The Blessing Of Abraham." *Tyndale Bulletin* 58.2 (2007).

Harland, P. J. "Vertical or Horizontal: The Sin of Babel." *Vetus Testamentum* 48.4 (1998).

Harland, P. J. *The Value of Human Life: A Study of the Story of the Flood (Genesis 6-9)*. Vetus Testamentum Supplements 64. Leiden: Brill, 1996.

Hart, Ian. "Genesis 1:1-2:3 as a Prologue to the Book of Genesis." *Tyndale Bulletin* Issue 46.2 (1995).

Hoekema, Anthony A. *Created in God's Image*. Grand Rapids: Eerdmans, 1986.

Hoffmeier, James K. "The Wives' Tales of Genesis 12, 20, & 26 and the Covenants at Beer-Sheba." *Tyndale Bulletin Issue* 43.1 (1992).

Houston, James M. *I Believe in the Creator*. London: Hodder and Stoughton, 1979.

Kline, Meredith G. "Divine kingship and Genesis 6:1-4." *Westminster Theological Journal* 24.2 (1962).

Mascrenghe, Alroy. "The City, the Ship and the Tower: Reading the Babel story

Theologically and a Narrative in its Context." *Journal of the Colombo Theological Seminary* 10 (2014).

Melancthon Williams Jacobus. *Critical and Explanatory on the Book of Genesis*. New York: R. Carter & brother, 1865.

Murphy, James Gracey. *A critical and exegetical commentary on the book of Genesis: with a new translation*. Andover: W. F. Draper, 1866.

Philo. *Questions on Genesis*. trans. Ralph Marcus. Loeb Classical Library 380. Cambridge, MA: Harvard University Press, 1953.

Rad, Gerhard von. *Genesis: A Commentary*. tran. J. H. Marks. London: S.C.M. Press, 1961.

Robert Gonzales, Jr., "The Covenantal Context Of The Fall: Did God Make a Primeval Covenant with Adam?." *Reformed Baptist Theological Review* 04.2 (2007).

Robertson, O. Palmer. *The Christ of the Covenants*. Phillipsburg: P & R Publishing, 1981.

Rogers, Jr. "The Covenant with Abraham and Its Historical Setting." *Bibliotheca Sacra* 127:507 (1970).

Sarna, Nahum M. *The JPS Torah Commentary: Genesis*. Philadelphia: Jewish Publication Society, 1989.

Schreiner, J. "Segen für die Völker in der Verheissung an die Vater." *Biblische Zeitschrift* NF 6 (1962).

Simango, "The Meaning of the Imago Dei." *Old Testament Essays* 25:3 (2012).

Skinner, John. *A Critical and Exegetical Commentary on Genesis, International critical commentary on the Holy Scriptures of the Old and New Testaments*. Charles Scribner's Sons: New York, 1910.

Speiser, E. A. "Word Plays on the Creation Epic's Version of the Founding of Babylon." *Orientalia* 25:4 (1956).

Spina, Frank. "The Ground for Cain's Rejection (Gen 4): 'ᵃdāmāh in the context of Gen 1-11." *Zeitschrift für die alttestamentliche Wissenschaft* 104:3 (1992).

Spiser, E. A. *Genesis*. New York: Doubleday, 1962.

Waltke, Bruce K. *An Old Testament theology: an exegetical, canonical, and thematic approach*. Grand Rapids, Mich.: Zondervan, 2007. 『구약신학』. 김귀탁 역. 서울: 부흥과개혁사, 2012.

_____. "Reflections on Retirement form the Life of Isaac." *Crux* 32 (1996).

Westermann, Claus. *Genesis 1-11: A Continental Commentary*. trans. John J. Scullion. Minneapolis: Augsburg Publishing House, 1984.

_____. *Genesis 12~36: A Continental Commentary*. trans. John J. Scullion. Minneapolis: Fortress Press, 1985.

Wildberger, H. "Das Abbild Gottes. Gen 1, 26-30." *Theologische Zeitschrift* 21 (1965).

VanGemeren, Willem A. ed. *New International Dictionary of Old Testament Theology and Exegesis (5 volumes)*. Grand Rapids: Zondervan, 1997.

Wolde, Ellen Van. "Facing the Earth: Primeval History in a New Perspective." in *The World of Genesis: Persons, Places, Perspectives*, ed. Philip R. Davies, David J. A. Clines. JSOTSurm 257. Sheffield: Sheffield Academic Press, January 1998.

Wolde, Ellen Van. *Stones of the Beginning: Genesis 1-11 and Other Creation Stories*. London: Morehouse Pub Co, 1996.

Young, Edward J. "The Accuracy of Genesis." *His* 17.6 (1957).

Ellison, H. L. 『언약의 족장들』. 차학순 역. 서울: 무림출판사, 1991.

강영안. 『강영안 교수의 십계명 강의』. 서울: IVP, 2017.

거쓰리, D. 『히브리서 틴데일 신약주석 시리즈 15』. 김병모 역. 서울: 기독교문서선교회, 2015.

권오윤. "구약신학에 있어서 창조의 진정한 회복: 폰 라드의 역사적 신앙고백에 대한 비판적 검토를 중심으로". 「ACTS 신학저널」 제36집 (2018).

_____. "출애굽기 20-23장: 하나님의 계시로서의 언약서". 신학석사논문, 아세아연합신학대학교, 1998.

_____. 『왕 같은 제사장의 삶: 십계명 해석의 원리와 실제』. 파주: 바라봄, 2021.

그라아프, S. G. De. 『약속과 구원-천지창조에서 가나안 정복까지』. 박권섭 역. 서울: 크리스챤서적, 1987.

그레이다누스. 『창세기 프리칭 예수』. 강정주, 조호진 역. 서울: 기독교문서선교회 (CLC), 2010.

김규섭. "The Meaning of 'mamleket kohanim' in Exodus 19:6 Revisited." 「성경원문연구」 35 (2014).

김성수. 『내가 너로 큰 민족을 이루게 하리라』. 용인: 마음샘, 2013.

김영철. "노아홍수의 성경신학적 의미(II)". 「신학정론」제2권 2호 (1984).

_____. "노아홍수의 성경신학적 의미(IV)". 「신학정론」제3권 2호 (1985).

김인환. "가인과 아벨의 제사: 하나님의 선택 기준". 「총신대논총」 18 (1999).

김진섭. "고대 근동 문헌의 배경에서 본 노아 홍수와 성경신학적 의의". 「기독신학저널」 4 (2003).

김회권. 『하나님 나라 신학으로 읽는 모세오경』. 서울: 복있는사람, 2017.

덤브렐, W. J. 『새 언약과 새 창조』. 장세훈 역. 서울: 기독교문서선교회, 2003.

_____. 『언약과 창조』. 최우성 역. 서울: 크리스챤서적, 1999.

랑게, J. P. 편. 『랑게주석: 창세기(上)』. 김진홍 역. 서울: 백합출판사, 1978.

레이몬드, 로버트 L. "전통적 언약신학 견해". 『이스라엘과 교회에 대한 관점, 네 가지 견해』. 채드 O. 브랜드 편, 정규영 역. 이천: 성서침례대학원대학교 출판부, 2016.

로스, 엘렌. 『창세기』. 강성렬 역. 서울: 두란노, 2011.

로저슨, J. W., 모벌리, R. W. L. 『창세기 연구 입문』. 민경진 역. 서울: 기독교문서선 교회, 2015.

루카스, 딕., 크리스토퍼, 그린. 『베드로후서 · 유다서 강해』. 정옥배 역. 서울: IVP, 2008.

류폴드, H. C. 『창세기 상』. 최종태 역. 서울: 크리스챤서적, 1993.

_____. 『창세기 하』. 최종태 역. 서울: 크리스챤서적, 1993.

말텐스, 엘머 에이. 『하나님의 계획: 새로운 구약신학』. 김의원 역. 서울: 아가페출판사, 1989.

머피, 롤랜드 E.『전도서 WBC 23A』. 김귀탁 역. 서울: 솔로몬, 2008.

메이첸, 그레샴.『기독교 인간관』. 채겸희 역. 서울: 도서출판 나침판사, 1995.

밀리건.『히브리서』. 차원봉 역. 서울: 태광출판사, 1971.

바르트. 칼., 브루너, 에밀.『자연과 은혜 - 에밀 브루너의 자연과 은혜와 칼 바르트의
　　　　아니오』. 김동건 역. 서울: 대한기독교서회, 2021.

바빙크. 헤르만.『하나님의 큰일』. 김영규 역. 서울: 기독교문서선교회, 1999.

박윤선.『성경주석-히브리서, 공동서신』. 서울: 영음사, 1976.

박정관.『성서해석학』. 서울: 복있는사람, 2018.

박준서. '지구라트'(Ziggurat) ②, https://jangro.kr/2020/11/24/성경연구-지구라트
　　　　ziggurat-②. 2021.04.26 접속.

박형용.『히브리서: 한국성경주석 총서』. 서울: 도서출판 횃불, 2003.

보스, 게르할더스.『성경신학』. 이승구 역. 서울: 기독교문서선교회, 2000.

보크, 데렐., 그레이저, 미치 편.『첫째는 유대인에게』. 김진섭 역. 서울: 이스트윈드,
　　　　2011.

브루그만, 월터.『현대성서주석 창세기』. 강성열 역. 서울: 한국장로교출판사, 2000.

＿＿＿.『현대성서주석 - 창세기』. 한미공동주석편집/번역위원회 편. 서울: 한국장로교
　　　　출판사, 2000.

세일해머.『서술로서의 모세오경』. 김동진, 정충하 역. 서울: 크리스챤서적, 2005.

슈라이너. 토머스.『히브리서 주석 - BTCP 성경신학 주석시리즈 1』. 장호준 역. 서울:
　　　　복있는사람, 2016.

스티븐슨, 폴.『내 이름은 야곱입니다』. 최동수 역. 서울: 죠이선교회 출판부, 2005.

안상혁.『세 가지 관점으로 보는 시내산 언약』. 수원: 합신대학원출판부, 2018.

알더스.『창세기 I』. 기독지혜사 편집부 역. 서울: 기독지혜사, 1986.

알렌. 레슬리.『WBC 주석 - 시편 하』. 손석태 역. 서울: 솔로몬, 2001.

에프. 데오도르 H.『창조의 하나님』. 고광자 역. 서울: 바울서신사, 1989.

＿＿＿.『복의 근원이 된 사람, 아브라함』. 고광자 역. 서울: 바울서신사, 1988.

오광만.『베드로전서의 메시지』. 서울: 도서출판 그리심, 2001.

오스본, 그랜트 편.『적용을 도와주는 베드로전/후서, 유다서』. 류호영 역. 서울: 한국
　　성서유니온선교회, 2008.

오코에, 제임스 추크우마.『이스라엘과 열방』. 김영일 역. 서울: 한들출판사, 2011.

요세푸스,『1: 유대 고대사』. 김지찬 역. 서울: 생명의말씀사, 1987.

월키, 브루스 K. 프레드릭스, 캐시 J.『창세기 주석』. 김경열 역. 서울: 새물결플러스, 2018.

웬함, 고든.『WBC 성경주석 창세기 상 1-15』. 박영호 역. 서울: 솔로몬, 2000.

_____.『WBC 성경주석 창세기 하 16-50』. 윤상문, 황수철 역. 서울: 솔로몬, 2001.

_____.『모세오경』. 박대영 역. 서울: 성서유니온, 2020.

윤영탁.『아브라함의 하나님』. 수원: 합동신학대학원출판부, 2004.

이승구. "요셉기사의 구속사적 의미".「교회와 문화」제10호 (2003).

_____.『성경신학과 조직신학』. 서울: SFC, 2018.

_____.『하이델베르크 요리문답 강해시리즈 3: 위로 받은 성도의 삶』. 서울: 나눔과
　　섬김, 2015.

이한영.『구약 텍스트에서 윤리까지』. 양평: 아세아연합신학대학교 출판부, 2017.

_____.『역사와 서술에서의 오경 메시지』. 서울: 크리스찬출판사, 2008.

정규남.『구약신학의 맥』. 서울: 도서출판 두란노, 1996.

조르단. 제임스 B.『창세기의 족장 이야기』. 안정진 역. 서울: 기독교문서선교회,
　　2018.

차준희.『창세기 다시보기』. 서울: 대한기독교서, 2014.

채영삼.『십자가와 선한 양심』. 서울: 이레서원, 2014.

카이저, 월터.『구약성경신학』. 최종진 역. 서울: 생명의말씀사, 2001.

_____.『새롭게 본 구약신학』. 김의원 역. 서울: 엠마오서적, 1989.

카일. C. F., 델리취, F.『카일·델리취 구약주석 1: 창세기』. 고영민 역. 서울: 기독교
　　문화사, 1987.

_____.『카일·델리취 구약주석 2: 출애굽기』. 김득중 역. 서울: 기독교문화사, 1987.

칼빈. 존.『칼빈성경주석 1』. 존 칼빈 성경주석출판위원회 편역. 서울: 성서원, 2001.

_____.『칼빈성경주석 2』. 존 칼빈 성경주석출판위원회 편역. 서울: 성서원, 2001.

_____. 『신약성경주석 10』. 존 칼빈 성경주석출판위원회 편역. 서울: 성서교재간
행사, 1992.

_____. 『기독교강요』. 김종흡, 신복윤, 이종성, 한철하 역. 서울: 생명의말씀사,
1986.

콜, 아란. 『출애굽기: 틴델 구약주석』. 장도선 역. 서울: 기독교문서선교회, 1990.

크리스텐센, 두에인 L. 『신명기 21:10-34:12』. 정일오 역. 서울: 솔로몬, 2007.

클라우니, 에드먼드. 『교회』. 황영철 역. 서울: IVP, 1998.

클라인, 메리데스. 『하나님 나라의 서막』. 김구원 역. 서울: 개혁주의신학사, 2007.

키드너, 데릭. 『창세기』. 한정건 역. 서울: 기독교문서선교회, 1994.

페스코, 존. 『태초의 첫째 아담에서 종말의 둘째 아담 그리스도까지』. 김희정 역. 서울:
부흥과개혁사, 2012.

폰 라트, 게르하르트. 『국제성서주석 창세기』. 박재순 외 4인 역. 서울: 한국신학연구소,
1983.

풀핏 주석번역위원회. 『창세기 (상)』. 풀핏성경주석번역위원회 역편. 서울: 보문출판사
1994.

필립스, 리처드. 『히브리서』. 전광규 역. 서울: 부흥과개혁사, 2010.

하우스, 폴 R. 『구약신학』. 장세훈 역. 서울: 기독교문서선교회, 2001.

하틀리, 존 E. 『창세기』. 김진선 역. 서울: 성서유니온, 2019.

해밀턴, 빅터. 『NICOT 창세기 I - Genesis 1~17』. 임요한 역. 서울: 부흥과개혁사, 2016.

헌터, 트렌트., 웰럼, 스티븐. 『그리스도 중심적 성경 이야기』. 전광규 역. 서울: 부흥과
개혁사, 2015.

왕 같은 제사장
베드로전서 2:9의 관점에서 본 창세기

—

ROYAL PRIESTHOOD
Genesis from the perspective of 1 Peter 2:9

초판 1쇄 발행   2021년 8월 27일

지은이   권오윤
펴낸이   김은주
펴낸곳   바라봄 barahBOM

책임편집   어윤선
디자인   디자인봄
인쇄   천광인쇄

출판등록   2021년 7월 13일 제364-96-01513호
주소   경기 파주시 한빛로 11, 314-401
대표전화   070-4365-0368
e-mail   el_barahbom@naver.com

ⓒ권오윤, 2021
ISBN 979-11-975534-0-0

바라봄barahBOM은 하나님의 말씀을 바르게 전하는 아름다운 책을 만들어가는 출판사입니다.